高等职业教育"十二五"规划教材

汽车专业工作过程导向职业核心课程双证系列教材

人力资源和社会保障部职业技能鉴定中心组编

汽车品牌与文化一体化项目教程

宁建华　编著

鞠鲁粤　主审

上海交通大学出版社

内 容 提 要

本书是根据汽车专业所面向的主要就业岗位调查,组织召开汽车维修工、汽车维修电工、汽车保险、汽车营销、汽车装配等岗位工作任务分析研讨会,选取了 4 个学习项目,内容包括汽车品牌、汽车结构与性能、汽车整车特征参数信息、汽车文化整合为汽车品牌与文化任务领域,构建了"汽车品牌与文化"一体化项目课程。本书以完成 4 个学习项目任务为引领,将汽车品牌、汽车基本构架、汽车文化紧密结合起来,重点按照企业实际工作需要来培养学生的汽车专业基础能力和职业核心能力。

本书可作为高职高专、技工院校、普通院校、远程教育和培训机构的汽车品牌和文化教材,也可供广大汽车大类从业人员学习参考,还可供已经购置或准备购置汽车的人们对汽车鉴赏与比较所需专业知识的自学。

为了方便老师教学及读者自学,本书配有多媒体课件,欢迎来函来电索取。

联系电话:(021)60403030;电子邮箱:shujun2008@gmail.com.

图书在版编目(CIP)数据

汽车品牌与文化一体化项目教程/宁建华编著.
—上海:上海交通大学出版社,2012(2022重印)
ISBN 978-7-313-08742-3

Ⅰ.汽…　Ⅱ.宁…　Ⅲ.汽车工业—工业企业—企业文化—教材　Ⅳ.F407.471.6

中国版本图书馆 CIP 数据核字(2012)第 196224 号

汽车品牌与文化一体化项目教程
宁建华　编著
上海交通大学出版社出版发行
(上海市番禺路 951 号　邮政编码 200030)
电话:64071208
苏州市古得堡数码印刷有限公司 印刷　全国新华书店经销
开本:787mm×1092mm 1/16　印张:17.5　字数:410 千字
2012 年 10 月第 1 版　2022 年 1 月第 5 次印刷
ISBN 978-7-313-08742-3　定价:48.00 元

随着社会经济的高速发展和现代制造业的不断升级，我国对技能人才地位和作用的认识得到了空前的提高，技能人才的价值越来越得到认可。如何培养符合未来中国经济社会发展需要的技能人才也得到社会的广泛关注。

人力资源和社会保障部职业技能鉴定中心、中国就业培训技术指导中心担负着为我国就业和职业技能培训领域提供技术支持和技术服务的重要任务。在新的形势下，为各类技工院校、职业院校和培训机构提供技能人才培训、培养模式及方法等方面的技术指导尤为重要。在党中央国务院就业培训政策方针指引下，中心结合国情，开拓创新思路，探索培训方式，研究扩大就业，提供技术支持，为国家就业服务和职业培训鉴定事业的发展，提供了强有力的支撑。与此同时，中心不断深化理论研究，注重将理论转化为实践，成果也十分明显，由中心组编的"汽车专业工作过程导向职业核心课程双证系列教材"便是这种实践成果之一。

我国作为世界汽车生产和消费大国，汽车产业的快速发展和汽车消费的持续增长，为国民经济的增长产生了巨大拉动作用。近年来，我国汽车专业职业教育事业取得了长足发展，为汽车行业输送了大量的人才。随着汽车产业的迅猛发展，社会对汽车专业人才提出了更高的要求。进一步深化人才培养模式、课程体系和教学内容的改革，不断提高办学质量和教学水平，培养更多的适应新时代需要的具有创新能力的高技能、高素质人才，是汽车专业教育的当务之急。

作为汽车专业教育的重要环节，教材建设肩负着重要使命，新的形势要求教材建设适应新的教学要求。职业教育教材应针对学生自身特点，按照技能人才培养模式和培养目标，以应用性职业岗位需求为中心，以素质教育、创新教育为基础，以学生能力培养、技能实训为本位,使职业资格认证培训内容和教材内容有机衔接,全面构建适应 21 世纪人才培养需求的汽车类专业教材体系。

我热切地期待,本系列教材的出版将对职业教育汽车类专业人才的培养和教育教学改革工作起到积极的推动作用。

人力资源和社会保障部职业技能鉴定中心主任

中国就业培训技术指导中心主任

2011 年 5 月

目 录

第一部分　课程整体设计　001

一、课程内容设计　001

二、课程目标设计　002

三、课程教学资源要求　002

四、项目设置与项目能力培养目标分解　005

五、课程考核方案设计　007

六、教学建议　007

第二部分　教学内容　008

项目一　汽车品牌　008

任务 1.1　初识汽车品牌和车型　009

一、汽车的品牌　010

二、汽车的品牌价值与评估　012

三、世界知名汽车品牌评估价值比较　015

四、汽车保有量与销售量　020

五、乘用汽车品牌所属车型与年款　021

任务 1.2　欧系汽车品牌和车型辨识　038

一、德系乘用汽车品牌及其特点　039

二、法系乘用汽车品牌及其特点　048

三、英系乘用汽车品牌及其特点　051

四、意系乘用汽车品牌及其特点　057

　　五、欧系其他品牌乘用汽车简介　　063

　任务1.3　美系汽车品牌和车型辨识　　067
　　一、美国乘用汽车特点　　068
　　二、美国乘用汽车品牌　　069

　任务1.4　亚系汽车品牌和车型辨识　　075
　　一、日本乘用汽车品牌及其特点　　076
　　二、韩国乘用汽车品牌　　084
　　三、中国乘用汽车品牌　　087

　任务回顾　　100

　实操训练任务实施步骤　　101

　思考与训练　　105

项目二　汽车结构与性能　　107
　任务2.1　汽车的总体构造及行驶原理　　108
　　一、汽车的总体构造　　109
　　二、汽车的行驶原理　　110

　任务2.2　发动机与汽车性能　　112
　　一、发动机类型和工作原理　　112
　　二、发动机基本结构　　114
　　三、发动机对汽车动力性和经济性的影响　　118
　　四、发动机新技术　　131
　　五、典型发动机新技术应用举例　　136

　任务2.3　底盘与汽车性能　　138
　　一、汽车传动系统　　138
　　二、行驶系　　139
　　三、转向系　　140
　　四、制动系　　140
　　五、底盘对汽车动力性和经济性的影响　　141

　任务2.4　车身与汽车性能　　152
　　一、汽车车身发展的历史　　153
　　二、乘用汽车的车体结构　　155
　　三、乘用汽车的车身结构　　156
　　四、汽车车门类型及车门数量　　158
　　五、侧门防撞杆　　160
　　六、乘用汽车车身形状与空气阻力　　160

　任务2.5　电器与汽车性能　　163

一、汽车电源　164

二、汽车照明及信号装置　164

三、汽车电控系统　166

🔍 任务回顾　167

⬇ 实操训练任务实施步骤　167

🖌 思考与训练　172

项目三　汽车整车特征参数信息　174

任务 3.1　辨识汽车身份特征　175

一、车辆识别代码(VIN)　176

二、我国常见汽车车辆识别代码编码　178

任务 3.2　辨识汽车参数特征　181

一、汽车整车主要尺寸参数　181

二、乘用汽车整车主要体积参数　184

三、乘用汽车整车主要质量参数　184

任务 3.3　辨识汽车外观特征　186

一、汽车前脸　187

二、汽车前照灯组合造型　193

三、乘用汽车的腰线造型　198

四、乘用汽车的 A、B、C 柱　202

五、乘用汽车的尾部造型　203

六、乘用汽车的顶部　207

七、乘用汽车的底部　207

任务 3.4　辨识表征汽车主要总成结构性能的描述　209

一、描述汽车动力性能与经济性能装备及参数指标　210

二、描述汽车操控性能与舒适性能装备及参数指标　212

三、描述汽车安全性能与环保性能装备及参数指标　222

🔍 任务回顾　228

⬇ 实操训练任务实施步骤　229

🖌 思考与训练　233

项目四　汽车文化　235

任务 4.1　欣赏赛车运动　235

一、一级方程式(F1)汽车赛　237

二、汽车拉力赛　242

三、汽车耐力赛　244

四、卡丁车赛　246

五、其他汽车赛　247

任务 4.2　品味汽车时尚　251

一、汽车俱乐部　252

二、世界五大汽车展览会　254

三、世界十大汽车城　258

任务 4.3　鉴赏汽车色彩　261

一、汽车车身颜色的种类及其特性　262

二、汽车车身颜色与安全　263

三、汽车车身色彩流行趋势　263

四、汽车车身颜色的命名　264

五、乘用汽车的车标　265

　任务回顾　265

　实操训练任务实施步骤　266

　思考与训练　269

第一部分

课程整体设计

一、课程内容设计

本课程选取了汽车品牌、汽车结构与性能、汽车整车特征参数信息、汽车文化四个教学项目 14 个典型工作任务，具体教学安排建议如下。

项目名称	工 作 任 务	课时分配
汽车品牌	初识汽车品牌和车型	2
	欧系汽车品牌和车型辨识	4
	美系汽车品牌和车型辨识	4
	亚系汽车品牌和车型辨识	4
汽车结构与性能	汽车的总体构造及行驶原理	2
	发动机与汽车性能	4
	底盘与汽车性能	4
	车身与汽车性能	4
	电器与汽车性能	4
汽车整车特征参数信息	辨识汽车身份特征	2
	辨识汽车参数特征	2
	辨识汽车外观特征	2
	辨识表征汽车主要总成结构性能的描述	4
汽车文化	欣赏赛车运动	4
	品味汽车时尚	4
	鉴赏汽车色彩	4

项目一主要学习汽车品牌相关知识,通过该项目的学习,使学生能准确辨认和鉴别汽车品牌。

项目二主要学习汽车结构与性能,以汽车发动机、底盘、车身与电器四大组成部分的基本结构为主线,阐述汽车结构与性能的关系,使学生通过本项目的学习后,能达到根据汽车结构分析汽车性能的目的。

项目三是学习汽车整车特征参数信息,设计了4个理实一体化工作任务。通过学习,学生应能全面掌握和收集汽车整车、发动机、底盘和汽车新技术等特征参数信息。

项目四学习汽车文化,以汽车赛车、汽车时尚、汽车色彩为学习主体,通过学习,使学生能理解汽车文化及其在人们日常生活中的重要作用。

二、课程目标设计

1. 专业能力目标

(1) 能正确辨识常见汽车品牌与车型。

(2) 能初识汽车结构,能分析阐述汽车结构与性能的关系。

(3) 能正确辨识汽车整车特征及参数信息。

(4) 能理解汽车文化及其在人们日常生活中的重要作用。

(5) 在任务实施过程中能遵守相关法律、技术规定,按照标准规范进行操作。

2. 专业知识目标

(1) 能正确辨识各种汽车品牌,熟悉各种汽车品牌的所属车型,知道各种汽车品牌的造车理念和服务特色。熟悉汽车名人、了解汽车时尚和各种汽车赛车运动。

(2) 知道汽车的基本结构、基本性能以及其结构与性能的关系。

(3) 会根据各种铭牌查找整车及汽车发动机、底盘和车身的基本特征参数信息。

3. 社会能力目标

(1) 具有较强的口语表达能力、人际沟通能力;

(2) 具有团队协作精神;

(3) 具有良好的心理素质和克服困难的能力;

(4) 能与客户建立良好、持久的关系。

4. 方法能力目标

(1) 能自主学习新知识、新技术;

(2) 能通过各种媒体资源查找所需信息;

(3) 能独立制订工作计划并实施;

三、课程教学资源要求

师资要求:建议具有车辆工程中级或以上职称,或具有汽车大类技师职业资格,或具有3年以上汽车大类企业工作经验的双师型教师任课。

实训资源:

序号	实习场所名称	实习场所要求	设备序号	设备名称	数量	设备功能/技术指标
1	汽车整车特征参数实验室	面积：300m² 配电：380V/220V/12V 环保：符合 JY/T0380—2006 要求	1	汽车整车及随车工具	4台	国产主流车型,能正常工作
			2	二柱(或四柱)举升设备或剪式举升设备	4台	
			3	多媒体教学系统	1套	
			4	皮尺　角度尺　画线工具	4套	
			5	多媒体汽车仿真教学平台	50点	网络版,具有互动学习功能,具备考核功能
2	汽车发动机结构原理实验室	面积：180m² 配电：380V/220V/12V 环保：符合 JY/T0380—2006 要求	1	实物解剖活塞式发动机整机	4台套	1. 发动机实物解剖而成 2. 能展示发动机的内部结构以及各部件的相对位置和发动机的工作过程
			2	发动机启动运行试验台架	4台	1. 配置完整的电控单元和冷却系统 2. 可正常启动运行
			3	发动机附翻转架	4台套	1. 发动机的附件应配置完整 2. 翻转架应便于发动机的拆装,能以工作角度安全锁止
			4	工具车	4台	
			5	工作台	4台	保证发动机拆装零件和工具的摆放

（续表）

笔记

序号	实习场所名称	实习场所要求	设备序号	设备名称	数量	设备功能/技术指标
3	汽车底盘结构原理实验室	面积：180m² 配电：380V/220V/12V 环保：符合 JY/T0380—2006 要求	1	三类底盘	1 台套	实物，装配完整
			2	离合器、手动变速器	4 台套	实物，零部件齐全
			3	自动变速器变速器总成	4 台套	实物，零部件齐全
			4	分动器	4 台套	实物，零部件齐全
			5	万向传动装置总成	4 台套	实物，零部件齐全
			6	驱动桥总成	4 台套	实物，零部件齐全
			7	行驶系总成	4 台套	实物，零部件齐全
			8	转向系总成	4 台套	实物，零部件齐全
			9	制动系总成	4 台套	实物，零部件齐全
			10	工作台	4 张	
			11	工量具	4 套	
4	汽车电器实验室	面积：180m² 配电：380V/220V/12V 环保：符合 JY/T0380—2006 要求	1	汽车电器总布置实训台	4 台套	1. 以汽车照明信号仪表雨刮系统四部分实物为基础 2. 各电器部件按实车相对位置在台架上布置并设有接线端子 3. 能实施汽车照明、信号、仪表、雨刮系统的线路连接等教学的需要
			2	汽车电器总成	4 台套	1. 包括各类灯具、刮水器总成、玻璃升降器、电动后视镜、仪表板总成、继电器、配电盒、各类开关、保险装置 2. 零部件齐全，可进行拆装和测量
			3	工作台及工具	4 台套	

（续表）

序号	实习场所名称	实习场所要求	设备序号	设备名称	数量	设备功能/技术指标
5	汽车车身结构实验场地	面积:180m² 配电:380V/220V/12V 环保:符合 JY/T0380－2006 要求	1	非承载式车身	1 台套	非承载式轿车车身实物,覆盖件齐全
			2	承载式车身	1 台套	承载式轿车车身实物,覆盖件齐全
			3	汽车内饰	2 台套	具备完整内饰件及附件
			4	工作台及工具	4 台套	
6	汽车品牌及文化实验室	面积:180m² 配电:380V/220V/12V 环保:符合 JY/T0380－2006 要求		1. 汽车品牌图册 2. 汽车赛车及大型汽车俱乐部资料 3. 汽车时尚报刊杂志及影像资料		

四、项目设置与项目能力培养目标分解

序号	项目名称	工作任务	能力(知识、技能、职业素养)目标	课时分配
1	汽车品牌	初识汽车品牌和车型	1. 汽车品牌、车型、年款等基本知识和基本特征 2. 汽车品牌所属车型的换代及常见汽车车型换代次数	2
		欧系汽车品牌和车型辨识	1. 能收集欧系汽车整车相关信息 2. 能辨识汽车品牌、车型等基本特征 3. 能知道各著名品牌的重要人物、车标故事、经典车型	4
		美系汽车品牌和车型辨识	1. 能收集美系汽车整车相关信息 2. 能辨识汽车品牌、车型等基本特征 3. 能知道各著名品牌的重要人物、车标故事、经典车型	4
		亚系汽车品牌和车型辨识	1. 能收集亚系汽车整车相关信息 2. 能辨识汽车品牌、车型等基本特征 3. 能知道各著名品牌的重要人物、车标故事、经典车型	4

笔记

（续表）

序号	项目名称	工作任务	能力（知识、技能、职业素养）目标	课时分配
2	汽车结构与性能	汽车的总体构造及行驶原理	1. 能知道汽车构成的四大部分 2. 能理解汽车行驶的基本原理 3. 能知道汽车的驱动力与附着力的关系	2
		发动机与汽车性能	1. 能收集汽车发动机相关信息 2. 能辨识和理解发动机主要技术性能	4
		底盘与汽车性能	1. 能收集汽车底盘相关信息 2. 能辨识和理解汽车底盘主要技术性能	4
		车身与汽车性能	1. 能收集汽车车身相关信息 2. 能辨识和理解汽车车身主要技术性能	4
		电器与汽车性能	1. 能收集汽车电器相关信息 2. 能辨识和理解汽车电器主要技术性能	4
3	汽车整车特征参数信息	辨识汽车身份特征	1. 能收集汽车整车相关信息 2. 能辨识汽车基本特征	2
		辨识汽车参数特征	1. 能辨识汽车主要质量和体积参数 2. 能辨识汽车主要尺寸参数	4
		辨识汽车外观特征	1. 能收集汽车六方位特征信息 2. 能辨识和理解汽车外观参数与性能的关系	4
		辨识表征汽车主要总成结构性能的描述	1. 能收集车辆各总成新技术相关信息 2. 能辨识和理解各总成车辆新技术对汽车性能的改善和提高	4
4	汽车文化	欣赏赛车运动	1. 能知道赛车的种类、作用 2. 能知道著名赛车运动的渊源，赛车手必备条件、赛车过程及计分方式	4
		品味汽车时尚	1. 能知道汽车时尚的种类、作用及发展 2. 能知道汽车时尚的渊源、对社会的影响以及在人们日常生活中的重要地位	4
		鉴赏汽车色彩	1. 能知道汽车颜色的种类、作用及流行 2. 能知道汽车色彩在人们日常生活中的重要地位和作用	4

五、课程考核方案设计

序号	考核项目	考核任务	考核方案	考核权重
1	汽车品牌	初识汽车品牌和车型	过程考核	30%
		欧系汽车品牌和车型辨识		
		美系汽车品牌和车型辨识		
		亚系汽车品牌和车型辨识		
2	汽车结构与性能	汽车的总体构造及行驶原理	过程考核	25%
		发动机与汽车性能		
		底盘与汽车性能		
		车身与汽车性能		
		电器与汽车性能		
3	汽车整车特征参数信息	辨识汽车身份特征	过程考核	25%
		辨识汽车参数特征		
		辨识汽车外观特征		
		辨识表征汽车主要总成结构性能的描述		
4	汽车文化	欣赏赛车运动	过程考核	20%
		品味汽车时尚		
		鉴赏汽车色彩		

注:过程考核重点考核工作态度、工作结果及工作过程中起到的作用。

六、教学建议

本课程是汽车运用专业必修的专业课程,是基于汽车维修、销售、保险等服务岗位工作任务分析而设置的项目课程。本书的项目按学习和工作过程系统化原则组织编写。

本书建议按学习和工作过程系统化项目教学和任务驱动组织教学,以认识汽车整车特征参数信息为主线,将汽车发动机结构性能、底盘结构性能、电器和车身的结构性能、欣赏赛车运动、品味汽车时尚渗透到各项目或任务中,以完成任务展开学习,边学边做任务。通过项目训练,培养学生工作或学习的过程能力,实现做中学,学中做的一体化教学核心思想。要求全面实施任务驱动式的项目教学法。

在教学过程中,要求体现教师引导、学生训练为主的现代职业教育理念(职业活动行动导向教学法),培养学生专业能力的同时全过程渗透职业核心能力训练。同时还潜移默化了问题解决方法,培养学生工作过程能力。

第二部分

教学内容

项目一　汽车品牌

？学习目标

通过本项目任务的学习,掌握汽车品牌的基本知识,掌握各大车系汽车品牌种类,各种品牌所属车型,各车型使用特性。同时,能够分辨汽车所属系别,品牌知名度。初识各车系造车理念差异。

☆ 期待效果

通过对汽车品牌及车型基本知识的学习和实验辨识,能向客户准确介绍车辆所属车系的国别、集团。并能区分和比较基本汽车车型及其使用特点。能辨识各不同车系造车理念。

项目理解

任务 1.1：在确定汽车品牌时,有的品牌与企业名称一致,而有的品牌与企业名称不一致。不能相互混淆。同样,汽车品牌也不能和品牌旗下的具体的某种车型相混淆。一个品牌可能具有多个车型,每种车型又可能具有各个不同的年款。比如,上海通用是企业名称,其旗下有三大品牌,分别是别克、雪佛兰、凯迪拉克。其中别克品牌中又有君越、君威、凯越、林荫大道、英朗、昂科雷、GL8 等几个车型,而君越车型又有 08 款、09 款、10 款、11 款、12 款等不同的年款。怎样准确辨识汽车品牌和车型,是本任务所要解决的主要问题。

任务 1.2：欧洲是汽车的诞生地。欧洲汽车品牌众多,车型繁杂,欧洲汽车大都具有深厚的历史渊源,有着及其深厚的汽车文化的底蕴。欧系汽车品牌的共同特点是:欧洲人制造汽车的理念是强调技术上的先进性和高度安全性。汽车产品设计较为严谨、科学,质量非常可靠,工艺非常先进,零部件的选材比较严格,产品拥有良好的技术性和耐久性。缺点是过度依赖技术和设计的先进性,选材不计成本,所以车价偏高。

任务 1.3:美系车最大的特点就是强调舒适性和动力性,兼顾安全性。美国车往往车身较为庞大、悬挂系统和隔音设计非常出色,发动机强调大排量、大功率,安全性也非常好。缺点:过分的强调大功率和大车身往往导致美国车给人以油耗大的坏印象。

任务 1.4:以日本汽车为代表的亚系车的聪明之处是博采众长,从而让质量、安全、价格、造型、性能等得到了和谐统一。和谐是亚系车最大的特点,也是没有特点的特点。

亚系日本车已经成为全世界汽车企业学习的榜样,不管是它的产品研发、营销模式,还是管理方式、消费理念。学习的结果是产品趋向同质化,汽车企业个性逐渐消失,不同品牌之间的可比性越来越淡化。

任务 1.1 初识汽车品牌和车型

知识目标

● 汽车品牌、车型、年款等基本知识和基本特征。
● 汽车的品牌价值与评估方式方法。
● 汽车品牌所属车型的换代及常见汽车车型换代次数。

能力目标

● 能够运用所学知识正确辨识汽车品牌、车型、年款等基本特征,初步知道汽车的品牌价值与评估方式方法,并能向客户介绍常见汽车车型换代次数。

情境描述

汽车4S店。对于客户所需车辆,不仅应当向客户介绍和说明汽车品牌、车型、年款等基本知识和基本特征,而且要能够知道汽车的品牌价值与评估方式方法,并面对顾客就车辆进行商务评价,同时,尚需对车辆的换代次数进行详细介绍。

任务剖析

一般来说,人们把汽车车头上挂着的汽车标志所代表的内涵称为汽车品牌。如别克、奔驰、宝马、迷你、奥迪、雪铁龙、标致、雷诺、丰田、雷克萨斯、日产、中华、奇瑞、吉利、大众、吉普、克莱斯勒等。一个品牌可能具有多个车型,每种车型又可能具有各个不同的年款。

品牌价值是指在商品经济范畴前提下,一个企业(集团)自身的商标、旗下的产品和服务产品网络所具有的正面信息总和。

所有的企业,苦心经营和维护自身的品牌,就是求得一个公众认可的品质质量知名度,让公众认为具有"诚信、守法、可靠、专业、价值、经济、高效"的美誉。

品牌价值是指品牌在某一个时点的价值,是用类似有形资产评估方法计算出来的资产,一般是当时的市场价格,是品牌在需求者心目中的综合形象。

任务载体

对于汽车品牌和车型含义对很多初学者来说比较容易混淆的。我们通过几个例子来体会一下:

例1:某人需要购买一辆SUV车,SUV是车型,不是品牌。许多品牌的汽车具有SUV车型。同样,如果某人需要购买一辆多功能车(MPV),多功能车(MPV)也是一种车型,不是品牌。

例2:某人需要购买一辆红旗轿车,"红旗"在这里是一个汽车品牌。某人需要购买一辆宝马轿车,"宝马"在这里也是一个汽车品牌。

例3:某人需要购买一辆家用车,1.6L排量,10万元左右的价格,希望在德系车和日系车中选择,如果是由我们来推荐,我们将推荐哪个汽车品牌? 推荐的理由是什么?

相关知识

汽车的品牌在汽车企业的地位是第一位的。如劳斯莱斯和宾利,虽然在其诞生的本土英国企业已被拆分,由于其品牌价值高,仍可在它国重建工厂继续生产和销售汽车。

一、汽车的品牌

(一)汽车品牌定义

汽车品牌是指给汽车拥有者带来溢价、产生增值的一种无形资产。它的载体是用以和其他竞争者的产品或劳务相区分的名称、术语、象征、记号或者设计风格及其组合。品牌增值的源泉来自于消费者心目中形成的关于其载体的印象。

汽车品牌的定义包含如下两个方面的意义:

(1)汽车品牌是汽车产品的名称、车型、车标、设计风格和特征以及它们的组合。其使用目的是为了识别某种汽车销售者的产品或劳务,并使之同竞争对手的产品和劳务区别开来。

(2)汽车品牌是通过汽车产品的名称、车型、车标、设计风格和特征等载体及一系列市场活动而表现出来的结果所形成的一种形象认知度,感觉,品质认知,以及通过这些而表现出来的客户忠诚度,总体来讲它属于汽车产品的无形资产。

一般来说,人们把汽车车头上挂着的汽车标志所代表的内涵称为汽车品牌。如别克、奔驰、宝马、迷你、奥迪、雪铁龙、标致、雷诺、丰田、雷克萨斯、日产、中华、奇瑞、大众、吉普、克莱斯勒等。

在确定汽车品牌时应注意,有的品牌与企业名称一致,而有的品牌与企业名称不一致。不能相互混淆。同样,汽车品牌也不能和品牌旗下的具体的某种车型相混淆。一个品牌可能具有多个车型,每种车型又可能具有各个不同的年款。比如,上海通用是企业名称,其旗下有三大品牌,分别是别克、雪佛兰、凯迪拉克。其中别克品牌中又有君越、君威、凯越、林荫大道、英朗、昂科雷、GL8 等几个车型,而君越车型又有 10 款、11 款、12 款等不同的年款。

表 1-1-1 是部分汽车生产企业所拥有的汽车品牌。

表 1-1-1　部分汽车生产企业所拥有的汽车品牌

生产企业	品牌			备注
上海通用	别克	雪佛兰	凯迪拉克	
广州本田	本田		讴歌	
一汽大众	大众		奥迪	
东风日产	日产			
长安汽车	长安	福特	马自达	铃木
北京奔驰	奔驰			
一汽丰田	丰田			

(二)汽车品牌的特征和作用

1. 汽车品牌的特征

汽车品牌有如下一些特征:

(1)汽车品牌的排他性。汽车品牌是用以识别生产或销售者的特有汽车产品或服务的。品牌拥有者经过法律程序的认定,享有品牌的专有权,有权要求其他企业或个人不能仿冒或伪造。

(2)汽车品牌是汽车企业的无形资源。由于汽车品牌拥有者可以凭借品牌的优势不断获取利益,可以利用汽车品牌的市场开拓力、形象扩张力和资本内蓄力不断发展,因此我们可以看到汽车品牌的价值。这种价值并不能像物质资产那样用实物的形式表述,但它能使汽车生产企业的无形资产迅速增大,并且可以作为商品在市场上进行交易。

(3)汽车品牌转化具有一定的风险及不确定性。汽车品牌创立后,在其成长的过程中,由于市场的不断变化,需求的不断提高,企业的品牌资本可能壮大,也可能缩小,甚至某一品牌在竞争中可能退出市场。汽车品牌的成长由此存在一定风险,对其评估也存在难度,对于汽车品牌的风险,有时由于企业的产品质量出现意外,有时由于服务不过关,有时由于品牌资本盲目扩张,运作不佳,这些都给企业品牌的维护带来困难,由此引起对企业品牌效益的评估也出现不确定性。

(4)汽车品牌的表象性。汽车品牌是企业的无形资产,不具有独立的实体,不占有空间,但它最原始的目的就是让人们通过一个比较容易记忆的形式来记住某一汽车产品或汽车企业,因此,汽车品牌必须有物质载体,需要通过一系列的物质载体来表现自己,使汽车品牌有形化。汽车品牌的直接载体主要是文字、图案和符号,间接载体主要有产品的质量,产品服务、知名度、美誉度、市场占有率。没有物质载体,品牌就无法表现出来,更不可能达到品牌的整体传播效果。

（5）汽车品牌的扩张性。汽车品牌具有识别功能，代表一种产品、甚至代表一个企业，企业可以利用这一优点展示汽车品牌对市场的开拓能力，还可以帮助企业利用品牌资本进行扩张。

2. 汽车品牌的作用

汽车品牌具有如下一些作用：

（1）汽车品牌是产品或企业核心价值的体现。汽车品牌是消费者或用户记忆商品的工具，不仅要将汽车销售给目标消费者或用户，而且要使消费者或用户通过使用对该品牌汽车产生好感，从而重复购买，不断宣传，形成品牌忠诚，使消费者或用户重复购买。消费者或用户通过汽车品牌，通过对汽车品牌产品的使用，形成满意的概念，围绕品牌形成消费经验，存贮在记忆中，为将来的消费决策形成依据。一些企业更为自己的品牌树立了良好的形象，赋予了美好的情感，或代表了一定的文化，使汽车品牌及品牌产品在消费者或用户心目中形成了美好的记忆。

（2）汽车品牌是识别商品的分辨器。汽车品牌的建立是由于竞争的需要，用来识别某个销售者的特有汽车产品或服务的。汽车品牌设计应具有独特性，有鲜明的个性特征，品牌的图案、文字等信息与竞争对手应有区别，代表本企业的特点。同时，互不相同的汽车品牌各自代表着不同的形式，不同质量，不同服务的汽车产品，可为消费者或用户购买、使用提供借鉴。通过汽车品牌人们可以认知产品，并依据品牌优劣选择是否购买。

（3）汽车品牌是产品质量和信誉的保证。企业设计汽车品牌，创立汽车品牌，培养汽车品牌的目的是希望此品牌能变为名牌，于是在产品质量上下功夫，在售后服务上做努力。同时品牌代表企业，企业从长远发展的角度必须从产品质量上下功夫，特别是名牌产品、名牌企业更是如此。于是品牌、特别是知名品牌就代表了一类产品的质量档次，代表了企业的信誉。

（4）汽车品牌是企业的生命。汽车品牌以质量取胜，汽车品牌常附有文化，情感内涵，所以汽车品牌给汽车产品增加了附加值。同时，汽车品牌有一定的信任度、追随度，企业可以为汽车品牌制定相对较高的价格，获得较高的利润。汽车品牌中的知名品牌在这一方面表现尤为突出。

二、汽车的品牌价值与评估

（一）品牌价值定义

品牌价值是指在商品经济范畴前提下，一个企业（集团）自身的商标、旗下的产品和服务产品网络所具有的正面信息总和。

所有的企业，苦心经营和维护自身的品牌，就是求得一个公众认可的品质质量知名度，让公众认为具有"诚信、守法、可靠、专业、价值、经济、高效"的美誉。

品牌价值是指品牌在某一个时点的价值，是用类似有形资产评估方法计算出来的资产，一般是当时的市场价格，是品牌在需求者心目中的综合形象。

品牌价值涵盖了一系列的无形资产，主要由五种构成元素：品牌忠诚度、品牌名称认知、品牌质量认知、品牌辨识系统和品牌的其他相关资产（如：专利、销售渠道优势等）。

品牌忠诚度与品牌名称认知代表着品牌与消费者之间的黏合度,是必须透过一个或多个商标的传播与时间的积累,才能进入消费者的记忆之中。据研究资料指出,品牌忠诚度的产生,主要是来自于顾客对先前购买的产品之评估过程是否满意。品牌忠诚度是品牌价值的基础,由消费者使用经验、认知及品牌辨识和产品质量所构成。"商标"在营销上最大的作用,在于它能留在顾客心中,商标的价值来自于消费者对它的认知达到何种程度。

品牌质量认知可定义为"消费者对产品或服务质量优劣的判断比较"。

品牌识别系统则是一种企业概念的传播,传达一种感觉、意识以及品牌有形或无形的印象。

(二)品牌价值评估

品牌价值评估是指由国家批准的专门评估机构对某个品牌的品牌价值进行资产量化。

品牌价值评估不但可以量化具体品牌所具有的价值,还可以通过各个品牌价值的比较,从直观上了解品牌企业的状况,从某些侧面揭示出各个品牌所处的市场地位及其变动,揭示出品牌价值的内涵和规律。并且为企业实现以品牌为资本的企业重组扩张创造良好的舆论基础和社会基础。消费者通过品牌价值的影响,坚定自己对某些品牌的忠诚。投资者通过品牌价值的参考,决定自己的投资方向。

1. 品牌价值的评估方法

目前,比较权威的品牌价值评估机构对品牌价值评估的方法主要有四种,分别是市场结构模型法、Kemin模型法、Interbrand价值评估模型法、千家品牌价值评估模型法。

1) 市场结构模型法。

这是著名的美国《金融世界》期刊主要使用的方法。其思路是在已知某一相同或类似行业品牌价值的前提下,通过比较来得出被评估品牌的价值。它认为,任何品牌的价值都必须通过市场竞争得以体现,不同品牌的价值与该品牌的市场占有能力、市场创利能力和市场发展能力呈正相关关系,同时还要考虑市场上不确定因素对品牌价值的影响,以准确的评估品牌的价值。评估具体步骤为:

(1) 测算出已知价值品牌和被评估品牌的三种能力数值。

① 市场占有能力。其计算公式为:企业销售收入/行业销售总收入。

② 市场创利能力。其计算公式为:净资产收益率-行业平均净资产收益率。

③ 市场发展能力。其计算公式为:销售增长额/上一年年销售额。

(2) 求出被评估品牌每种能力占已知价值品牌相应能力的百分比,再根据行业的具体情况如企业规模、行业特征等对三个能力的百分比进行加权系数的调整,然后进行加权平均计算。

(3) 计算品牌价值。

被评估品牌价值=某一可比品牌的价值×调整后的加权平均百分比。

这种方法的优点是考虑了品牌的市场占有率、赢利性和成长性,较为客观的评价了品牌的价值。缺点是实操性存在问题,因为前提条件是已知某一相同或类似行业的其他品牌价值,这个价值如何计算出来,即使有的话是否准确,因为前提的偏差或错误会导致后续数据

笔记

的错误,这个问题也是困扰着市场结构模型法应用较困难的一大原因。

2) Interbrand 价值评估模型。

Interbrand 模型是由 Interbrand 公司所设计的一种品牌价值评估模型。其假设品牌创造的价值在未来一段时间是稳定的,通过计算品牌收益与品牌的强度系数来确定品牌的价值。计算公式为: $V = I \times G$,其中 V 是品牌价值,I 是品牌给企业带来的年平均利润,G 是品牌强度系数,在使用时,一般要考虑以下三个问题:

(1) 剔除非评估品牌所创造的利润和同一品牌中其他因素创造的利润。首先是在评估一个品牌的利润时,要将其余品牌所创造的利润去除。其次,要剔除同一品牌产品中其他因素所创造的收益,因为原材料、固定资产、管理等经营要素也对产品的利润作出了贡献。但由于在实际操作中几乎不可能单独计算每一要素的收益,所以一般通过计算这些要素的预期报酬率来计算它们的利润。预期报酬率的确定因行业的不同而不同,一般而言,预期报酬率在 5%～10% 之间。

(2) 平均利润的确定。Interbrand 模型考虑的是品牌的持续经营能力,因此对品牌的利润进行了加权平均调整。当年的利润权数为 0.5,上一年的利润权数为 0.33,再上一年的利润权数为 0.17,并根据经济发展趋势和通货膨胀率进行相应的调整,以确保数据的可比性和利润的稳定性。

(3) 强度系数的确定。Interbrand 公司通过调查给出了一个品牌强度影响因素的量表,通过专家打分的方式来确定品牌强度系数。指标项包括行业领导地位、行业特征、品牌稳定性、地域影响力、品牌发展趋势、品牌所获支持、品牌法律保护等,总分越高,则品牌的实力越强,预计使用年限就越长,Interbrand 通过大量调研,将强度系数 G 的范围定义在 $6 \sim 20$ 之间。分数越高,G 则越接近最大值 20。

3) Kemin 模型。

Kemin 模型的评价依据是以企业品牌的市场表现和企业拥有的技术创新能力,并且考虑到了市场的一般资金利率水平。这种方法由于没有考虑品牌未来的收益,所以只能得出过去和现在品牌价值的市场反映,不具有对品牌长期发展的指导意义,但它最大的优点就是简单易行。

4) 千家品牌价值评估模型。

千家品牌实验室于 2009 年 3 月正式提出了基于品牌指数系统的品牌价值评估模型,包括两种评估方法:品牌累积价值评估和品牌转化价值评估。这种评估方法有三个基本原则:

(1) 品牌价值评估的对象必须剥离品牌母体的有形资产,也就是说:品牌母体的厂房、设备、原材料、库存产品、流动资金与债权债务、人员等都不纳入品牌价值评估范围。也就是说品牌价值是有形资产外的另一份资产。

(2) 某个品牌个体的品牌价值与该行业领域的其他竞争品牌相关。品牌价值是由品牌相对竞争位置来决定的,而品牌指数则是测量品牌生态竞争位置的工具。

(3) 品牌可从两个方面体现品牌价值:一是品牌建设整个过程中获得了各种媒介的注意力总和所折算成的资产;二是品牌转化后获得企业资产增值收益。

笔记

三、世界知名汽车品牌评估价值比较

（一）Interbrand 全球百大品牌排行汽车生产厂商排名

Interbrand 公司成立于 1974 年，是一家国际知名的、权威性品牌咨询机构。具有全球最权威的品牌管理咨询背景，美国《商业周刊》每年的全球最有价值品牌前 100 名就由该机构评出。

表 1-1-2 是 Interbrand 公司采用 Interbrand 价值评估模型法所评估的近年全球各大汽车品牌价值排行榜。从表中可以看出，日本的丰田、本田和德国的奔驰、宝马一直位居世界汽车品牌价值排行前 4 强。

表 1-1-2 2011～2012 年全球百大品牌排行榜车厂排行

2011～2012 年全球百大品牌排行榜车厂篇				
2012 年排名	2011 年排名	品牌	国别	品牌价值变化
1	2	宝马	德国	+10％
2	1	丰田	日本	−10％
3	3	奔驰	德国	+5％
4	4	本田	日本	−11％
5	6	日产	日本	−2％
6	7	大众	德国	+15％
7	8	福特	美国	−5％
8	9	奥迪	德国	+23％
9	未进榜	现代	韩国	—
10	10	雷克萨斯	日本	−7％

（二）中国汽车行业品牌全景调查

中国汽车行业品牌全景调查，是基于 Brand-Solution TM 模型，对中国国内主流轿车品牌的综合品牌力进行量化评估和排名。

该调查中的品牌综合动力指数是一个非常重要的指标，它从市场表现和消费者这两个不同的角度，广义地界定了品牌的力量，并将以往偏向定性描述的品牌研究，转化为定量剖析的实用型结果予以展现。

在宏观层面，该调查对整个汽车行业以及各细分市场的综合品牌力进行排名和描述；

在微观层面，该调查对各汽车企业的品牌建设进行深度诊断并给出建议。

中国汽车全行业品牌全景调查于 2006 年首次发起，于 2009 年 7 月进行了第三次品牌

笔记

全景调查。我们以 2009 年进行的调查结果为例,来说明各品牌汽车在中国市场的表现。2009 年度汽车品牌调查样本总量为 3 050 个,其中潜在用户 450 个,现有用户 2 600 个。调查地域覆盖东北、华北、华东、华南以及中西部地区,涉及除西藏以外全国所有直辖市及省份的省会和地县级市场。调查品牌涉及欧系、美系、日韩系和自主品牌,2009 年年初时在国内有量产车型并有较大保有量的汽车品牌都在该次调查范围之列,包括一汽奥迪、华晨宝马、南北大众、北京奔驰、东风标致、东风雪铁龙、上汽通用、长安福特、一汽丰田、广汽丰田、东风本田、广州本田、东风日产、一汽马自达、北京现代、奇瑞、吉利、红旗、天津一汽、华晨汽车、长安铃木、一汽海马等。

细分市场的划分依据是消费者最直接的购车筛选标准——价格,该价格为裸车价格,共划分为低端(7 万元以下)、经济型(7~12 万元)、中级(12~17 万元)、中高级(17~30 万元)和高端(30 万元以上)等五个细分市场。

1. 汽车品牌综合动力指数排名

品牌动力指数,是国内汽车品牌力量的综合体现。涵盖了该品牌传播广泛度、情感维系强度、品牌高度以及其旗下产品的市场表现力等多方面综合指标。它的高低,代表该品牌当前在用户群中的全方位实力及其发展潜力。

图 1-1-1 为 2009 年国内主要常见品牌汽车品牌动力指数排位,从图中可以看出,大众和奥迪以较显著优势的居前两位;丰田、本田、宝马、奔驰则相继占据第三名至第六名。

图 1-1-2 所示为高端品牌动力指数排名,从图 1-1-2 可以看出,高端品牌市场拥有整个汽车市场中最高的品牌动力指数、最大的指数落差,以及最稳定的格局。奥迪品牌在高端市场冠军的位置连续保持了三年,丰田创立的服务于高端市场的品牌雷克萨斯,因其未国产化而不在本次调查范围之内,纳入调查的为其旗下的皇冠品牌,故仅获得排名第四的位置。

沃尔沃拥有一批足够偏爱和忠诚于自己的人群,但是,这个人群的数量不是足够的大。因此,沃尔沃目前在中国依然是个小众品牌。而别克在高端市场投放的林荫大道显然未能达到预期的目标,其影响力微小而未计入总结果。

图 1-1-3 为高端品牌的产品认知度排名,从心理占有率、头脑占有率和认知占有率总计来看,奥迪 A6 排第一,皇冠排第二,奥迪 A4 排第三。以下依次为宝马 5 系、宝马 3 系、奔驰 C 级、奔驰 E 级等。

图 1-1-4 为中高端品牌动力指数排名,依次为本田、大众、丰田、马自达、别克等。结合图

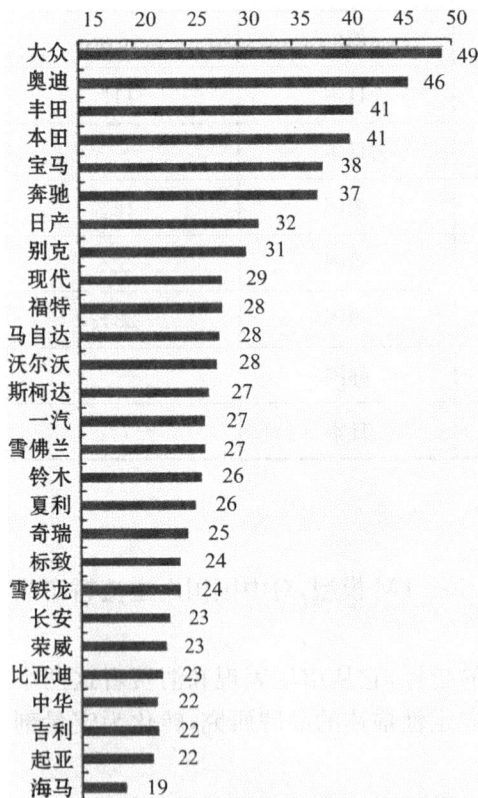

品牌	指数
大众	49
奥迪	46
丰田	41
本田	41
宝马	38
奔驰	37
日产	32
别克	31
现代	29
福特	28
马自达	28
沃尔沃	28
斯柯达	27
一汽	27
雪佛兰	27
铃木	26
夏利	26
奇瑞	25
标致	24
雪铁龙	24
长安	23
荣威	23
比亚迪	23
中华	22
吉利	22
起亚	22
海马	19

图 1-1-1　国内主要常见品牌汽车品牌
动力指数排名

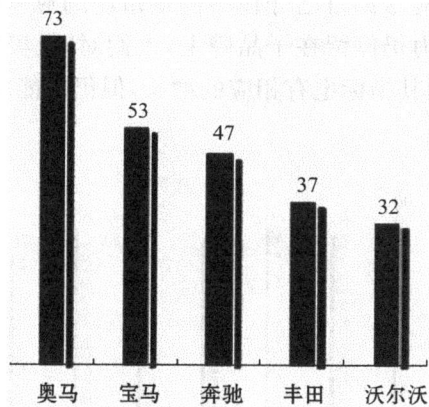

图 1-1-2　高端品牌动力指数排名

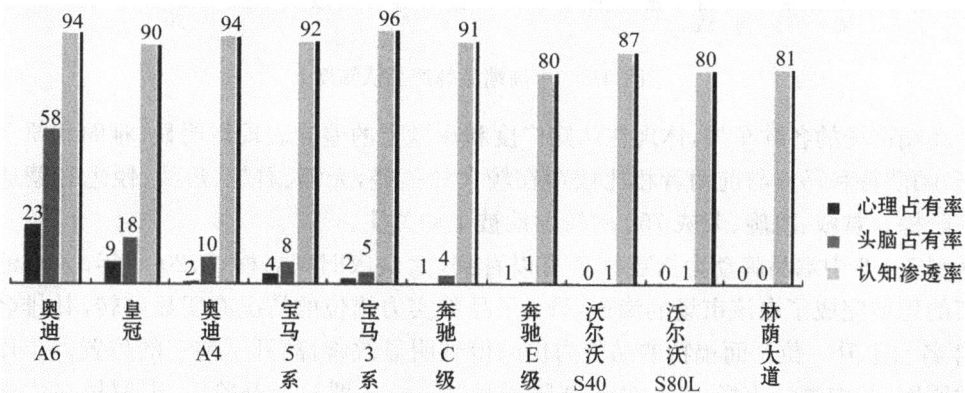

图 1-1-3　高端品牌产品认知度

1-1-5中高端品牌产品认知度我们可以看到：随着我国汽车消费市场的不断成熟，在 2009 年的排名中，中高端市场发生了一个鲜明的转变，子品牌的影响力强势超越了母品牌，也就是说，车主更多想到的是车型而不是车型所属的品牌；这个变化在各价格段市场都有体现，但中高端市场尤为明显。从图 1-1-4 中可以看出，本田取代大众夺得 2009 年中高端市场首席位置。回顾新雅阁抢眼的市场表现，母品牌的本田的动力指数排名水涨船高当属意料之中。

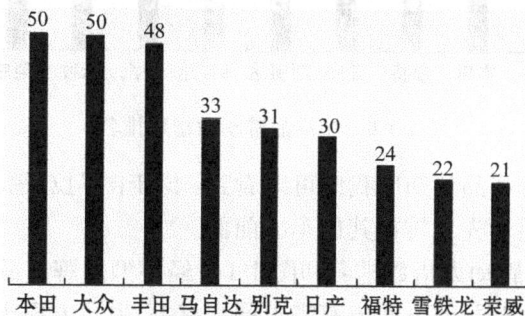

图 1-1-4　中高端品牌动力指数排名

笔记

大众一贯良好的情感基础也没能帮助自己守住中高端市场的冠军位置。丰田居第三位,与其市场地位颇有出入。其品牌力仍停留在子品牌上,人们对"凯美瑞"形成了强烈的印象和情感时,"丰田"作为母品牌虽然其指标也有相应的增长,但仍未能超越此市场内的老牌对手大众和本田。

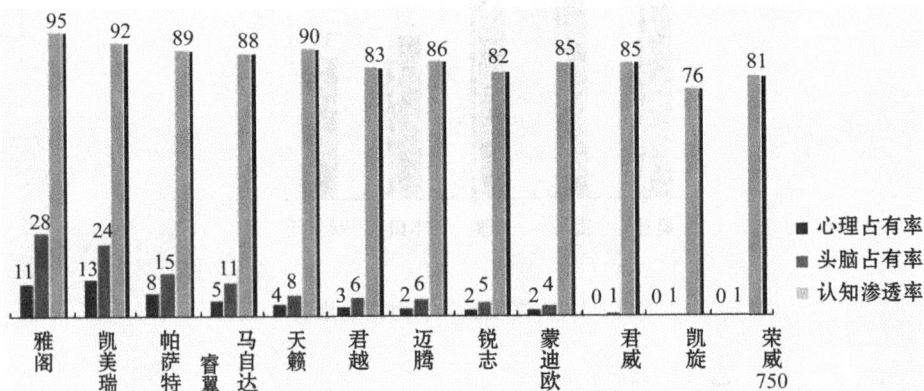

图 1-1-5　中高端品牌产品认知度

中高端市场的各款车型,体现在认知广度和深度上的差异表现得明显,雅阁和凯美瑞旗鼓相当,帕萨特和马 6 与前两者相比较存在较大的落差,天籁、君越、迈腾、锐志和蒙迪欧属于第三阶梯。君威、凯旋、荣威 750 则较少地被主动关注。

从图 1-1-6 中端品牌动力指数排名可以看到,大众依旧高居榜首,2009 年,大众的速腾和本田的思域完成了在该市场的渗透,母、子品牌实力错位的情况有明显好转,其排名也较2007 年各自上升一位。而福特的品牌力仍未得到明显改善,离开了前三的位置。丰田屈居第二的原因,与中高端市场相同,处于伴随子品牌——卡罗拉上升阶段,卡罗拉在中端市场非常强势,但这种强势主要停留在自身,而未传导到母品牌。

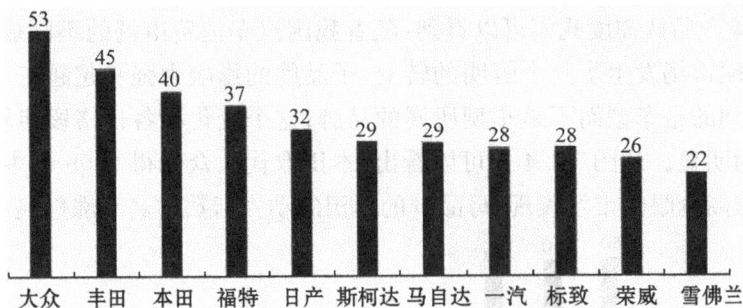

图 1-1-6　中端品牌动力指数排名

从图 1-1-7 中端品牌产品认知度我们可以看到:丰田卡罗拉、福特福克斯、大众速腾、本田思域以及标致 307 遥遥领先地排在其他车型前面。

从图 1-1-8 经济型品牌动力指数排名和图 1-1-9 经济型品牌产品认知度可以看到,经济型轿车市场,整体品牌力偏弱,一方面与其需求层次有关,另一方面也因为竞争者较多,对品牌力有一定的稀释效果。大众品牌以高出第二名近 20 分的优势排在首位。此段中分布了

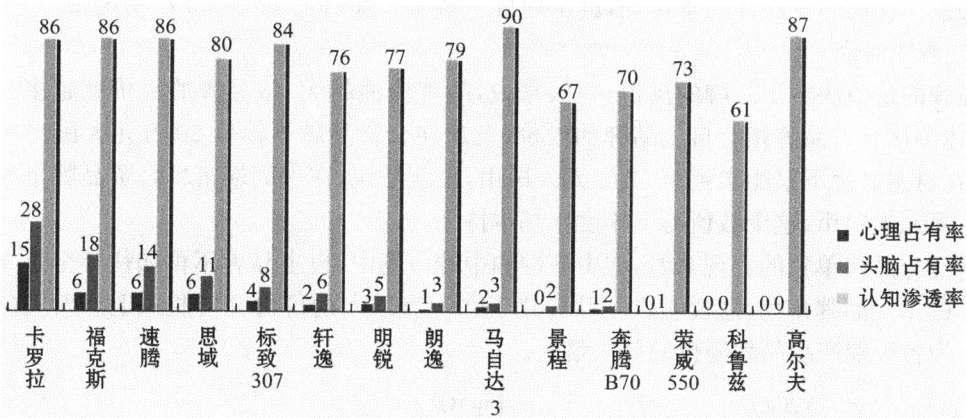

图 1-1-7　中端品牌产品认知度

大众多款车型，其中老牌车型捷达，仍保持着第一位的影响力，丰田、本田、日产、现代、别克排在第二梯队，伊兰特和凯越是此价格段的金牌车型，但母品牌力偏弱。本田和丰田母品牌力较强，但缺乏非常抢眼的优势车型。

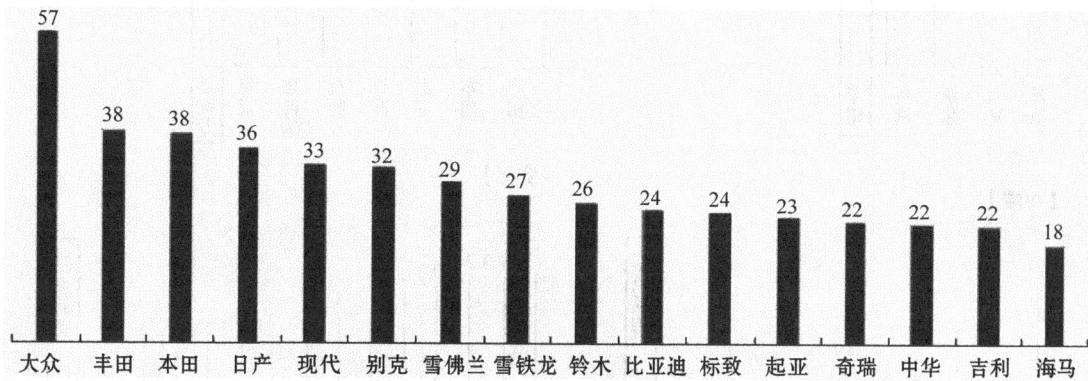

图 1-1-8　经济型品牌动力指数排名

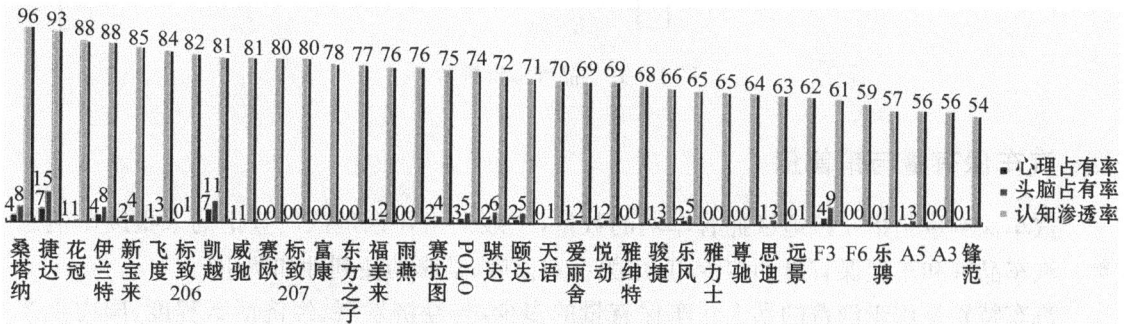

图 1-1-9　经济型品牌产品认知度

在此价格段，也是自主品牌分布最集中区域，整体看来自主品牌排位仍比较靠后。中华位次比上年下滑三位，与其销量变化呈现出同样的趋势，可能与其在产品结构上的下探举措

笔记

不无关系。比亚迪首次计入本市场,就位列自主品牌之首,其子品牌 F3 居功至伟。

　　2. 品牌溢价

　　品牌的价值决定了品牌的溢价,一般来说,品牌价值越大,该品牌的溢价就越多。2009年,整体测试合资品牌相对自主品牌的溢价,发现在合资品牌下标价 20 万元人民币的同一款车,在自主品牌下仅能卖到 15.2 万元人民币,也就是说,在中高端市场合资品牌平均溢价为 4.8 万元人民币,这个数值与上年度年基本持平。

　　从部分品牌单独的表现来看,在中高端和中端市场中,自主品牌不再如往年全部充当溢价为零的基点品牌角色,这说明自主品牌终于在一直以来的价格高度瓶颈上有所突破。图1-1-10 为各级别产品品牌溢价的基本情况。

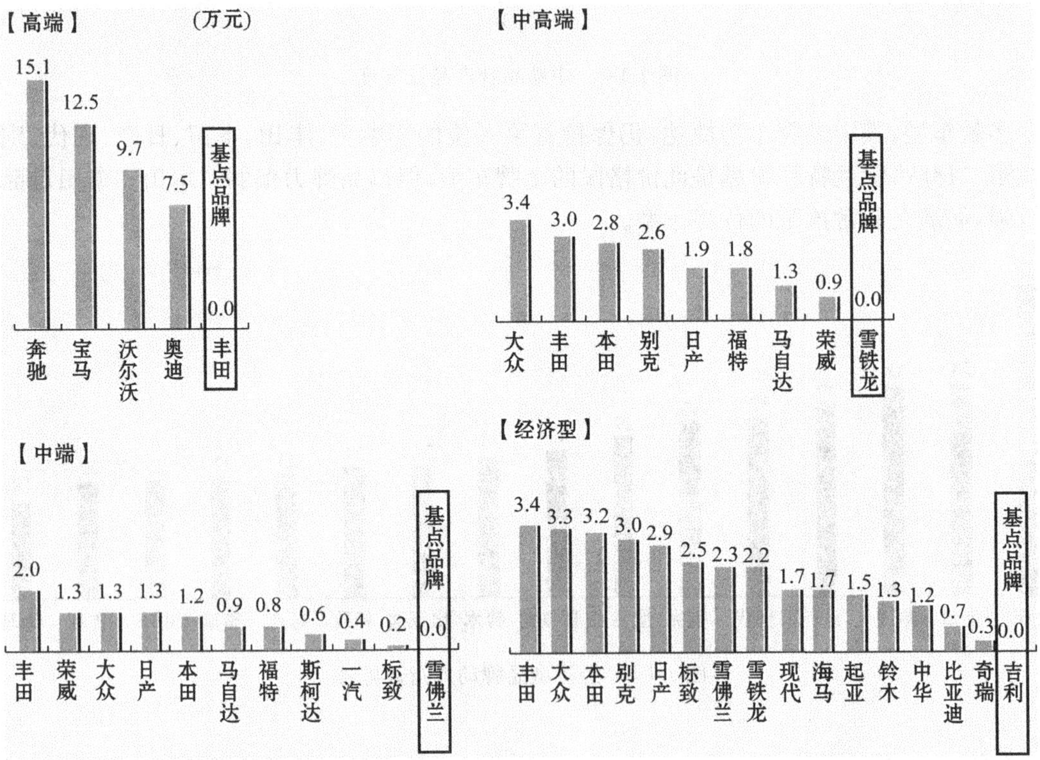

图 1-1-10　品牌溢价排名

四、汽车保有量与销售量

　　汽车保有量是指在该地区拥有车辆的数量,一般是指在该地区所登记的未报废车辆总数。汽车品牌和车型保有量的多少,直接关系到售后、维修的便利性和费用。

　　汽车特别是用于消费的私人轿车保有量的多少,与经济发展、经济活跃程度、国内生产总值、人均国内生产总值的增长,以及道路建设的发展有着密切的联系。随着中国经济的持续快速发展以及人民群众收入水平的不断提高,将有越来越多的家庭具备购买私人轿车的能力。

　　据公安部数据显示,至 2011 年 12 月底,我国机动车保有量为 2.25 亿辆。

从品牌和车型来看,汽车品牌保有量是指在该地区拥有该品牌车辆的数量。如桑塔纳、捷达、夏利等车型目前在我国的保有量最大。

汽车销售量则是表明汽车品牌或车型真正受欢迎的指标。它是消费者对汽车性价比高低的投票。销量大,是因为大多数消费者认为物有所值。表 1-1-3 为 2012 年我国前 10 家汽车企业销量排名。

表 1-1-3　2012 年前 5 个月我国前 10 家汽车企业销量排名表

2012 年前 5 个月我国轿车生产企业销量		
排名	企业	销量/万辆
1	上海通用	51.23
2	一汽大众	46.58
3	上海大众	43.93
4	东风日产	29.98
5	北京现代	26.15
6	一汽丰田	17.97
7	吉利	17.83
8	神农	17.73
9	长安福特	17.59
10	奇瑞	17.33

五、乘用汽车品牌所属车型与年款

(一)乘用汽车品牌所属车型

我国汽车车型是按照国家标准 GB/T 3730.1—2001 编制的。但是目前汽车营销市场对于乘用汽车车型与系列的通俗表达方式根据不同的汽车品牌、不同的生产国家有比较大的称谓差别。为了讨论的方便起见,我们统一把不同汽车品牌乘用车的所属车型按照发动机排量、车身长度和轴距来区分,分为微型车、小型车、紧凑型车、中型车、中大型车、豪华车、跑车、MPV 汽车、SUV 汽车和专用乘用车等 10 种车型(见表 1-1-4)。

1. 乘用车

乘用车(passenger car)在其设计和技术特征上主要用于载运乘客及其随身行李和/或临时物品的汽车,包括驾驶员座位在内最多不超过 9 个座位,它也可以牵引一辆挂车。

表 1-1-4　乘用汽车品牌所属车型

	基本型乘用车					
	微型车 (A00 级车)	小型车 (A0 级车)	紧凑型车 (A 级车)	中型车 (B 级车)	中大型车 (B 级车)	豪华车 (C 级车)
车长/M	小于 4	4.0～4.3	4.2～4.6	4.5～4.9	4.8～5.0	大于 5.0
轴距/m	2.0～2.3	2.3～2.5	2.5～2.7	2.7～2.9	2.8～3.0	大于 3.0

	基本型乘用车					
	微型车 （A00级车）	小型车 （A0级车）	紧凑型车 （A级车）	中型车 （B级车）	中大型车 （B级车）	豪华车 （C级车）
排量/L	小于1.0	1.0～1.5	1.6～2.0	1.8～2.4	大于2.4	大于3.0
常见车型举例	奥拓、奇瑞QQ3、比亚迪F0等	POLO、飞度、赛欧等	高尔夫、科鲁兹、福克斯等	宝马3系、雅阁、骏捷等	奥迪A6、奔驰E级、皇冠等	奔驰S级、迈巴赫、劳斯莱斯幻影

	跑车	MPV汽车	SUV汽车	专用乘用车			
				旅居车	防弹车	救护车	殡仪车
车长/M	不限	不限	不限	不限	不限	不限	不限
轴距/M	不限	不限	不限	不限	不限	不限	不限
排量/L	不限	不限	不限	不限	不限	不限	不限
常见车型举例	威航、竞速、F430、交叉火力、雷文顿等	奥德赛、普力马、途安、GL8等	卡宴、森林人、汉兰达、昂科雷等				

　　根据汽车发动机排量的大小和乘用车的用途不同，乘用车又分为基本型乘用车、多功能车（MPV）、运动型多用途车（SUV）和交叉型乘用车、专用乘用车等五类，它是根据现阶段我国汽车工业发展的特点进行区别划分的（见表1-6）。

　　其中，微型车指轴距在2～2.2m之间，发动机排量一般小于1L的乘用汽车。

　　小型车轴距一般在2.2～2.3m之间，发动机排量为1～1.3L的乘用汽车。紧凑型车轴距一般在2.4～2.7m之间，发动机排量为1.6～2.0L的乘用汽车。在称谓上，有人也把这三类车型称为A级车。

　　中型车和中大型车的轴距分别为2.7～2.8m和2.8～2.9m，排量在2.0～3.0L的乘用汽车。在称谓上，有人也把这两类车型称为B级车。

　　豪华车的轴距通常在2.7～3.0m之间，排量在2.8L以上，但其装备和配置非常讲究。在称谓上，有人也把它称为C级车。

　　多功能车（MPV）、运动型多用途车（SUV）、交叉型乘用车和专用乘用车的轴距和排量则没有固定的限制，根据其用途、车型及使用条件由生产厂家决定。

　　2. 基本型乘用车

　　基本型乘用车（basic car）的概念基本等同于旧标准中的轿车，但在统计范围上又不完全等同于轿车，原属于轻型客车中的"准轿车"列入了基本型乘用车统计。基本型乘用车按其发动机排量的大小、汽车轴距的长短和汽车车身长度又可分为微型车、小型车、紧凑行车、中型车、中大型车和豪华车。

　　1）微型车。

　　微型车也被称为 A00 级车,一般情况下,属于该级别的车其轴距在 2.0～2.3m 之间,车身长度在 4.0m 之内,搭载的发动机排量在 1.0L 左右。微型车体积较小、油耗较低、价格便宜。比较典型的微型车有奔驰 Smart,菲亚特 500,奥拓、奇瑞 QQ3、比亚迪 F0 等。

　　随着市场的发展,微型车的轴距和车身尺寸、发动机排量也在不断增加,比如经过换代的奥拓,轴距从 2175mm 增长到 2360mm;吉利熊猫微型车则采用了 1.3L 排量的发动机。表 1-1-5 列出了一些常见的微型车品牌及其车型。

表 1-1-5　常见的微型车品牌及其车型

汽车品牌	微型车车型	汽车品牌	微型车车型	汽车品牌	微型车车型
比亚迪	F0	长安	奔奔 i、奔奔 LOVE、奔奔 MINI	大众	FOX
标致	107	长城	欧拉、精灵、哈弗 M1	菲亚特	500、Panda
昌河	爱迪尔	哈飞	路宝	吉利	熊猫
丰田	Aygo、IQ	海马	王子	江淮	悦悦
斯玛特	Smart fortwo	瑞麒	M1	雪佛兰	Spark、乐驰
铃木	奥拓	双环	小贵族	奇瑞	QQ3、QQme、旗云 1

　　2)小型车。

　　小型车也被称为 A$_0$ 级车,一般情况下,属于该级别的车其轴距在 2.3～2.5m 之间,车身长度在 4.0～4.3m 之间,发动机排量在 1.0～1.5L 之间,比较典型的小型车有宝马 Mini、POLO、飞度、赛欧、雅力士等。

　　由于市场的需求,目前小型车的尺寸、发动机排量也在增加,如东风日产骊威的轴距为 2600mm,发动机排量为 1.6L;此外,行业市场约定,基于小型车平台经过加长的汽车,也归属于小型车范畴,比如,以飞度的平台研发生产的锋范,虽然轴距达到 2550mm、搭载 1.8L 发动机,市场仍把它归属于小型车的范畴。表 1-1-6 列出了一些常见的小型车品牌及其车型。

表 1-1-6　常见的小型车品牌及其车型

汽车品牌	小型车车型	汽车品牌	小型车车型	汽车品牌	小型车车型
阿尔法罗米欧	ALFA MiTo	大发	森雅	哈飞	赛马
奥迪	A1	大众	高尔、POLO	海马	丘比特
本田	飞度、锋范、思迪	菲亚特	朋多、派朗、派力奥、西耶那、周末风	吉利	金刚、金鹰、自由舰、豪情、美日、优利欧
标致	206	丰田	威驰、雅力士	江淮	同悦、同悦 RS

（续表）

汽车品牌	小型车车型	汽车品牌	小型车车型	汽车品牌	小型车车型
长安	悦翔	福特	福特 Ka、嘉年华	力帆	力帆 320
长城	哈弗 M2、酷熊、凌傲、炫丽	福田	迷迪	铃木	羚羊、利亚纳、雨燕
陆风	风华	马自达	马自达 2、马自达 2劲翔	奇瑞	风云 2、奇瑞 A1
MG	MG 3SW	迷你	MINI Countryman、MINI、MINI CLUBMAN	起亚	千里马
日产	玛驰、日产 Cube、骊威	三菱	三菱 i、三菱 Colt	斯柯达	晶锐
西亚特	西亚特 Ibiza	夏利	夏利	现代	瑞纳、现代 i20、雅绅特
雪佛兰	乐骋、乐风、赛欧	雪铁龙	C2、C3、毕加索	一汽	威志、威姿、夏利 N5

3）紧凑型车。

紧凑型车也被称为 A 级车，一般情况下，属于该级别的车其轴距在 2.5～2.7m 之间，车身长度在 4.2～4.6m 之间，发动机排量在 1.6～2.0L 之间，比较典型的紧凑型车有高尔夫、科鲁兹、福克斯等。

由于市场的需求，目前紧凑型车的尺寸有所增大，比如荣威 550 的轴距就达到了 2705mm；而基于紧凑型车平台经过加长的车，也归属于紧凑型车，如以雪铁龙 C4 平台研发生产的凯旋，轴距加长后达到 2710mm，其仍属于紧凑型汽车；一些所谓的性能车，由于基于紧凑型车平台生产，如 Lancer（蓝瑟）EVO 同样属于紧凑型车。表 1-1-7 列出了一些常见的紧凑型车品牌及其车型。

表 1-1-7　常见的紧凑型车品牌及其车型

汽车品牌	紧凑型车	汽车品牌	紧凑型车	汽车品牌	紧凑型车
阿尔法罗米欧	147	东风风神	风神 H30、风神 S30	莲花汽车	竞速、竞悦、莲花 L3
奥迪	A3	东南	V3 菱悦、菱帅	铃木	天语 SX4
宝马	1系	菲亚特	博悦、领雅	MG	MG6
奔驰	A 级、B 级	丰田	普锐斯、花冠、卡罗拉	马自达	马自达 3

（续表）

汽车品牌	紧凑型车	汽车品牌	紧凑型车	汽车品牌	紧凑型车
奔腾	B50	福特	福克斯	欧宝	欧宝 Corsa、雅特
本田	Insight、思域	哈飞	赛豹 III、赛豹 V	奇瑞	奇瑞 A3、奇瑞 A5、旗云、旗云 2、旗云 3、风云
比亚迪	L3、F3、F3R、G3	海马	福美来、欢动、海福星	起亚	起亚 Ceed、起亚 Forte、起亚 Venga、福瑞迪、赛拉图
标致	307、308	华普	海锋、海景、海域、海迅、海尚、海悦、海炫	日产	骐达、轩逸、颐达、阳光
别克	凯越、英朗	吉利	远景	荣威	荣威 350、荣威 550
长安	长安 V802、长安 CX30、志翔	江淮	和悦	三菱	蓝瑟、蓝瑟·翼神
长城	腾翼 C30	凯迪拉克	BLS	斯巴鲁	翼豹
大众	宝来、高尔夫、捷达、甲壳虫、朗逸、速腾、宝来/宝来经典	克莱斯勒	PT 漫步者	斯柯达	明锐
帝豪	帝豪 EC7、帝豪 EC7-RV	雷诺	雷诺 Clio、梅甘娜	沃尔沃	沃尔沃 C30、沃尔沃 S40
东风	景逸	力帆	力帆 520、力帆 620	现代	现代 i30、悦动、伊兰特
雪佛兰	雪佛兰 Volt、科鲁兹	雪铁龙	爱丽舍、凯旋、世嘉、雪铁龙 C4、富康、赛纳	英伦	上海英伦 SC6、上海英伦 SC6-RV、上海英伦 SC7、上海英伦 TX4
中华	中华骏捷 Cross、中华骏捷 FRV、中华骏捷 FSV				

笔记

4) 中型车。

中型车也被称为 B 级车，一般情况下，属于该级别的车，其轴距在 2.7～2.9m 之间，车身长度在 4.5～4.9m 之间，发动机排量在 1.8～2.4L 之间，比较典型的中型车有宝马 3 系、雅阁、骏捷等。

目前中型车的尺寸、发动机排量有所增加，如奥迪 A4 针对中国市场将轴距加长到 2869mm；天籁搭载了 3.5L 发动机。出自于中型车平台的产品也都属于中型车，如桑塔纳和迈腾虽然投产时间相差很久，尺寸和技术的差异也很大，但两者都出自大众 B 级车平台，所以它们都属于中型车。表 1-1-8 列出了一些中型车品牌及其车型。

表 1-1-8　常见中型车品牌及其车型

汽车品牌	中型车	汽车品牌	中型车	汽车品牌	中型车
奥迪	A4、A5	荣威	荣威 750	大众	桑塔纳、CC、帕萨特、迈腾、R36、Variant
宝马	3 系	凯迪拉克	CTS	丰田	凯美瑞、锐志
奔驰	C 级	沃尔沃	S60	萨博	9—3
奔腾	B70	别克	君威、君越	雷克萨斯	IS
本田	歌诗图、雅阁、思铂睿	雷诺	拉古那	斯柯达	昊锐
比亚迪	F6	标致	508	克莱斯勒	铂锐
日产	天籁	斯巴鲁	力狮	马自达睿翼	马自达 6
福特	蒙迪欧	雪铁龙	C5、凯旋	英菲尼迪	G 系列
现代	索纳塔领翔名驭、YF	欧宝	威达	MG	MG7
雪佛兰	景程	讴歌	TL	瑞麒	G5、G6
起亚	远舰	三菱	戈蓝	帝豪	EC8 系
中华	骏捷	长城	腾翼 C50	江淮	宾悦

5) 中大型车。

中大型车也被称为 B 级车，一般情况下，属于该级别的汽车其轴距在 2.8～3.0m 之间，车身长度在 4.8～5.0m 之间，发动机排量超过 2.4L，比较典型的中大型车有奥迪 A6、奔驰 E 级、皇冠等。

在中大型车这个级别中，加长现象比较普遍，例如国产的奥迪 A6L、宝马 5 系 Li、沃尔沃 S80L 等，都要比其原型车在轴距等方面增加不少，尤其为后排乘客提供了宽敞的空间。在入门级的中大型车上，也会提供较低排量的发动机，如宝马 520Li 就搭载了 2.0L 直列四缸发动机。表 1-1-9 列出了一些中大型汽车品牌及其车型。

表 1-1-9　常见中大型汽车品牌及其车型

汽车品牌	中大型	汽车品牌	中大型	汽车品牌	豪华车型
奥迪	奥迪 A6L、奥迪 A6	萨博	Saab 9—5	英菲尼迪	英菲尼迪 M 系
宝马	宝马 5 系	沃尔沃	沃尔沃 S80	雷克萨斯	雷克萨斯 GS
奔驰	奔驰 E 级	捷豹	捷豹 XF	现代	劳恩斯、雅科仕
本田	里程	凯迪拉克	SLS 赛威、凯迪拉克 STS	雪铁龙	雪铁龙 C6
标致	标致 607	瑞麒	瑞麒 G6	别克	林荫大道、荣御
丰田	皇冠	红旗	盛世	克莱斯勒	克莱斯勒 300C
雷诺	威赛帝	讴歌	讴歌 RL	奇瑞	东方之子 6
起亚	Cadenza 凯尊、欧菲莱斯	日产	风雅		

6）豪华车。

豪华车也被称为 C 级车,一般情况下,属于该级别的车其轴距超过 3.0m,车身长度超过 5.0m,发动机排量超过 3.0L,比较典型的豪华车是奔驰 S 级、迈巴赫、劳斯莱斯幻影等。表 1-1-10 列出了一些常见豪华汽车品牌及其车型。

表 1-1-10　常见豪华汽车品牌及其车型

汽车品牌	豪华车型	汽车品牌	豪华车型	汽车品牌	豪华车型
奥迪	A8	大众	辉腾	劳斯莱斯	古思特、幻影
宝马	7 系	红旗	旗舰	雷克萨斯	LS
奔驰	S 级	捷豹	XJ	玛莎拉蒂	总裁
宾利	雅致	凯迪拉克	帝威	迈巴赫	迈巴赫 57/62
日产	西玛	双龙	主席		

豪华车可以分为两种:一种是民用级豪华车,也就是常规高端品牌的顶级车型,如奥迪 A8L 等;一种是豪华品牌的豪华车型,如宾利雅致等,它们的售价通常都不低于 300 万元人民币,并且加长现象非常普遍,车内空间极为宽敞,很多车都是根据顾客的需求量身定做的,不少配置可以用"奢华"来形容。

3. MPV 汽车

MPV 的全称是 Multi-Purpose Vehicle,即多功能多用途汽车。它集轿车、旅行车和厢式货车的功能于一身,该车型最大的特点是车内每个座椅都可以进行调整,并有多种组合的方式,例如可将中排座椅靠背翻下即可变为桌台,前排座椅可作 180°旋转等,如图 1-1-11 所示。

近年来,MPV 趋向于小型化,并出现了所谓的 S-MPV,即小型多功能多用途汽车。S-MPV 车长一般在 4.2～4.3 m 之间,车身紧凑,一般为 5～7 座。比较典型的 MPV 有普力

图 1-1-11　MPV 汽车

马、途安、奥德赛、GL8、大捷龙等。

目前,市场上常见的 MPV 汽车很多,详情参见表 1-1-11。

表 1-1-11　常见的 MPV 汽车车型和品牌

汽车品牌	MPV 车型	汽车品牌	MPV 车型	汽车品牌	MPV 车型
本田	奥德赛	奔驰	R 级、唯雅诺 Viano、威霆 VITO、凌特 Sprinter	开瑞	优派、优优、优雅、优翼、优胜
海马	新一代普力马、普力马、福仕达	日产	骏逸、贵士、NV200	陆风	风尚
一汽	森雅 M80、佳宝 V70	江淮	瑞风	哈飞	路尊小霸王、中意
东风	帅客、景逸、小康、菱智、御轩	丰田	普瑞维亚	三菱	君阁
众泰	梦迪博朗	马自达	Mazda5、Mazda8	起亚	嘉华、新佳乐、威客
大众	途安、开迪、Multivan、夏朗	雪铁龙	毕加索、大 C4 毕加索	现代	美佳
福特	麦柯斯	别克	GL8	长丰	骐菱
长城	嘉誉	昌河	福瑞达	雷诺	风景
双龙	路帝	奇瑞	东方之子 Cross、威麟 V5、威麟 H5	金杯	阁瑞斯
福田	蒙派克 MP-X、迷迪	铃木	浪迪	东南	菱绅、得利卡

（续表）

汽车品牌	MPV 车型	汽车品牌	MPV 车型	汽车品牌	MPV 车型
比亚迪	M6	上汽通用五菱	五菱宏光	道奇	凯领
三菱	格蓝迪	长安	杰勋	欧宝	赛飞利
克莱斯勒	大捷龙				

4. SUV 汽车

SUV 的全称是 Sport Utility Vehicle，中文意思是运动型多用途汽车。现在主要是指那些设计前卫、造型新颖的四轮驱动越野车。SUV 一般指前悬架是轿车型的独立悬架，后悬架是非独立悬架，离地间隙较大，在一定程度上既有轿车的舒适性又有越野车的越野性能的乘用汽车。由于带有 MPV 式的座椅多组合功能，使车辆既可载人又可载货，适用范围广，如图 1-1-12 和图 1-1-13 所示。比较典型的 SUV 有瑞虎 3、途观、CR-V、汉兰达等。

图 1-1-12　SUV 汽车外观

图 1-1-13　SUV 汽车车内空间

笔记

　　除了上述车型外,纯粹的硬派越野车、跨界车 Cross、混型车 Crossover,如牧马人、宝马 X6、酷搏等,也都归属于 SUV 级别。SUV 不但类别繁多、车身尺寸有大有小,而且价格也是横跨几万元到几百万元的区间。

　　目前,市场上常见的 SUV 汽车很多,见表 1-1-12。

表 1-1-12　常见的 SUV 汽车品牌和车型

汽车品牌	SUV 车型	汽车品牌	SUV 车型	汽车品牌	SUV 车型
奥迪	Q7、Q5	大众	Tiguan、途锐	华泰	圣达菲
现代	新胜达	马自达	CX-7	凯迪拉克	SRX、凯雷德
长城	哈弗 M1、H3	川汽野马	野马 F99	起亚	狮跑、索兰托
保时捷	卡宴	斯巴鲁	森林人、傲虎、驰鹏	Jeep	牧马人、自由人、指南者
本田 CR-V	汉兰达、FJ 酷路泽兰德酷路泽、RAV4、丰田 RAV4 普拉多	路虎	揽胜、发现 4、揽胜运动版、神行者 2、发现 3	别克	昂科雷
奇瑞	瑞虎 3	英菲尼迪	FX、EX、QX56	江淮	瑞鹰
宝马 X6	X5、X3	悍马	H2、H3	雪佛兰	科帕奇
众泰	2008、5008	三菱	欧蓝德 EX、帕杰罗	雷诺	科雷傲
日产	逍客、奇骏、帕拉丁	现代	途胜	奔驰	ML 级、GLK 级、GL 级、G 级
双龙	爱腾、享御	雷克萨斯	RX、LX 系列	永源	UFO-A380、飞碟
东风	悍马	吉奥	帅舰	讴歌	MDX
道奇	酷搏	沃尔沃	XC60、XC90	林肯	领航员
铃木	超级维特拉	欧宝	安德拉		

　　5. 专用乘用车

　　专用乘用车是运载乘员或物品并完成特定功能的乘用车,它具备完成特定功能所需的特殊或装备。如:旅居车(见图 1-1-16)、防弹车、救护车(见图 1-1-14)、殡仪车(见图 1-1-15)等。

　　旅居车(Motor caravan)又称旅居房车或简称房车。为车厢装有隔热层,车内设有桌椅、睡具(可由座具转变而来)、炊具、储藏室(包括食品和物品)、卫生设施及必要的照明和空气调节等设施,用于旅游和野外工作人员宿营的专用汽车。

　　救护车,就是救助病人的汽车。中华人民共和国道路交通安全法第五十三条规定:警车、消防车、救护车、工程救险车执行紧急任务时,可以使用警报器、标志灯具;在确保安全的前提下,不受行驶路线、行驶方向、行驶速度和信号灯的限制,其他车辆和行人应当让行。

防弹车是指加装了防弹、防爆技术,装有烟幕发生装置和中央泄压调气装置,以便使汽车在遇到地面爆炸后仍然可以最快的速度逃离危险现场、安全行驶出危险区的汽车。

防弹级别的划分以对抗武器杀伤级别来作为参照,但叫法不同,如美国以Ⅰ、Ⅱ、Ⅲ、Ⅳ级来区分,而德国则以 B4、B5、B6、B7 等级别予以分级。

美国防弹车级别的第Ⅰ级别是指能接受较强的 9mm 124GR 手枪的打击而具备不被击穿其关键和薄弱部位(比如玻璃和油箱)的能力。第Ⅱ级别能够不被 44mm Magnum 240GR 手枪洞穿其关键和薄弱部位的能力。第Ⅲ级别为可接受 M80 Ball 手枪、AK-47、突击型来复枪、M-16 式来复枪和北约 7.62 厘米口径的制式步枪打击,而不被洞穿关键和薄弱部位的能力。这是防弹车最普遍达到的级别。第Ⅳ级别指可以接受各型手榴弹、管形炸弹以及 TNT 炸药包和塑料炸弹袭击而不洞穿其关键和薄弱部位的能力。表 1-1-13 列出了部分常见防弹车级别及品牌车型。

表 1-1-13 常见防弹车级别及品牌车型

汽车品牌	防弹车车型	防护级别	汽车品牌	防弹车车型	防护级别
奔驰	Guard 系列	Ⅳ级	宾利	特别加长定制版 Arnage Limousines	Ⅴ级
迈巴赫	Maybach	Ⅲ级	凯迪拉克	美国总统的陆军一号 Cadilac Deville 防护级别	Ⅵ级
奥迪	官方防弹车	Ⅳ级	沃尔沃	S80 防弹版	Ⅳ级
宝马	High Security 系列	Ⅲ级	悍马	Hummer H2	Ⅳ级
陆虎	RangeRover Vouge	Ⅴ级	大众	辉腾 Phaeton	Ⅳ级

图 1-1-14 救护车

图 1-1-15 殡仪车

图 1-1-16　旅居车外形及其内景

6. 交叉型汽车(cross passenger car)

交叉型乘用车是指不能列入上述各类型车型之外的其他乘用车。这部分车型主要指的是旧分类中的微型客车以及今后新推出的不属于上述车型的其他车型。

7. 跑车

跑车的英文名是 Sport Car,该车型出现目的在于"把赛车运动带给普通人"。它的问世给了很多痴迷于赛车运动的普通人群可以得到体验赛车手驾车的机会,所以跑车也可以理解为"赛车的民用版本"。跑车的车身多为双门式,即只有左右两个车门,双座或 4 座(两个后座特别狭窄),顶盖为可折叠的软质顶篷或硬顶。由于跑车一般只按两个驾乘座位设置,车身轻巧,而其发动机一般又比普通轿车发动机的功率强大,所以比普通轿车的加速性能要好,而且其车速也较高。

轿跑车是指兼具轿车舒适性能和跑车的速度性能的一种车型。

比较典型的跑车是保时捷 911、法拉利 F430、宝马 Z4、奥迪 TT、中华酷宝等。与其他级别车型区别比较明显的是,跑车的发动机可以有前置、中置和后置三种形式,为了强调跑车的转向和操控性能,发动机中置的情况居多。跑车的车顶形式也有硬顶、硬顶敞篷和软顶敞篷三种。

跑车的种类很多,有追求性能的跑车,如兰博基尼 Murcielago;有追求外观形状的跑车,比如起亚速迈等。随着市场的发展,跑车也不再局限于两门设计,比如奔驰 CLS 就是四门轿跑车的引领者。

在传统观念上,法拉利、保时捷、兰博基尼三种品牌的跑车被人们誉为世界三大著名跑车。事实上,目前市场上的跑车主要有 3 类:一是价格昂贵、速度性能极佳的高档跑车,如法拉利、保时捷等;二是中高档的跑车,这类车重视速度的同时并不忽视舒适性,以奔驰 SEL、宝马 Z 系列等为代表;三是相对中低档的跑车,如标致 206ccAT,现代 coupe2.0 等。

目前所知的速度最快的量产跑车是《福布斯》杂志所公布的福特公司生产的 SSCUltimateAero 超级跑车,它的最高车速可达 273mi(约 437km)/h,堪称世界最快的运动机器。世界上速度最快的民航客机"协和"起飞时的速度仅为360km/h,在F1赛场上,最快的赛车时速也只在350km左右,甚至连速度达每小时430km的上海磁悬浮列车也没有它跑得快。图1-1-17~图1-1-22列出了一些高档跑车的风姿。

图 1-1-17　卖价 900 万欧元的法拉利古董跑车

图 1-1-18　保时捷 CarreraGT 跑车

图 1-1-19　价值 150 万美元的兰博基尼跑车

图 1-1-20　布加迪 Veyron

图 1-1-21　福特 SSCUltimateAero 量产跑车

图 1-1-22　中国吉利 GT

表 1-1-14 列出我国市场目前常见的一些跑车。

表 1-1-14　市场常见跑车品牌与车型

汽车品牌	跑车	汽车品牌	跑车	汽车品牌	跑车
布加迪	威龙	玛莎拉蒂	GranTurismo、Spyd、GranCabrio	莲花	Elise、竞速
宝马	Z4、M6、6 系	法拉利	F430、612、599California	劳斯莱斯	幻影
奥迪	A5、TT、R8	英菲尼迪	G 系	日产	350Z、GT-R
大众	CC、尚酷、EOS、	三菱	Eclipse	柯尼赛格	CCXR、CCX
奔驰	SLK、E、SL、CLS、CLK、CL	起亚	速迈	阿斯顿马丁	DBS、V12 Vantage、DB9、V8 Vantage、Rapide
保时捷	911、Boxster、Panamera、Cayman、Carrera GT	比亚迪	S8	雪佛兰	Camaro
兰博基尼	Reventon、Gallardo、Murcielago	宾利	欧陆	凯迪拉克	XLR
大众	甲壳虫	中华	酷宝	马自达	RX-8
吉利	美人豹、中国龙	迷你	MINI	雷诺	梅甘娜
雷克萨斯	IS 系列、SC 系列	世爵	C8	捷豹	XK、X-TYPE
现代	劳恩斯-酷派、酷派	沃尔沃	C70	名爵	MG TF
萨博	Saab 9-3	克莱斯勒	交叉火力	欧宝	雅特

（二）乘用汽车其他车型

1. RV 汽车

RV 的全称是 Recreation Vehicle,即休闲车,是一种适用于娱乐、休闲、旅行的汽车。首先提出 RV 汽车概念的国家是日本。RV 的覆盖范围比较广泛,没有严格的范畴定义。从广义上讲,除了轿车和跑车外的轻型乘用车,都可归属于 RV。MPV 汽车及 SUV 汽车也同属 RV 汽车。

2. 皮卡

皮卡(PICK-UP)又名轿卡。顾名思义,亦轿亦卡,是一种采用轿车车头和驾驶室,同时带有敞开式货车车厢的车型。其特点是既具有轿车的舒适性,又不失强劲动力。比轿车的载货能力和适应不良路面的能力要强。最常见的皮卡车型是双排座皮卡,这种车型是目前保有量最大、也是人们在市场上见得最多的皮卡,如图 1-1-23 所示。

图 1-1-23　道奇 Dakota 皮卡

3. 概念车

概念车由英文 conception Car 意译而来。概念车不是即将投产的车型,它仅仅是向人们展示设计人员新颖、独特、超前的构思。概念车还处在创意、试验阶段,它有可能投产,也有可能永远不投产。由于不是大批量生产的商品车,每一辆概念车都可以更多地摆脱生产制造水平方面技术和工艺的束缚,设计者可以尽情地、甚至是夸张地展示车辆独特的魅力。

概念车采用时代最新汽车科技成果,代表着未来汽车的发展方向,因此它展示的作用和意义很大,能够给人以启发并促进相互借鉴学习。因为概念车有超前的构思,体现了独特的创意,并应用了最新科技成果,所以它的鉴赏价值极高。

世界各大汽车公司都不惜巨资研制概念车,并在国际汽车展览会上亮相,一方面了解消费者对概念车的舆论反应,从而继续予以改进;另一方面也是为了向公众展示本公司的技术进步,从而提高公司自身形象。图 1-1-24 所示为通用 EN-V 概念车,作为唯一一家在 2010 年上海世博打造汽车展馆的企业,通用汽车向全世界展现了其在新能源和未来交通方面的思考与发展。EN-V 概念车是一个环保化的无人驾驶汽车。EN-V 也叫电动联网汽车(Electric Networked-Vehicle),其亮点主要有 3 个:电气化、自动驾驶和车联网。所谓的车联网,就是车与车之间的通信,车与障碍物之间的通信。

图 1-1-24　通用 EN-V 概念车

4. 老爷车

老爷车也叫古典车,一般指 20 世纪 20 年前或更老的汽车。老爷车是一种怀旧的产物,是人们过去曾经使用的,现在仍可以工作的汽车。

老爷车这一概念始于 20 世纪 70 年代,最早出现在英国的一本杂志上,这种车辆名称提法很快得到老爷车爱好者们的认同。不到 10 年功夫,关注老爷车的人就越来越多,致使老爷车的身价戏剧性地增长起来。图 1-1-25 为带鸥翼式车门的奔驰经典老爷车。

图 1-1-25　奔驰经典老爷车

（三）乘用汽车品牌所属车型的年款与换代

1. 乘用汽车品牌所属车型的年款

所谓汽车车型的年款，是指该品牌汽车在本年度上市的最新款式。由于汽车技术的进步、人们对车辆产品性能和特点需求的变化，同一品牌汽车的某个车型为了产品更新的需要可以有许许多多个不同的年款，如奥迪 A8L 车型的 2008 款和 2011 款。

同一品牌汽车的相同车型，在同一个年款内又分为各种不同的款型。最基本的款型配置叫做基本型，也叫做标准型或标配型。在基本型配置的基础上加装配置或提高所配置部件的规格型号构成所谓的豪华型、舒适型、尊贵型等款型，以适应社会各个层次用户对产品的需要。

2. 乘用汽车品牌所属车型的换代

我们常说的"第××代车型"，指的就是车型的换代次数，比如，到目前为止，丰田花冠为第九代车型，丰田卡罗拉为第十代车型，大众帕萨特为第五代车型，大众迈腾为第六代车型等。一般来说，汽车车型是三四年一改款，五六年一换代。同品牌的新一代车型，在技术含量和性能等方面，都要比上一代车型强。

通常，改款换代次数多的车型至少有两大优势：一是技术成熟，不会出现较大的性能缺陷，至少不易出现低级质量问题。因为经过几代车型的检验，该暴露的质量问题都差不多已显现出来并在新一代款型上予以解决；二是各项技术相对较为先进，每次款型换代，都要进行技术全面升级，而不仅仅是外观的改进，最新而成熟的技术，也尽量用在最新一代款型上。

作为首代款型，可能存在一些设计与制造缺陷，甚至是非常低级的质量问题。这是因为，在首代款型的设计与制造时，虽然经过了各种道路试验，但毕竟没有经过消费者实际使用的考验，有些问题很难在厂家自己进行的试验中发现。因此，汽车制造商在推出全新第一代款型时都极为小心谨慎，一般在先期都会控制生产量，进行试探性的市场投放，待发现一些问题后及时改进，然后再大批量投放市场。其实，最常规的做法，就是尽量在上一代款型的基础上改进设计，或在现在款型上进行改造，尽量利用现有"平台"来推出新款型，极少推出全新款型。这也是保证汽车拥有较佳性能的稳妥做法。

虽然我们可以根据款型发展代数来参考评价其技术含量和新颖程度，但我们决不能根据款型代数来推断其性能高低，毕竟每个汽车厂家的换代技术、换代程度、换代周期等都不可能完全一致。表 1-1-15 列出了一些常见国产车型的换代次数。

表 1-1-15　常见国产车型的换代次数

车型名称	车型代次	车型名称	车型代次
丰田凯美瑞	6	丰田花冠	9
丰田卡罗拉	10	福特 07 款蒙迪欧	3
福特福克斯	2	大众高尔夫	4
进口高尔夫	5	大众宝来	4
大众速腾	5	大众帕萨特领驭	5
大众迈腾	6	标致 206	6
标致 307	7	本田思域	8
本田 CR-V	3	宝马 3 系	5
宝马 5 系	5	奥迪 A6	6
奥迪 A4	7	现代索纳塔	4
现代御翔	5	起亚千里马	4
起亚 RIO 千里马	5		

任务 1.2　欧系汽车品牌和车型辨识

知识目标

- 能收集欧系汽车整车相关信息。
- 能辨识欧系汽车品牌、车型等基本特征。
- 能知道欧系各著名品牌的重要人物、车标故事、经典车型。

能力目标

- 能够运用所学欧系汽车品牌和车型知识识认欧系品牌汽车,并向客户介绍该车历史渊源、发展历程、品牌知名度。

情境描述

某欧系品牌汽车 4S 店,某个车型供不应求,客户排队订购所需车辆,甚至还需要加价定购,他们为能够买到该品牌的该车型汽车而高兴不已。

在我国,奥迪汽车几乎就是行政级用车的代名词。

任务剖析

欧洲是汽车的诞生地。欧洲乘用车品牌众多,车型繁杂,欧洲乘用车大都具有深厚的历史渊源,有着极其深厚的汽车文化的底蕴。

欧系汽车品牌的共同特点是:欧洲人制造汽车的理念是强调技术上的先进性和高度安全性。汽车产品设计较为严谨、科学,质量非常可靠,工艺非常先进,零部件的选材比较严格,拥有良好的技术性和耐久性。缺点是过度依赖技术和设计的先进性,选材不计成本,所以车价偏高。

任务载体

对于欧洲汽车品牌和车型,品牌众多,车型繁杂,大都有着极其深厚的汽车文化的底蕴。我们通过几个例子来体会一下:

例1:人们描绘某人买好车,有派头,常说"开宝马,坐奔驰"。宝马和奔驰都是欧洲汽车品牌。

例2:世界上被公认为最豪华的两个汽车品牌:劳斯莱斯和宾利,都是欧洲汽车品牌。

例3:在 F1 方程式赛车上屡获殊荣的法拉利汽车,可左右整个意大利国民经济的菲亚特汽车等,都是欧洲汽车品牌。

相关知识

我们知道,欧洲是汽车的诞生地。欧洲乘用车品牌众多,车型繁杂,欧洲乘用车大都具有深厚的历史渊源,有着极其深厚的汽车文化的底蕴。

在汽车产品设计制造技术等方面存在互相借鉴,这可能是全世界汽车发展潮流,但是有一个基本点是没有变的,那就是汽车的民族特色。我们现在讨论欧洲汽车,是因为基于欧洲汽车的民族特色这个基本点。欧洲品牌汽车产品本身反映了欧洲各民族文化特征,不管欧洲哪个国家制造的汽车,更多的反映了该国汽车消费市场的价值趋向。

欧系汽车品牌的共同特点是:欧洲人制造汽车的理念是强调技术上的先进性和高度安全性。汽车产品设计较为严谨、科学,质量非常可靠,工艺非常先进,零部件的选材比较严格,拥有良好的技术性和耐久性。缺点是过度依赖技术和设计的先进性,选材不计成本,所以车价偏高。

一、德系乘用汽车品牌及其特点

(一)德系乘用汽车特点

1. 技术先进

德国人造车时想的是:要用它横贯欧洲而不能出现任何质量问题。德系车的设计理念是追求高速、运动、稳重,这是由德国的汽车行驶条件决定的,因为德国交通网发达(许多高速路不限速),所以德系车侧重于具有良好的高速性能,这就要求汽车在高速时很稳定、扎实。德系车设计时底盘较低、稳重、高速性能绝佳,而且德系车在高速上行驶的油耗也很低,甚至比日系车还要低。德国车尽管各种性能好,让人感觉到科技感很强,但在汽车外表和内饰设计方面,相对来说比较中庸,极少花哨,让人感觉朴实无华。

2. 可靠性好

德系汽车的另一个共性就是它的可靠性和可维护性了。中国消费者都承认捷达的坚实耐用,这其实也就是说捷达的可靠性及可维护性好,它指的是一个零件或者一个总成能够工作多长时间而不出问题,出了问题后好不好修,值不值得修。

严谨的德国人认为汽车可维护,因此在设计上注重坚固耐用和便于维护,如质保10年以上的车身防锈,注重零部件的互换特性,20年后也能获得原车的配件等。我们都知道,奔驰汽车提供汽车终身维护制。因而人们普遍认为德国车比较保值、可靠性好。

3. 安全性能高

德国人严谨、认真的性格也融入了他们的汽车设计理念,为了安全可以不惜成本。"相对来说,德系车整车的刚性比较高,在正面撞击和侧面撞击实验中,整车的变形都很小,对驾驶室的乘员给予了最大限度的保护。"德系车同样采用碰撞变形吸能技术,但同时也把发动机室做得很坚固,以确保在可能出现的事故中尽量使汽车的损失减少到最小。为了驾乘人员的安全把乘员窗造的更坚固,以确保在车不可避免损坏的情况下,还能保证驾乘人员的安全。

正因为如此,德国人爱开快车,高速公路上时速超过160km的车辆比比皆是。显然,长时间高速行驶加上极速超车,对发动机和汽车底盘提出了更高的要求,这又反过来促进了汽车的耐用性、操控性、安全性等各项性能的进一步改进和提高。

把车造好造结实,德国人的理念其实挺简单。但这却是最平凡却又是最不易达到的目标。

(二)德系乘用汽车品牌

1. 梅赛德斯-奔驰(见表 1-2-1)

表 1-2-1　梅赛德斯—奔驰基本概况

	中国市场乘用汽车型号						
	紧凑型	中型	中大型车	豪华型车	跑车	MPV	SUV
	B 级	C 级	E 级	S 级	CL、CLK CLS、SL SLK	R	G M
	英文名 Mercedes-Benz 品牌创建时间 1900 年 所属国家 德国 所属集团 戴姆勒股份公司						

梅赛德斯—奔驰被认为是世界上最成功的高档汽车品牌之一,其完美的技术水平、过硬的质量标准、推陈出新的创新能力、以及一系列经典轿跑车款式令人称道。100 多年来,奔驰品牌一直是汽车技术创新的先驱者。作为世界豪华汽车的知名品牌可以说是家喻户晓,在质量、技术、豪华等各方面已成为汽车工业的楷模,奔驰汽车不但质量无可比拟,而且车系齐全,目前主要生产 C 级车(中档轿、跑车)、E 级车(高档轿、跑车)、S 级车(豪华轿、跑车),还有 G 型车(越野车)。

其乘用车系主要有:

A 级—使用特殊夹层式底盘设计的迷你车系,有三门与五门两种车体。

B 级—小型的轿车式底盘休旅车系。

C 级—小型主管级房车车系,除了标准的四门房车外,该车系尚有五门旅行车与三门掀背车两种衍生款式。

CL 级—以 S 级为基础衍生出的大型双门四座豪华轿跑车。

CLC 级—运动型双门跑车。

CLK 级—车身尺寸介于 C 级与 E 级之间的双门四座豪华轿跑车,有硬顶与敞篷两种不同的车体。

CLS 级—2004 年新登场的运动房车系列,有着双门跑车般的造型但却有四个车门。

E 级—中型豪华房车系列,具有四门房车与五门旅行车两种车体版本。

S 级—热卖全球的大型豪华四门房车系列,搭载大量先进的电子设备。

SL 级—大型纯双座敞篷跑车系列。

SLC 级—双门跑车。

SLK 级—小型纯双座敞篷跑车系列。

SLR—与一级方程式赛车车队 McLaren(迈凯轮)合作开发的高性能限量生产跑车。

G级——以德国军用车辆为基础民用化的越野车种。

GL级——以2006年版M级的底盘为基础所开发出的大型七人座豪华导向休闲越野用车系，2006年时首次登场。

GLK级——梅赛德斯——奔驰旗下首款紧凑型SUV，2008年初，以概念车身份亮相北美国际车展。目前已在中国上市。

M级——以E级底盘为基础衍生开发出来的休闲越野用车系。

R级——大型的轿式底盘休旅车系。

AMG——是奔驰公司的独立高性能改装厂AMG公司生产的高性能跑车，在原有C级、S级、SLK级、G级等系列车型的基础上，打造了全新的发动机，改进了车身材料后而重新设计的一种高端车型。

2. 迈巴赫（见表1-2-2）

创建于1919年的"迈巴赫"是个传奇品牌，一个象征着完美和昂贵的轿车。曾经在1921年到1940年间活跃于欧洲地区的德国超级豪华汽车品牌。20世纪40年代至20世纪末，迈巴赫沉寂了60余年之久，1997年戴姆勒·克莱斯勒集团在东京车展会场中展出一辆以Maybach为名的概念性超豪华四门轿车，正式让这个德国汽车品牌再次复活。2002年末，迈巴赫跑车齐柏林——Zeppelin正式进入了人们的视野。有人将复苏后的迈巴赫定义为"德国的劳斯莱斯"。"迈巴赫品牌代表着无与伦比的优秀品质，匠心独运的制作工艺，不断突破的科技水平，以及卓尔不群的尊贵气质。这个传奇品牌再现市场，势必成为超级豪华轿车领域的新典范。"以产品本身而论，迈巴赫和劳斯莱斯应该是旗鼓相当的。对于此类轿车来说，品牌的号召力和影响力将远比汽车本身的品质更为重要。

齐柏林——Zeppelin在德语中的本意是飞艇或飞船，这预示着迈巴赫汽车不但拥有如同航空器一般复杂的装备，更可以让乘坐者获得个人包机般的尊贵体验。据悉，这款称雄超级豪车市场的巅峰力作在全球限量发售100台。

齐柏林是在迈巴赫62S基础上研发制造的，搭载经Mercedes-AMG改进后的6.0LV12双涡轮增压发动机，输出功率高达471kW，扭矩达到1 000N·m，加速到100km时间仅为4.9s，最高车速250km/h。

新款迈巴赫齐柏林车身设计体现了经典与创新的完美融合，最明显的变化就是采用了不同颜色的"肩线"贯穿整个车身，连接头灯和尾灯，尽显尊贵与时尚。

新车沿袭了迈巴赫标志性的双色专用漆面，采用了高科技涂装技术，以求使外漆拥有一种震撼的惊艳效果。20英时钢川也采用了镀铬渐变抛光技术，使轮毂看上去充满时尚的动感。

镌刻了"ZEPPELIN"迈巴赫双"M"立标是新款迈巴赫齐柏林的极致尊贵的身份标识。车内还有许多精雕细琢的识别标识，例如：它的前排中央控制台、迈巴赫齐柏林62可选配置的隔板，及标准配置中的银质香槟酒杯，均带有"MAYBACH ZEPPELIN"字样，而车门面板和钥匙扣则雕刻着"ZEPPELIN"字母，无处不显示出它的尊贵身份。

新款迈巴赫齐柏林处处可见对传统技术的突破，尤其是采用珍稀石材作为内饰配件的原材料，采用的印度星河花岗岩呈深黑色，这种天然发亮的长石和周围隐约闪烁的三维水晶相映衬，装饰效果非常奇特。迈巴赫的细节品质更是独具匠心，豪华而典雅的车内氛围，100多种用手工装配的珍稀木质装饰，可供选择的多色调稀有高级真皮与木材，可根据个人习惯

笔记

定制的数十种电子科技选装配备,根据生活方式定制的包括行李组、纯银香槟酒杯、雪茄盒、高尔夫包、天鹅绒地毯以及旅行毛毯等个性化设施等,展示了迈巴赫内饰的无限魅力。

新迈巴赫齐柏林可选配世界首款车内智控香水系统,只需轻轻触动一个按钮,即可酣畅享受一次心灵感官的愉悦旅程,车主可以将自己喜欢的香型添加到齐柏林特制的智控香水瓶中,伴随着控制系统的激活,精心调制的个性香氛顿时即可弥漫在车内。更为别致的是,这款香氛装置还可以自动休眠并在一定时间后重新激活,以保证乘客一直能感受到香气氛围。

图1-2-1为迈巴赫精美的车标,图1-2-2为迈巴赫"ZEPPELIN"(齐柏林)概念车。

表1-2-2 迈巴赫基本概况

MAYBACH	中国市场乘用汽车车型
	豪华车
	57/62
	英文名 Maybach 品牌创建时间 1919年 所属国家 德国 所属集团 戴姆勒股份公司

图1-2-1 迈巴赫车标

图1-2-2 迈巴赫"ZEPPELIN"(齐柏林)

3. Smart(见表1-2-3)

Smart是梅赛德斯—奔驰汽车公司和世界手表业巨头斯沃奇(Swatch)公司创意合作的产物,Smart中的S代表了斯沃奇(Swatch),M代表了戴姆勒集团,而art则是英文中"艺术"的意思,Smart合起来可以理解为斯沃奇和戴姆勒公司合作生产的汽车艺术品,而Smart车名本身在英文中也有聪明伶俐的意思,这也契合了Smart公司最初的设计理念:为应对现代都市中车辆愈来愈多、交通问题也日愈严重而设计的微型都市代步用车。Smart小巧的车身,停车十分方便且节省空间,1.0L发动机在燃油经济性方面优势比较明显。

Swatch品牌原就是以设计炫酷、色彩鲜艳、具流行感著称,基础概念由Swatch的所设计的Smart也不例外——特殊的造型、亮丽的色彩、创意十足的内装,可以完全展现个人风格。Smart是为城市用车而设计的,它驾驶灵活,泊车方便,可作为家庭主妇进城购物,接送孩子上学用车,也可作为上下班的代步工具。由于 Smart 车的创新与技术含量较高,所以价格也不便宜,销售对象一般是那些收入稳定的中产家庭,作为家庭用的第二,甚至第三辆车。

笔 记

表 1-2-3　Smart 基本概况

中国市场乘用汽车车型
微型车
Fortwo
英文名　Smart 品牌创建时间　1994 年 所属国家　德国 所属集团　戴姆勒股份公司

4. 大众(见表 1-2-4)

大众汽车(德语:Volkswagen),我国台湾译为福斯汽车,港澳译为大众汽车或福士汽车,又常简称为"VW"。

大众汽车的特点是产品线长,涉及中高低挡,以中低挡车为主,在中国市场及世界市场口碑相当好。大众汽车总质量大,底盘配置舒适,车身刚度强,耐用性好。大众汽车在我国市场保有量大,服务体系健全,配件价格公道合理,维修价格低。人们说,大众汽车的特点就是大众化。大众的主要品牌有桑塔纳、帕萨特、捷达、高尔夫、甲壳虫、途观等。

表 1-2-4　大众汽车基本概况

中国市场乘用汽车车型(20 款)				
小型车	紧凑型车	中型车	豪华车	MPV
高尔、 波罗、 甲壳虫	朗逸、 速腾、 高尔夫、 捷达、 宝来	桑塔纳、 帕萨特、 CC、 迈腾、 R36	辉腾	开迪、 途安
跑车	SUV			
尚酷、 EOS	途欢、 途锐、途观			
英文名　Volkswagen 品牌创建时间　1937 年 所属国家　德国 所属集团　大众汽车集团				

5. 奥迪(见表 1-2-5)

奥迪是德国历史最悠久的汽车制造商之一。从 1932 年起,奥迪开始采用四环徽标,它象征着奥迪与小奇迹(DKW)、霍希(Horch)和漫游者(Wanderer)合并成的汽车联盟公司。在 20 世纪 30 年代,汽车联盟公司涵盖了德国汽车工业能够提供的所有乘用车领域,从摩托车到豪华轿车。奥迪是一个国际高品质汽车开发商和制造商。现为大众汽车公司的子公司,总部设在德国的英戈尔施塔特,主要产品有:

1) A、S、RS 系列(轿车)。

A 系列是奥迪最主要的车型,A3、A4、A6、A8 是目前最畅销的奥迪车型,分别是 A、B、C、D 级轿车,竞争对手分别是宝马 1、3、5、7 系和奔驰 B、C、E、S 级。A5 则是基于 A4 的 Coupe 版,A7 则是基于 A6 的四门 Coupe。

S 系列是基于 A 系列的较高性能车型,与 S-line 不一样,底盘作小的运动化改动,全系标配 Quattro 四驱系统,一般在 A 系上市后几个月发布。竞争车型为宝马的 135i,335i,550i 等普通版顶级排量车型。

RS 系列是基于 A 系列的顶级性能车型,底盘作较大的运动化改动,全系标配 Quattro 四驱系统,一般在 A 系上市后 2 年发布。竞争车型为宝马 M3、M5 等。

2) Q 系列(越野车 SUV)。

Q3:小型 SUV,计划 2011 年生产。Q5:2.0TFSI(国产),3.2FSI(进口)2009 年上市。Q5 与 A4 同平台,所以这是一款在公路和越野之间找到很好平衡的城市 SUV,而不是纯正的越野车。Q7:Q7 3.6FSI,4.2FSI;3.0TDI(进口),2005 年上市。与保时捷卡宴和大众途锐同平台。卡宴注重公路性能,途锐偏向于越野,而 Q7 则是在两者之间找平衡,尺寸更大,兼顾越野和公路的豪华 SUV。

3) Coupe/Roadster/Cabriolet(轿跑)。

TT Coupe:2.0TFSI(已进口)。

Roadster:2.0TFSI(已进口)。

TTS Coupe:2.0TFSI(已进口)。

Roadster:2.0TFSI(已进口)。

TTRS Coupe:2.5TFSI L5(未引进),2006 年上市。基于大众 PQ35 平台。

4) R 系列(超级跑车)。

R8:4.2FSI,5.2FSI(已进口)。2007 年上市,5.2 V10 版 2009 年上市。中置四驱,与兰博基尼 Gallardo 同平台,定位略低于 Gallardo。外形时尚、前卫,驾驶简单,定位于可以开着上班的超跑。当然要讲性能,5.2 V10 可能更合适。R8 对于奥迪最大的意义不是开发了一款超级跑车,更多的是对奥迪品牌形象的丰富和提升。

笔记

表 1-2-5 奥迪汽车基本概况

中国市场乘用汽车车型					
紧凑型	中型	中大型	豪华车	跑车	SUV
A3	A4、A5	A6	A8、S8	S5、TT、R8	Q5、Q7
英文名 Audi 品牌创建时间 1899 年 所属国家 德国 所属集团 大众汽车集团					

6. 宝马（见表 1-2-6）

宝马汽车是驰名世界的汽车企业之一，被认为是高档汽车生产业的先导。宝马公司创建于 1916 年，总部设在德国慕尼黑。90 多年来，它由最初的一家飞机发动机生产厂发展成为今天以高级轿车为主导，并生产享誉全球的飞机发动机、越野车和摩托车的企业集团。宝马也被译为"巴依尔"。宝马公司的全称是"Bayerische Motoren Werhe A. G"，BMW 就是这三个单词的首位字母缩写。宝马汽车不追求汽车产量的扩大，只追求生产高品质、高性能和高级别的汽车。"坐奔驰，开宝马"的说法，表明了奔驰的稳重和宝马的豪放。只有开宝马车，才能享受到它那痛快淋漓的神奇乐趣。

宝马轿车车身造型具有鲜明的特色，圆形灯具配以双肾形状的矩形散热器通风栅架形成与众不同的风格。宝马汽车在经营方面有自己独特的一手，它奉行的品牌战略是"精品战略"，追求的是最高的质量，为了保证产品质量，它不为了降低成本而趋附于全球化采购。在底盘设计方面，所有的宝马轿车都是后轮驱动。他们认为采用后轮驱动形式，可以做到前后各 50% 的载荷分配，在高速过弯、直行性能等行驶方面比前轮驱动的汽车要好。当然，宝马也着力解决"坐"的问题，早在 1986 年开发出"电子阻尼控制系统"，可在瞬间对路面状况做出反应自动调整悬挂软硬程度，令乘客更加舒适。宝马轿车有 1 系、3 系、5 系、7 系、8 系和 X 系等系列车型。其中 3 系是最畅销的品种。图 1-2-3 为宝马 8 系量产车。

表 1-2-6 宝马汽车基本概况

中国市场乘用汽车车型					
紧凑型	中型	中大型	豪华车	跑车	SUV
1 系	3 系	5 系、M5	7 系	6 系、M3、M6、Z4	X3、X5、X6
英文名 BMW 品牌创建时间 1916 年 所属国家 德国 所属集团 BMW 集团					

7. 保时捷（见表 1-2-7）

保时捷的英文车标采用德国保时捷公司创始人费迪南德·保时捷的姓氏。图形车标采

图 1-2-3   宝马 8 系

用公司所在地斯图加特市的盾形市徽。"PORSCHE"字样在商标的最上方,表明该商标为保时捷设计公司所拥有;商标中的"STUTTGART"字样在马的上方,说明公司总部在斯图加特市;商标中间是一匹骏马,表示斯图加特这个地方盛产一种名贵种马;商标的左上方和右下方是鹿角的图案,表示斯图加特曾是狩猎的好地方;商标右上方和左下方的黄色条纹代表成熟了的麦子颜色,喻指五谷丰登,商标中的黑色代表肥沃土地,商标中的红色象征人们的智慧和对大自然的钟爱,由此组成一幅精湛意深、秀气美丽的田园风景画,展现了保时捷公司辉煌的过去,并预示了保时捷公司美好的未来。

　　保时捷汽车具有两个突出的特点:其一,德国是世界上最早拥有高速公路的国家,也是当今世界唯一的高速公路不限速的国家。因此,高速汽车的研制与生产在德国不但有悠久的历史及优越的技术条件,而且具备广阔的市场。保时捷汽车与近乎是艺术品的意大利跑车外形相比较有点逊色,但当您驾驶保时捷在无限速的高速公路上纵横疾驰时,你才能了解保时捷与众不同的速度理念,你才会发自内心地喜爱它。保时捷最知名的车型是 1963 年 9 月亮相的 911,它的速度曾使竞争对手望尘莫及,至今仍是保时捷集团公司的摇钱树。其二长年不变的造型。举凡世界上的著名跑车,有的只生产几代便销声匿迹(如法拉利),但要代代车型都相同,想将第一代和最新一代联系在一起,比登天还难。汽车历史上最成功的长青跑车,当数保时捷 911。如把历代保时捷 911 摆在一起,很轻易地就可由具体外形特征认出它们是有血缘关系的至亲,这种关联性正是保时捷 911 之所以声名大噪、倍受瞩目的主要因素之一。图 1-2-4 为保时捷 911 GT3 的外观造型。

表 1-2-7   保时捷汽车基本概况

	中国市场乘用汽车车型		
	豪华车	跑车	SUV
	Panamera	博克斯特 卡曼 卡雷拉 GT 911	卡宴
	英文名 Porsche 品牌创建时间 1930 年 所属国家 德国 所属集团 保时捷		

图 1-2-4　保时捷 911 GT3 外观造型

8. 欧宝（见表 1-2-8）

具有百年历史的欧宝汽车于 1929 年将公司 80％的股份卖给美国通用汽车公司,从此,欧宝汽车公司成为美国通用汽车公司在德国的子公司。作为世界上最成功的汽车生产厂商之一,欧宝公司生产的汽车已销往全球 100 多个国家。欧宝公司不断进行技术创新向广大人群提供价廉物美的产品。欧宝汽车的标志为"闪电"图案,喻示汽车如风驰电掣,同时也炫耀它在空气动力学方面的研究成就。

近十年来,已经畅销全球的欧宝欧美佳、威达、雅特、赛飞利轿车在世界各地的各种权威轿车评选中获得多项大奖,这也是对欧宝轿车长期以来所坚持的科技创新和精良工艺的最好肯定。欧美佳作为欧宝的旗舰车型,是各界成功人士的首选高级轿车;威达则是德国科技美学的新锐,作为一款性能价格比出众的中级轿车,颇受钟情于事业和家庭的人士青睐;雅特以时尚、安全、实用,树立了 21 世纪家庭小型轿车的新典范;赛飞利旅行车拥有宽敞灵活的空间,功能用途变化丰富,兼顾了家庭和公务使用。

欧宝良好的品牌形象是建立在三个基础之上的:①外观的多样性和内在的灵活性。②驾驶的动感性。③富有现代感。

表 1-2-8　欧宝汽车基本概况

	中国市场乘用汽车车型			
	紧凑型车	中型车	MPV	SUV
	雅特	威达	赛飞利	安德拉
	英文名　Opel 品牌创建时间　1899 年 所属国家　德国 所属集团　通用汽车公司			

9. 威兹曼

威兹曼以蜥蜴做为汽车的品牌标志(见图 1-2-5),表明所生产的跑车具备蜥蜴一般的抓地能力和快速奔跑时突然改变方向的灵活身手。威兹曼(Wiesmann)跑车制造商总部位于德国 Dulman,员工只有 60 多人,大多数是身怀绝技的高级技师。每辆威兹曼跑车都是手工打造的,车身颜色、转向盘、车门衬里和其他内饰覆盖件都是按照客户的要求量身定做的,由于客户定购的车身电气装备五花八门,因此,连车上的电线束都是手工缠绕。在手工打造的基础下,该车结合了宝马发动机动力与经典的车身线条,加上由里到外极具质感的皮革铺陈与细节修饰,创造出了独具一格的高品质运动车。威兹曼使得欧洲超过 500 名尊贵人士能够真正享有跑车带来的快感。

威兹曼汽车系列由最初的 MF30 和 MF3 两款车型,开始向制造更好性能汽车的行列迈进。在 2002 年,威兹曼 GT 赛车在著名的纽布林格赛道经历了连续 24h 的高速行驶试验,2003 年的法兰克福车展上,威兹曼 GT 以概念车的面目首次亮相。2005 年,量产版的威兹曼 GT 也在欧洲与消费者见面。2008 年年初,威兹曼又推出 GT MF 5 跑车。GT MF 5 有着更为强劲的动力系统,0 到 100km/h 的加速时间达到了 3.9s,功率质量比达到了 2.7kg/HP。这些数据足以让 GT MF5 跻身于世界顶级跑车的行列。

威兹曼 MF3 双座敞篷跑车的设计者是马丁和费里德里希威兹曼兄弟,第一批量产的威兹曼跑车问世于 1993 年,作为威兹曼经典车型它的年产量限制为 190 辆,而进口到我国的数量也十分有限,作为具有收藏价值的名车,在欧洲它有许多贵族、名人粉丝。

图 1-2-5　威兹曼汽车车标

二、法系乘用汽车品牌及其特点

(一)法系乘用汽车特点

人们一致认可法国人对汽车设计的感觉,特别是在汽车外观设计方面,法国车一直引领着世界汽车设计的时尚潮流,从富康、爱丽舍、赛纳、毕加索、凯旋、雪铁龙 C2、标致 307 等一系列代表车型上我们可以看出这些冰冷的机器似乎都流淌着波尔多红酒般的血液,被来自法国这个浪漫的国度而被赋予了更多的感性色彩。这是和法兰西民族浪漫的性格和审美观是紧紧相关的,法国车永远拥有它自己所谓的时尚、前卫和非常好的操控性,安全性。

1. 时尚的观感

其实,法系车外观上的标新立异是法国整体汽车设计水平的具体体现。除了意大利,法国应该是世界上对汽车外观设计最具有灵感的国家。法兰西民族的革命性、艺术天分和自由平等的浪漫主义思想,让汽车变成了创新的工具、艺术的载体以及人性的挥发器。法系车这种造型上的领先和开放是其他品牌所不能企及的,德系车的严谨、日系车的活泼、美系车的豪放,一定程度上无非分别是保守死板、投机取巧和粗糙笨拙的代名词而已。

随着国人消费理念的成熟,法系车也越来越受到消费者的青睐和推崇。富康、爱丽舍等老车型的畅销就说明了这个问题,新上市的标致206、凯旋、C2受到消费者的密切关注也完全在情理之中,特别是这些新上市的车型,造型可爱,色彩多样,经济实惠,其外观更加时尚、大胆和出人意料,给人们一种全新的感觉。法系车在成本控制、安全保障和环保等方面也有突出表现,通过创新设计和实用技术向世人提供价格适中、质量可靠以及环保节能的产品。

2. 浪漫的气质

法系车内在的气质自由而浪漫,人们往往认为法系车的时尚造型决定了它的内在气质,其实不是,就像红酒的香味不是因为它的颜色而是取决于其酿造原料和工艺一样。法系车内在气质的凝聚离不开四个方面的因素:一是法国的民族特质;二是兴盛的社会文化影响;三是厚重的汽车发展历史;四是人性化的造车理念。

法国汽车工业兴起较早,标致、雪铁龙、雷诺均为百年品牌,百年的荣光与梦想足以和德国老牌汽车企业并驾齐驱。厚重的汽车历史文化积淀成为法系车敢为人先的动力,表现在汽车设计上可以自由发挥,无拘无束,充满了想象力和创造力。法国早期汽车工业骄子、人字齿轮发明者安德烈·雪铁龙在技术创新、营销模式和产品宣传上开启了世界汽车史上的众多先河。今天的法国汽车工业对历史有着很好的传承。法系车内在的气质表现在人性化的造车理念,人性化的造车理念主要体现在满足驾乘人员舒适性的要求、审美情趣上的追求。这种人性化的造车理念是本着实用性为目的的,表现得粗中有细,既开放又不乏细腻。

人们选择法国车的理由也很简单,就是觉得它浪漫。其实这正是法国车品牌价值的具体体现,就像德国车安全一样,虽然看不见摸不着,但是它是客观存在的,是法国车的精神气质和内涵。

3. 舒适的驾乘

使汽车具有良好的舒适性是所有汽车制造商的追求,比如内部装饰赏心悦目、座椅可以多向调整等,这些装备确实使驾乘人员感到舒适,但尚缺乏一定的技术含量。如果开过法系车,就会感受到法系车的舒适不是被动的享受,而是车与人的一种完美契合。法系车的舒适性是建立在先进的汽车技术基础之上的,比如说其优秀的发动机技术、卓越的操控性能和安全性能。

(二)法系乘用汽车品牌

1. 雪铁龙(见表1-2-9)

雪铁龙汽车早期曾组织过横穿非洲大陆和横越亚洲大陆的两次汽车旅行,使雪铁龙汽车名声大振。法国人生性开朗,爱赶时髦,喜欢新颖和漂亮,"雪铁龙"轿车每时每刻都在散发着法兰西民族的浪漫气息,是法兰西民族的浪漫气质的典型代表。1915年,发明了人字形齿轮的安德烈·雪铁龙创立雪铁龙品牌时所创立的基本造车理念是——"制造真正意义上一般家庭都拥有的经济、舒适耐用的小轿车",这一理念直至今日也始终没有改变过。雪铁龙的产品特点是"表现力、舒适和活力"。雪铁龙通过制造出富有吸引力、多用途、舒适的轿车,使用户体验其带来的无限活力。通过建立一个方便、迅速和可信赖的服务网络,致力于建立同消费者的长期信赖关系。

笔 记

表 1-2-9 雪铁龙汽车基本概况

中国市场乘用汽车车型				
小型	紧凑型	中型	中大型	MPV
C2	富康、爱丽舍、世嘉、赛纳	凯旋、C5	C6	萨拉毕加索、大 C4 毕加索
英文名　Citroen 品牌创建时间　1919 年 所属国家　法国 所属集团　PSA 标致汽车集团				

2. 标致（见表 1-2-10）

"标致"（PEUGEOT）曾译名为"别儒"，公司采用"狮子"作为汽车的商标。"标致"的商标图案是蒙贝利亚尔创建人别儒家族的徽章。据说别儒的祖先曾到美洲和非洲探险，在那里见到了令人惊奇的动物——狮子，为此就用狮子作为本家族的徽章。后来，这尊小狮子又成为蒙贝利亚尔省的省徽。

"标致"这尊小狮子非常别致，它那简洁、明快、刚劲的线条，象征着更为完美、更为成熟的标致汽车。这独特的造型，既突出了力量又强调了节奏，更富有时代气息。古往今来，狮子的雄悍、英武、威风凛凛被人们视为高贵和英雄，古埃及的巨大雕塑"司芬克司"，就是人首狮身，以代表法老的威严和英武。所以，标致公司为使用"狮子"作为产品商标而感到自豪。

表 1-2-10 标致汽车基本概况

中国市场乘用汽车车型			
小型	紧凑型	中型	中大型
206、207	307、308	407	607
英文名　Peugeot 品牌创建时间　1889 年 所属国家　法国 所属集团　PSA 标致汽车集团			

3. 雷诺（见表 1-2-11）

目前，雷诺公司是法国第二大汽车公司，主要产品有雷诺牌轿车、公务用车及运动车等。雷诺汽车是出口德国最多的车种之一，它的质量及可靠性被认为是第一流的。而今的雷诺汽车公司是法国最大的国营企业。雷诺公司以创始人路易斯·雷诺（Louis Renault）的姓氏而命名，图形商标是四个菱形拼成的图案，象征雷诺三兄弟与汽车工业融为一体，表示

"雷诺"能在无限的（四维）空间中竞争、生存、发展。

雷诺轿车在亚洲、尤其在中国比较少见，为了打进亚洲市场，雷诺物色了日产汽车公司作为合作伙伴，1999 年 3 月 27 日雷诺与日产成立了雷诺—日产汽车联盟，如今，该联盟规模排在通用、丰田以及福特之后，位居全球第四。

表 1-2-11　雷诺汽车基本概况

	中国市场乘用汽车车型			
	紧凑型	中型	中大型	MPV
	梅甘娜	拉古娜	威赛帝	风景
英文名　Renault 品牌创建时间　1898 年 所属国家　法国 所属集团　雷诺集团				

三、英系乘用汽车品牌及其特点

（一）英系乘用汽车特点

如果将汽车看作是一件工艺品或者收藏品，英国车是独具魅力的，在汽车发明的一百多年里，英国车一直被认为是汽车工艺、品位、价值、豪华、典雅等溢美之词的完美体现。英国克鲁郡至今仍然秉承传统手工的造车艺术，经验丰富的工匠始终以手工进行装嵌。绝大部分工匠都有着超过 30 年以上的丰富经验，造车技术代代相传，工艺千锤百炼，品质完美无瑕，处处流露出英国传统造车艺术的精髓：幽雅、灵动、恒久、精练。英国汽车品牌以一种超物质的精神存在于机械之中。

英国汽车历史久远，品牌卓越，如劳斯莱斯、宾利等品牌的造车历史都已超过百年。这些轿车品牌在人们的心目中一直是轿车家族的极品，被誉为"英王皇冠的明珠"。为保持含金量，劳斯莱斯一直坚持手工生产，只强调质量而不追求数量。如今劳斯莱斯虽然采用了一条流水线生产，但其年产量仍被限定在 2 000 辆左右。从成立之日起，劳斯莱斯就抱定了为上流社会少数人服务的宗旨，这就注定了它的品牌与身份。

英国人崇尚的是绅士风度，他们认为，品牌汽车就应该具有成就经典的骄傲。使人不可理解的是：慢条斯理的英格兰绅士对速度运动却有着特别的青睐，从赛马、足球到飙车，所有这些都令他们如痴似醉。正是因为这个原因，产自英国的汽车品牌大都带有一些运动基因，比如捷豹、阿斯顿·马丁、摩根，名爵等都是英国跑车的杰出代表。

英国汽车的主要特点是：①具备高贵气质和绅士风度凸显古朴典雅、雍容华贵的外形设计。②极尽可能奢华的手工制作工艺。③近乎苛刻的挑剔选材。

（二）英系乘用汽车品牌

1. 阿斯顿·马丁（见表 1-2-12）

该公司生产的赛车在国际赛车坛上名气很大，曾多次获得国际汽车大赛的冠军。据悉年产量只有 800 辆左右，且多手工制作，但做工精致，质量可靠。因此在英国汽车排行榜上，阿斯顿·马丁历来都紧随劳斯莱斯和本特利之后，即使是最便宜的阿斯顿·马丁 DB7，国际市场价格也不低于 13 万美元。阿斯顿·马丁（Aston Martin）品牌中最著名车型有：DB2、DB6、DB7、Vantage 等，其中阿斯顿·马丁 DB7 是该公司的拳头产品，具有浓郁的英国古典气质。

阿斯顿·马丁跑车多采用前置式的 V8 或直列 6 缸发动机，马力强大，车型空气动力性能优越，加速性能优异是阿斯顿·马丁跑车的最大特点，从静止启动加速到时速 100km，仅需 6s。

表 1-2-12　阿斯顿·马丁汽车基本概况

	中国市场乘用汽车车型			
	跑车			
	DBS	DB9	V8 方塔奇	V12 征服
	英文名　Aston Martin			
	品牌创建时间　1914 年			
	所属国家　英国			
	所属集团　阿斯顿·马丁·拉宫达公司			

2. 捷豹（见表 1-2-13）

自从捷豹品牌创立以来，就始终致力于为用户提供优雅迷人而又动感激情的汽车，在其历史发展的不同时期也涌现出了多款经典车型，奠定了捷豹品牌引领时尚潮流的地位。从连续多年登顶勒芒赛场的捷豹 D-Type，到被纽约现代艺术博物馆列为永久珍藏品的 E-Type，再到被人们称为所能想象的最美观汽车的 XJ13，从十年畅销的捷豹 XK8，再到全新捷豹 XK，无论在哪个时期，捷豹始终以其优雅迷人的设计和卓越不凡的技术引领着豪华车市场的新潮流，成为了代表时尚的奢华标志，并藉此在全球吸引了无数的追随者。

表 1-2-13　捷豹汽车基本概况

	中国市场乘用汽车车型		
	中大型车	豪华车	跑车
	XF、S-Type	XJ	XK
	英文名　Jaguar		
	品牌创建时间　1922 年		
	所属国家　英国		
	所属集团　塔塔汽车集团		

3. 路虎（见表 1-2-14）

路虎是一个历史悠久的英国品牌，路虎（Rover）的名字源自于北欧一个骁勇善战的海上民族。第一辆路虎的出厂至今已近 55 年，路虎在一定程度上就是越野车的代名词。有人说路虎就是越野车中的劳斯莱斯，这种说法非常贴切地反映了路虎在越野界的声望。

表 1-2-14　路虎汽车基本概况

中国市场乘用汽车车型
SUV
神行者　发现　揽胜　揽胜 Sport　卫士
英文名　Land Rover 品牌创建时间　1948 年 所属国家　英国 所属集团　塔塔汽车集团

4. 宾利（见表 1-2-15）

天才工程师沃尔特·欧文·本特利先生的赛车情结缔造了宾利品牌。极尽奢华的内饰和精良的手工制造工艺，确立了宾利与劳斯莱斯同样的超豪华皇家风范，但是宾利更注重车的运动性，宾利车强健的体魄和矫健的身法足以证明这一点。正是这样的气质让宾利脱离了劳斯莱斯的框架，以"皇家运动员"的形象出现在世界车坛。

一个带翅膀的字母"B"，尤如一只苍鹰划破天际。它代表着宾利——一个在汽车史上最富传奇色彩的品牌，极速的梦想和永不妥协的精神。

"把动力和速度元素，结合最精良的质量，见证在豪华座驾之上"，是宾利恪守了 80 多年的造车宗旨。对于宾利而言，参与赛车并非只是一种市场推广手段，它直接影响着宾利的造车方式。赛场上积累的经验对于宾利的技术提升是无价之宝，它对于优化汽车上的电子设备、减轻车重、提高效率甚至是工作人员的反应速度都大有裨益。

除了它在赛场上的辉煌，人们提起宾利，更多地还会谈到它一脉相承的传统：精湛的手工艺和度身定制的个性化服务。手工精制是宾利的传统，也是保证其贵族血统的重要原因。伴随着近一个世纪的传统与革新，宾利这个名字已经远远超出了车的范畴。在好莱坞或亚洲新兴国家地区，宾利已经成为社会新贵们不可缺少的身份象征。在所有热爱宾利的人眼中，它是一个为你度身定制的舒适豪华的移动尊贵身份的代名词，它是速度与豪华的梦想极致。图 1-2-6 所示为 宾利汽车精致的做工。

表 1-2-15　宾利汽车基本概况

中国市场乘用汽车车型	
豪华车	跑车
雅致	欧陆
英文名　Bentley 品牌创建时间　1919 年 所属国家　英国 所属集团　大众集团	

5. 迷你（MINI）（见表 1-2-16）

在 BMW 的集团范围内，迷你是一个独特，独立的品牌。诞生于 1959 年的 MINI，设计别树一格，1961 年赛车工程师 John Cooper 将赛车血统注入汽车性能内，使实用别致的小车

图 1-2-6　宾利汽车精致的做工

摇身变成赛车场上的传奇,自此成为英国车坛之宝。40 年来 MINI 售出超过 500 万辆以上,世界各地也有 MINI 车迷组织。BMW 在买下 MINI 成为旗下的一个品牌之后,投注了上百万美元的研发经费,旧 MINI 时代已结束,2007 年上市的新 MINI 车系,名字一样,而设计却焕然一新,舍弃了经典的形象,换来新潮格调的设计与包装。迷你车被英国人誉为"国车"

表 1-2-16　MINI 汽车基本概况

	中国市场乘用汽车车型	
	小型车	紧凑型车
	Cooper	Cooper Clubman
	英文名　Mini 品牌创建时间　1959 年 所属国家　英国 所属集团　BMW 集团	

6. 劳斯莱斯(见表 1-2-17)

2003 年劳斯莱斯汽车公司归入宝马集团。曾经,劳斯莱斯几乎等同于大英帝国的权力、尊贵与豪华。劳斯莱斯高贵的品质来自于它高超的质量。它的创始人亨利·莱斯就曾说过:"车的价格会被人忘记,而车的质量却长久存在。"劳斯莱斯的成功得益于它一直秉承了英国传统的造车艺术:精练、恒久、巨细无遗。令人难以置信的是,自 1904 年到现在,超过 60% 的劳斯莱斯仍然性能良好。劳斯莱斯最与众不同之处,就在于它大量使用了手工劳动,在人工费相当高昂的英国,这必然会导致生产成本的居高不下,这也是劳斯莱斯价格惊人的原因之一。直到今天,劳斯莱斯的发动机还完全是用手工制造。更令人称奇的是,劳斯莱斯车头散热器的格栅完全是由熟练工人用手和眼来完成的,不用任何测量的工具。而一台散热器需要一个工人一整天时间才能制造出来,然后还需要 5h 对它进行加工打磨。

每辆劳斯莱斯车头上的那个吉祥物:带翅膀的欢乐女神,她的产生与制造的过程,更是劳斯莱斯追求完美的一个绝好的例证。劳斯莱斯车标的设计者萨科斯这样来描述他的设计理念:"风姿绰约的女神以登上劳斯莱斯车首为愉悦之泉,沿途微风轻送,摇曳生姿。"这一理念与女神的造型正是劳斯莱斯追求卓越精神的绝佳体现。这尊女神像的制作过程也极为复杂。它采用传统的蜡模工艺,完全用手工倒模压制成型,然后再经过至少 8 遍的手工打磨,再将打磨好的神像置于一个装有混合打磨物质的机器里研磨 65 分钟。做好的女神像还要经过严格的检验。图 1-2-7 为经典的劳斯莱斯 100EX 车头和车标。

表 1-2-17　劳斯莱斯汽车基本概况

	中国市场乘用汽车车型	
	豪华车	
	幻影	银天使
	英文名　Rolls-Royce 品牌创建时间　1904 年 所属国家　英国 所属集团　BMW 集团	

图 1-2-7　经典的劳斯莱斯 100EX

7. 莲花(见表 1-2-18)

莲花汽车公司是世界上著名的运动汽车生产厂家,莲花生产的汽车重心很低,造型具有良好的流线形,风阻系数只有 0.3 左右。发动机功率强大,最低的发动机功率都有 160HP,车速高达 300km/h。莲花汽车是世界汽车赛场上一个十分有力的竞争者,多次荣获世界冠军。1963~1978 年莲花汽车曾经 7 次蝉联世界最佳小客车优胜奖。1991 年,莲花伊兰汽车获世界汽车最佳设计奖。莲花汽车公司是率先在汽车上使用高强化塑料车身的厂家之一,它们采用的制模工艺,真空助力树脂喷射工艺能将车身模制成上下两个整体,最后再合二为一,不仅生产效率高,而且车身强度大大增强,在世界上独树一帜。

自 20 世纪中后期开始,Lotus 广泛成功的服务于世界各大主要汽车生产商,通过对汽车工业深入透彻的掌握、处于世界前沿的汽车工程学技术以及才华横溢、远见卓识的优秀员工,Lotus 成为全球认可的领袖级汽车工程咨询专家。从 1985 年至今,Lotus 已承接了超过 38 个全球重要客户的主要动力总成项目,其中包括现正在量产的全球知名发动机通用汽车的 L850 发动机。有关统计结果显示,现在欧洲市场上销售的超过 10% 的新车使用的发动机均由莲花公司设计、开发和改进。

Lotus 设计开发的主动式智能系统已经在世界 70 多辆原型车和展示车上装载。Lotus 爱丽丝(LOTUS ELISE)为轻质量高性能汽车确立了标准,首次将蜂窝结构管状车架应用于汽车;率先采用超级轻灵的新材料,复合玻璃纤维以及激进的设计概念;更有独一无二的黏合型铝合金超轻结构,迄今已荣获 50 多项大奖。由 Lotus 领先开发的超轻刚制汽车悬架(ULSAS)项目证明,利用先进技术汽车实际重量可减轻 32%。

表 1-2-18   莲花汽车基本概况

	中国市场乘用汽车车型	
	紧凑型车	
	竞悦	竞速 RCR
	英文名　Lotus 品牌创建时间　1951 年 所属国家　英国 所属集团　马来西亚宝腾集团	

8. 名爵(见表 1-2-19)

MG 车对英国乃至世界汽车工业的历史可谓贡献巨大,百年来这个品牌一直处于英国汽车工业的中心位置,每当全世界车迷谈及 MG 都会想到堪称经典的八角形徽标,想到八角形在贵族传统中所代表的灵性与气质。近 100 年来,MG 品牌更不断为八角形徽章注入深厚内涵,令其成为全球车迷心中的精神图腾。在赛车场上,MG 徽标铭刻着无数冠军车手的荣耀与梦想。勒芒 24 小时耐力赛 LMP2 最快成绩、BBTC 赛中 3 个分站冠军、Caterham R400 挑战赛中超越 F1 的极速、Midland 速度锦标赛的七项赛事纪录、欧洲耐力锦标赛、英国全国公路赛……在这些权威赛事中,MG 以前后 40 余项世界速度记录,为坚定、稳固又极具张力的八角形徽标写下最佳注脚。在百万车迷眼中,MG 徽标更象征着对个性与气质的共同追求。八角形的车标象征着热情、忠诚。顾客以拥有了八角形的车标而感到自豪。另外,由于名爵在各种大赛中的出色表现,在英国乃至世界的汽车运动也迅速提升了 MG 品牌的声誉和威望。八角形 MG 的品牌标志是世界上最流行的运动汽车品牌,它映衬着无数赛车获胜者的音容笑貌,更记录了经典赛车的历史篇章。

1924 年 3 月,威廉·莫里斯(William Morris)、纳菲尔德勋爵、英国汽车工业之父,以世界首辆配备中央底盘的四门汽车,开启了 MG 作为世界顶级汽车品牌的传奇历程。

同年,MG 推出 14/28 双门敞篷跑车,这款运动车型由时任总经理的塞西尔·金伯(Cecil Kimber)参与设计,突破了英国跑车市场零的空白。

1930~1935 年,MG 不仅推出风靡英伦的 MMM 车系,更在众多世界重大赛事上夺取了不计其数的胜利,奠定了其动力强劲、性能优良的技术优势。

1955 年,MGA 跑车诞生,以 10 万辆的骄人销量蜚声国际。

20 世纪 60 年代,MG 推出堪称经典的 1100/1300 车型,创下 17.5 万辆的销售纪录。

20 世纪 80 代,MG 更以 Metro 等热销车型,为全球 14.2 万车主带来顶级跑车体验。

20 世纪 90 年代,MGF 被誉为是英国最好的量产跑车之一。

2000 年,MG 推出 MG TF 等经典车型,更是成为畅销全球的知名跑车。

直到今天,MG 赛车的身影仍活跃于勒芒等重大国际赛事,并不断取得令世人瞩目的优异成绩。

表 1-2-19   MG 汽车基本概况

中国市场乘用汽车车型			
紧凑型车		豪中型车	跑跑车
MG6	MG35W	MG7	MG TF

英文名   Morris Garages

品牌创建时间   1904 年

所属国家   英国

所属集团   上海汽车集团

四、意系乘用汽车品牌及其特点

意大利人随性而为,热情、浪漫、灵活和机敏。车如其人,意大利汽车就像把经典美学演绎到极致的手工艺品,意大利的汽车充满着动力、豪华和抒情色彩,外型和内饰完整地保留了意大利古典式的情调,设计优雅而简洁。意大利有世界"跑车之乡"的美称,法拉利、兰博基尼和玛莎拉蒂等名牌跑车精巧灵活,充满活力,在全球闻名遐迩。

1. 菲亚特(见表 1-2-20)

菲亚特垄断着意大利全国年总产量的 90% 以上的汽车生产量,这在世界汽车工业中是罕见的。因此,菲亚特被称为意大利汽车工业"寒暑表",菲亚特牌汽车被喻为"意大利车"。"菲亚特"轿车的紧凑楔形造型、线条简练、优雅精巧、极富动感、充满活力,处处显现拉丁民族热情、浪漫、机敏、灵活的风格。所以,"菲亚特"轿车造型总是引导世界汽车造型的潮流。

表 1-2-20   菲亚特汽车基本概况

中国市场乘用汽车车型		
小型车	紧凑型车	
朋多	领雅	博悦

英文名   Fiat

品牌创建时间   1899 年

所属国家   意大利

所属集团   菲亚特汽车公司

2. 阿尔法·罗密欧(见表 1-2-21)

阿尔法·罗密欧公司标志是米兰市的市徽,也是中世纪米兰的领主维斯嚎泰公爵的家徽。标志中的"十"字部分来源于十字军从米兰向外远征的故事。右边部分原是米兰大公的徽章,其中的蛇正在吞食撒拉逊人的图案有种种传说,比较可信的说法是维其康泰的祖先曾经击退了使城市人民遭受苦难的"恶龙"。外环圈的上半部则标注有公司的字样"ALFAROMEO"。这一标志从1911年开始成为阿尔法·罗密欧公司标志和所生产汽车的商标。

阿尔法·罗密欧是秉承了意大利传统的运动车品牌。阿尔法·罗密欧是运动、激情的象征。它那颗"运动的心"不仅时刻伴随着驾驶员的心而跳动,也将驾驶带来的欢快、热情和刺激洋溢在了整个汽车之中。阿尔法·罗密欧汽车最初是专门为比赛而设计的,并多次在各种国际性赛事中夺冠,其敏捷的反应、稳定的操纵性、自如的转向,使驾驶员确信能够在任何情况下控制车辆。汽车的形状优美而且充满个性,表现了理智与感情,工程学与创造力之间的神奇的平衡。

中型轿车(C):147。

中高档轿车(D):156/156SportWagon。

高档轿车(E):166。

运动轿车(H):GTV/Spider。

品牌口号:"阿尔法·罗密欧,运动的心"。

阿尔法·罗密欧的每一种车型都充满运动魅力,传达动感与激情,都承载着"运动的心",这正是独特的阿尔法·罗密欧精神的浓缩体现。

阿尔法·罗密欧跑车不但性能跻身世界顶尖跑车之列,且耐用性极佳。纯正的意大利血统、渊远的历史、相对低廉的价格使它倍受欢迎,每当提起阿尔法·罗密欧,人们首先想到的总是坚韧的毅力和必胜的决心,加上其有特殊意义的车标,说它是汽车中的武士决不过分。阿尔法·罗密欧跑车的外观都带有一个鲜明的特征,那就是它的进气格栅。从保险扛开始向上,逐渐变宽,加上一排排横置的隔栅条,看起来让人浮想联翩,像一只盾、又像一只武士面罩、还有人觉得有些象骷髅的躯干。总之,走在大街上,当它呼啸而过时,只要你能看到它的前脸,哪怕只是一瞬间,也会认出它是一辆阿尔法·罗密欧,这已变成它的恒久风格。

表1-2-21　阿尔法·罗密欧汽车基本概况

	中国市场乘用汽车车型
	中国市场尚无该品牌车型的销售网络
	英文名　Alfa Romeo 品牌创建时间　1910年 所属国家　意大利 所属集团　菲亚特汽车公司

3. 蓝旗亚(见表1-2-22)

"在人人向往的环境中自由的穿行,重寻驱车临风的感受,在梦幻般舒适与安全中找回

<<<< ------------

人与自然的美妙融合"。这就是蓝旗亚(Lancia)给你的承诺。

早在20世纪50年代,蓝旗亚的名字就已享誉汽车业。40年来,蓝旗亚以其无尽的魅力、超然的风格永不落花流水般的款式一直创导着汽车界流行趋势。在兰旗亚轿车身上体现着安全与时尚的完美结合,可轻松地满足人们对车的所有愿望和要求。其中K系列可堪称蓝旗亚中的精品之尊。这个充满历史感的品牌体现了意大利汽车文化典雅和精美的风格。蓝旗亚,在众多爱车族的眼中意味着健康、向上的生活品质,它是一种颇具贵族气质的轿车。对驾驶员和乘客需求的满足、轻松的驾驶、优雅的造型和尖端的技术都是蓝旗亚不尽的追求。多年来,蓝旗亚凭借自己的创造力和制造技术生产出了许多创造历史的车型,它们将所处时代的新技术、卓越的气质以及杰出的生活方式结合在一起,从而成为时代的俊杰。

蓝旗亚也译成蓝西亚(LANCIA)。其商标有双重意义,一是取自公司创始人之一维琴佐·蓝旗亚的姓氏;二是"蓝旗亚"在意大利语中解释为"长矛"。骑着高头大马,手持挂旗子的长矛者,便是中世纪意大利骑士的主要特征。最早的商标是在旗子的后面加上车轮形状的图案,20世纪50年代才把图案置于盾形框架之中。

虽然目前蓝旗亚车在中国并不多见,但作为意大利一个历史悠久的著名品牌,它在世界豪华车市场占有重要的一席之地。蓝旗亚是个赫赫有名的响亮品牌,其品牌超过60年的历史。在欧洲,它也是非常少见的高档汽车品牌,是菲亚特高档轿车的烫金标志。蓝旗亚这个词呈现给我们一幅悠闲的图片,坐在一辆马力强劲、舒适又有品位却毫不显贵的车里环游世界。蓝旗亚风格稳重,从不浮华。蓝旗亚的机械结构的设计保证了良好的性能和安全舒适的驾驶。蓝旗亚汽车从不追随潮流,而常常是推出与众不同的新型技术方案,这些技术方案一开始好像无人接受,最后却总是被争相抢购和赞誉。

目前主要车型:

小型轿车(B):蓝旗亚 Y。

中高档轿车(D):蓝旗亚 Lybra。

品牌口号:"蓝旗亚,意大利经典 ClasseItaliana"。

表 1-2-22 蓝旗亚汽车基本概况

	中国市场乘用汽车车型
	中国市场尚无该品牌车型的销售网络
	英文名 Lancia 品牌创建时间 1906 年 所属国家 意大利 所属集团 菲亚特汽车公司

4. 法拉利(见表 1-2-23)

法拉利公司标志是黑色的"腾马",底色为摩德纳(工厂所在地)金丝雀羽毛的颜色。这个"腾马"标志原为意大利空军战斗英雄佛朗希斯科·巴拉克的护身符,"腾马"保佑他历次

笔记

在空战中获胜。巴拉克在生活中也非常喜欢马,他所用的物品都有马的图案,而且他也是一个技术高超的骑手。

关于"腾马"还有一段动人的故事:在第一次世界大战中,有一位叫康蒂丝·白丽查的伯爵夫人,她的儿子佛朗希斯科·巴拉克是一位战斗机驾驶员,他用"腾马"作为自己的护身符,用"腾马"图案作为飞机的徽章,并用画有"腾马"的帆布覆盖心爱的战机。白丽查夫人是一个观车迷,在1923年的一次赛车中,白丽查夫人对恩佐·法拉利说,把"腾马"图案印到你的车子上,它会给你带来好运的。恩佐·法拉利欣然同意了,就这样"腾马"成了法拉利赛车上的吉祥物。后来法拉利带领赛车队连续在赛场上夺魁,从此他也成为车迷们又爱又恨的风云人物。法拉利在赛场上驾驶F1赛车发生了事故,并殃及热心的观众,而被称为"高速魔鬼";但当他夺魁时,逛热的车迷又称他为"魔术师"。他驾驶的F1赛车曾夺得100多次胜利,创下没有另外一个人能创造的世界纪录。后来,巴拉克在一次空战中牺牲了。法拉利就把"腾马"变成了黑色,商标的底色仍为摩德纳金丝雀羽毛的颜色,以此来纪念巴拉克。

法拉利汽车大部分采用手工制造,因而产量很低。年产量只有4 000辆左右。

表 1-2-23　法拉利汽车基本概况

	中国市场乘用汽车车型
	跑车
	加利福尼亚　F430　599 GTB　612　恩佐 F360　575
	英文名　Ferrari 品牌创建时间　1929年 所属国家　意大利 所属集团　菲亚特汽车公司

5. 布加迪(见表1-2-24)

布加迪是世界著名的老牌运动车品牌,1909年意大利人埃多尔·布加迪(Ettore Bugatti)在德国创建布加迪公司,专门生产运动跑车和高级豪华轿车。布加迪的产品,做工精湛,性能卓越,它的每一辆轿车都可誉为世界名车,1956年停产。1991年意大利工业家罗曼诺·阿蒂奥利买得布加迪商标所有权,在意大利重建布加迪汽车公司,重新生产高性能、高质量的运动车及轿车。布加迪总计生产汽车7 000余辆。

1998年,德国大众公司购买了布加迪的商标权,2001年,布加迪推出威龙16.4概念车(见图1-2-8),并宣布它将以世界上最快马力最强劲的车型上市。多年以后威龙汽车终于亮相,进入了公众的视野。

表 1-2-24　布加迪汽车基本概况

中国市场乘用汽车车型
跑车
卫航

英文名　Bugatti
品牌创建时间　1909 年
所属国家　意大利
所属集团　大众汽车集团

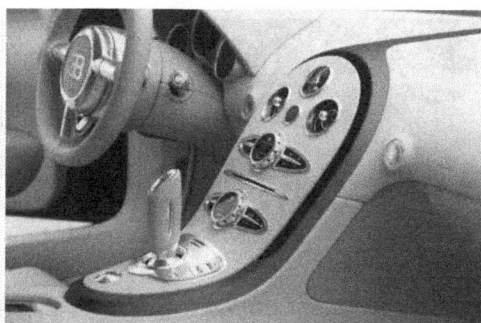

图 1-2-8　布加迪威龙

6. 兰博基尼(见表 1-2-25)

公司的标志是一头浑身充满了力气,正准备向对手发动猛烈攻击的犟牛。据说兰博基尼本人就是这种不甘示弱的牛脾气,也体现了兰博基尼公司产品的特点,因为公司生产的汽车都是大功率、高速的运动型轿车。车头和车尾上的商标省去了公司名,只剩下一头犟牛。

在意大利乃至全世界,兰博基尼是诡异的,它神秘地诞生,又神秘地存在,出人意料地推出一款又一款让人咋舌的超级跑车。兰博基尼最能代表罗马 2700 年的历史,七丘之城罗马建城于不易防守之地,扩张与攻击在最初的一刻就凝聚于血脉之中。兰博基尼生来是法拉利的敌人,也注定就是世界所有超级跑车的强劲对手。它是举世难得的艺术品,意大利最具声望的设计大师甘迪尼为其倾注一生的心血。每一个棱角、每一道线条都是如此完美,都在默默诠释兰博基尼近乎原始的美。没有多少人可以拥有它,因为它昂贵到无可想象的地步。

兰博基尼超级跑车,为挑战法拉利而来到人间,也许有一天出生时的使命会改变,但是其终生延承不变的是其乖张荒诞与不合情理。如此一个特立独行的跑车品牌是数十年来世界车坛追逐与猎奇的焦点。图 1-2-9 为兰博基尼 Reventón(雷文顿)跑车。

表 1-2-25　兰博基尼汽车基本概况

中国市场乘用汽车车型		
跑车		
蝙蝠	盖拉多	鬼怪
英文名　Lamborghini 品牌创建时间　1962 年 所属国家　意大利 所属集团　大众汽车集团		

图 1-2-9　兰博基尼 Reventón(雷文顿)

7. 玛莎拉蒂(见表 1-2-26)

　　玛莎拉蒂在 70 余年间生产了多辆传奇式赛车、跑车,它的车型制造技艺精湛,设计方式独特,代表着非凡的精致、永恒的风格和强烈的情感,玛莎拉蒂汽车的标志是在树叶形的底座上放置的一件三叉戟,这是公司所在地意大利博洛尼亚市的市徽,相传于罗马神话中的海神纳普秋手中的武器,显示出海神巨大无比的威力。玛莎拉蒂汽车始终是尊贵品质与运动精神完美融合的象征,被誉为意大利汽车的皇后。

表 1-2-26　玛莎拉蒂汽车基本概况

中国市场乘用汽车车型	
豪华车	跑车
总裁	GranTurismo
英文名　Maserati 品牌创建时间　1914 年 所属国家　意大利 所属集团　菲亚特汽车公司	

8. 帕加尼(Pagani)(见图 1-2-10)

帕加尼为 1992 年成立的公司,致力于顶级跑车,其特点和世爵、幽灵相似,产量小,性能高,价格相当不菲。

车的外形吸收了勒芒 24h 汽车耐力赛和其他耐力赛上许多车型的特点,但又具有鲜明的个性。而且每个部件都像一件艺术品那样精雕细刻而成,与大批量生产的普通汽车形成鲜明的对照。以不同颜色皮质、铝质和碳纤维来布置及点缀的车厢,设计有如概念车。碳纤维不只用在车体而已,其实整个车厢都是由碳纤维制成的保护罩。负荷轴承采用较为普通的圆柱形钢架,虽然没有 F50 或迈凯轮的轴承来得坚硬,但却能有效地减少传至车厢的振动。装上 18 英寸钢川的车重只有 1 250kg(净重),有利于提升加速性能。

挂上 Pagani 徽标的所有车型,都堪称超级跑车,因为入门型号已有 500HP 的惊人动力。以 Pagani Zonda C12S 来说,碳纤维材料制成的轻量化车体,搭配由奔驰御用改装公司 AMG 供应的 7.3LV12 发动机(这也是 SL73 AMG 及 CLK-GTR 跑车所采用的同类型发动机)输出功率高达 555 匹马力,足以让 0~100km/h 的起跑在 3.7s 内完成,极速更高达 354km/h。

图 1-2-10　Pagani Zonda HH 和车标

五、欧系其他品牌乘用汽车简介

1. 萨博(见表 1-2-27)

作为全球汽车安全领域的领导者,萨博是全球唯一所有车型达到欧洲新车安全评鉴协会(Euro NCAP)五星安全标准的汽车品牌,它具有出色交互作用的安全系统,最大限度保护车内人员的安全。

2000 年,通用汽车公司完全收购 Saab 汽车公司,并于当年 8 月启用了 Saab 的新图标。图标正中是一个红色的鹰头狮身带有翅膀的神话动物头像,头上戴有金色的皇冠,其圆形底部为银色的 Saab 字母,背景为蓝色。这种动物在瑞典南部的神话中代表着警觉和灵敏,这正符合 Saab 汽车安全与动力性完全统一的特性。今天,Saab 依然是居于领先地位的欧洲高档汽车品牌之一。广大客户对 Saab 品牌的认同,源自于对 Saab 核心品牌价值的欣赏,即独具一格的安全性能、设计及其航空科技。

表 1-2-27　萨博汽车基本概况

	中国市场乘用汽车车型	
	中型车	中大型车
	9-3	9-5
英文名　Saab 品牌创建时间　1937 年 所属国家　瑞典 所属集团　通用汽车公司		

　　2. 沃尔沃（见表 1-2-28）

　　"沃尔沃"，瑞典著名汽车品牌，又译为富豪，该品牌也被认为是目前世界上最安全的汽车。

　　Volvo 公司的创始人从公司创建之处就在强调汽车的使用安全。在售出第一辆汽车之前就对 Volvo 轿车进行了首次撞击试验。那还是在 1926 年，在美丽的斯德哥尔摩至哥得堡的公路上，九辆 Volvo 原型车中的一辆就与一辆美国的轿车进行了正面撞击试验。结果，进口的美国车几近成为一堆废铁。而 Volvo 车只有几处撞击的伤痕，整车大体上安然无恙。从此，Volvo 轿车就树立了安全轿车的形象。每一年，沃尔沃都要投入大量的费用进行安全方面的产品研究和开发，并不断地对已有成就进行批判。这种自省的精神使沃尔沃在汽车安全产品的研制方面，一直走在世界最前列，为汽车工业奉献了许许多多的革新发明，如 20 世纪 40 年代的安全车厢，60 年代的三点式安全带，90 年代的防侧撞保护系统。正因为在安全领域的不懈追求，近年来沃尔沃屡获大奖，如麦克王子道路安全奖、欧洲碰撞四颗星奖、英国房车赛总冠军等。1999 年，沃尔沃集团将沃尔沃轿车业务出售给美国福特汽车公司。2010 年，中国汽车企业浙江吉利控股集团从福特手中购得沃尔沃轿车业务，并获得沃尔沃轿车品牌的拥有权。

表 1-2-28　沃尔沃汽车基本概况

	中国市场乘用汽车车型			
	紧凑型	中大型	跑车	SUV
	C30、 S40	S80	C70	XC60、 XC90
英文名　Volvo 品牌创建时间　1924 年 所属国家　瑞典 所属集团　福特汽车公司				

　　3. 斯柯达（见表 1-2-29）

　　"斯柯达"商标的含义是：巨大的圆环象征着斯柯达为全世界无可挑剔的产品；鸟翼象征着技术进步的产品行销全世界；向右飞行着的箭头，则象征着先进的工艺；外环中朱黑的颜色象征着斯柯达公司百余年的传统；中央铺着的绿色，则表达了斯柯达人对资源再生和环境保护的重视。现在生产的斯柯达·弗雷西亚牌汽车的商标最下边部分的桂枝树叶，表示胜利。另外，关于"斯柯达"商标还有一个传说：据说，该厂的经理从美洲带回一名印第安仆人，这个人很勤快，脸谱也很美，所以就选用了她的脸谱作为商标。斯柯达汽车标志以朱黑的外环围绕，象征着斯柯达由百余年汽车历史浓缩的浓厚的汽车文化底蕴。斯柯达标志绿色的底色寓意无限活力与生命力，正是这种品牌内涵使其经过了百年的风霜洗礼却依然青春永驻。同时，有着百年历史的斯柯达一直以来都与环保关爱并行，而标志中的绿色则是向人们表明斯柯达血脉中那份强烈的社会责任感。

表 1-2-29　斯柯达汽车基本概况

	中国市场乘用汽车车型		
	小型车	紧凑型车	中型车
	晶锐	明锐	昊锐
	英文名　Skoda 品牌创建时间　1880 年 所属国家　捷克 所属集团　大众汽车集团		

4. 世爵（见表 1-2-30）

世爵作为历史超过百年的老厂，一直保持着品牌独特的风格。他们生产的跑车全部为手工打造，具有独特的轻量化车身，采用大排量中置发动机，后轮驱动，多项指标采用 F1 标准，拥有惊人的性能参数。

在 1898 年，马车制造商雅克布斯（Jacobus）和亨德里克—让（Hendrik-Jan）·世派克（Spijker）兄弟二人在阿姆斯特丹，制造了他们的第一辆使用奔驰发动机的汽车，出色的车身制造技术立刻为他们迎来了阵阵喝彩。同年为了向即将来临的荷兰女王威廉敏娜的加冕仪式献礼，世派克制造了著名的黄金典礼马车，并沿用至今。从那时候起世派克兄弟进入他们职业生涯的转折点：将世爵公司完全投入到汽车制造业当中。

作为知名的极品豪华运动汽车制造商，世爵制造的贵族运动汽车完全依据客户的需求量身定制。在 2005 年，世爵将产量提高到年产 100 辆车左右。世爵的每一款又都是绝版收藏的结晶，即世爵每年都会推出一款新车，而每一款当全球生产达到 500 台时立即停止。世爵的目标是运动汽车市场的最高端的用户，这些客户主要集中在美国、西欧、中东、大中华地区以及一些较小的富裕国家，比如瑞士和摩纳哥等。

世爵认为设计的细节应该强调汽车外形的美观性。但是在设计汽车时，绝不仅仅是在创造车辆外型，更多的是在外型设计上采用恰当的比例，营造出无法抗拒的魅力。世爵 C8 Spyder 的优异性能和独特外形吸引了媒体的广泛注意。当它于 2000 年 10 月 18 日在英国汽车展览会公布于世后，凭借其优异的表现，立即获得了 2000 年国际汽车工程协会颁发的工程杰出奖。之后，世爵 C8 Laviolette 在 2001 年 2 月的阿姆斯特丹汽车展上推出。

　　传承世爵的赛车传统,世爵在 2001 年推出世爵 C8 双 12,世爵 C8 双 12R 在 2001 年 9 月的法兰克福国际汽车展(IAA)上首度亮相。仅仅两年过后在 2003 年度首次参加最能体现汽车整车性能的勒芒 24 小时终极耐力大赛,就获得了同级别第 10 名和总排名第 30 名的优异成绩,成为首例公路版汽车参加国际顶级赛车并获奖的典范。公路版的世爵 C8 双 12S 在 2002 年面世后,迎来了荷兰皇家和全球名流的喝彩。拥有双涡轮增压发动机 C8 Spyder T 在 2003 年法兰克福国际车展上亮相。世爵 C12 La Turbie 在 2005 年日内瓦车展上首次亮相。它是第一款使用目前汽车工业最先进的 6 升 W12 缸发动机的世爵。

　　世爵带来的不仅是一个伟大品牌,更是彻底改造了跑车的概念。不管对车来说,还是车主来说,它都是个性化的极致体现。世爵是激情无上的体现,它也代表了永恒魅力,不管在任何地方,世爵都是一道了不起的风景线。

表 1-2-30　世爵汽车基本概况

	中国市场乘用汽车车型
	跑车
	C8 Laviolette BI2、C8、C12
	英文名　Spyker 品牌创建时间　1898 年 所属国家　荷兰 所属集团　荷兰世爵集团

任务 1.3　美系汽车品牌和车型辨识

知识目标

● 能收集美系汽车整车相关信息。

● 能辨识美系汽车品牌、车型等基本特征。

● 能知道美系各著名品牌的重要人物、车标故事、经典车型。

能力目标

● 能够运用所学美系汽车品牌和车型知识识认美系品牌汽车,并向客户介绍该车历史渊源、发展历程、品牌知名度。

情境描述

某美系品牌汽车 4S 店,某身高体胖的客户在述说着美系品牌汽车的优点:车内空间超大,人坐在车里完全没有压抑感,空调效果好,而且动力强劲,车辆加速能力强。唯一的缺点就是油耗比较高,但这个缺陷对我无所谓。

任务剖析

美系车最大的特点就是强调舒适性和动力性,兼顾安全性。美国人往往车身较为庞大、悬挂系统和隔音设计非常出色,发动机强调大排量、大马力,安全性也非常好。缺点:过分的强调大功率和大车身往往导致美国车给人以油耗大的坏印象。

任务载体

对于美系汽车品牌和车型,主要特点是:第一,排量要大,功率要大。第二,宽敞。第三,驾驶座位要高。我们通过几个例子来体会一下:

例 1:20 世纪海湾战争中,美国少将以上军官才能乘坐的悍马,非常抢眼,那就是美系汽车品牌。

例 2:第 56 届美国总统奥巴马的座驾就是美国通用汽车公司为他打造的凯迪拉克 DTS。这个车就像加长的凯迪拉克 DTS,但是它是根据 GMC Topkick 中型卡车的基础去造的。玻璃都有 5 英尺厚,具有坚不可摧的防御能力。

例 3:看到过 7 个竖孔的汽车进气格栅吗? 那就是人们心中永远的吉普;知道道奇在第二次世界大战中成为多国总统的座驾吗? 它们都是美系汽车品牌。

相关知识

一、美国乘用汽车特点

美系车最大的特点就是强调舒适性和动力性,兼顾安全性。美国车往往车身较为庞大、悬挂系统和隔音设计非常出色,发动机强调大排量、大功率,安全性也非常好。缺点:过分的强调大功率和大车身往往导致美国车给人以油耗大的坏印象。

代表品牌:福特,悍马,吉普 Jeep ,凯迪拉克 ,克莱斯勒,林肯,雪佛兰,别克。

美国人的造车理念有较大的随意性,美国的道路也非常好,地广人稀,因此,美国车给人的第一印象是宽大、舒适、随意。

虽说北美汽车市场是全球汽车市场的风向标,能接纳全球各个地方的车型,但是美国自己国家生产的汽车却始终很受欢迎,尽管美国车的市场占有率在不断下降,但是美国车厂在造车理念上随性而为。欧系车严谨合理,亚系车经济省油,而美国人需要的车则是:第一,排量要大,功率要大。第二,宽敞。第三,驾驶座位要高。

当年悍马 H2 出来的时候,美国所有的人说这个车造得太棒了,这个车在欧洲并不是很受欢迎,跟欧洲的造车理念太不相同。欧洲人认为,50 多米的制动距离算什么好车,美国人觉得无所谓。这么大的车,欧洲人一看还耗油,随便就是 20 多升油百公里。多种汽车关键的因素,欧美造车的观点很冲突。

美国的法规对于汽车改装的管制相比我国宽松得多,但是前提是大伙儿都非常自觉,有一种自律意识,知道有地方坚决不能动,这样就造成一个良性的氛围。因此,在美国能够看到相似车的机会真的很少。这是美国车最大的特点。如果把美国看成一个民族的话,是一个多种人种组成的民族。很多文化交织在一起,其实这一点从美国车的设计上可以看到。各种审美特点或者说各种文化的印记会杂交到美国车上面。

传统当中美国车就是大平正方、傻大黑粗。这个印象是根深蒂固改不过来了。实际上并不是所有的美国车都是这样的,为了抢占国际汽车市场,正在不断改进,推陈出新。比如从前几年的车展上凯迪拉克的概念车就标志着新的发展思路,之后出来的量产车确实让人们大跌眼镜。又如新君越和新君威在 2011 年市场销售中的骄人表现 ,一举打破人们对美国车不注重内饰和油耗的传统观念,改变了人们以往对美国车的印象。

美国品牌乘用汽车具有如下一些特点:

1. 宽大舒适而不苛求细节的做工工艺

过去人们对美国车有较多诟病,比如外观上"大、平、方、正","做工粗糙、油耗大、技术不高"等,这种情况已经有很大的改观。在日系车的冲击和影响之下,美国汽车制造商正在改变过去给人们留下的不良印象,但仍然沿袭了个性张扬的风格,汽车产品追求宽大舒适的方向没有多少变化。在福特 T 型车之后,在当代的美国车系中,小车实际上是不存在的(我们在国内看到的雪佛兰经济型车则来自韩国)。

今天许多美国车仍然很有"型",做工上也取得了不小的进步。凯迪拉克可能是最具代表性的美系汽车,它那有棱有角的造型反倒博得许多消费者的钟爱。宽大的空间,舒适的驾乘感受,意到随成的外观,都是今天美国车的典型特点,一定程度上掩盖了其不太注重细节的问题。

美国车的这种风格其实是蛮富有人性化的,是美国人追求个性解放、自由精神的体现。

2. 讲究实用性,强调工具性

20 世纪五六十年代,由于战后美国经济空前繁荣,汽车业开始流行一股浮夸之风,车身宽大、满身银光闪闪的镀铬件、尾鳍高翘的大轿车招摇过市。但夸张的造型带来的是成本的浪费,油耗的增加,最终为人们所摒弃,接着是向简单实用的回归。

汽车并不是美国人的玩物,而是实用工具。人们对美国车的感觉是粗犷外表下的简单,车子能跑,有个好的音响,有盘乡村音乐就足够了。甚至它跟美国人自家草坪的剪草机一样普通,没有被赋予过多的人文关怀和寄托。

美国是个汽车社会,汽车产品丰富多样,拥有世界上几乎所有的最先进、最时尚、最上乘的汽车。但美国人不像中国人那样对轿车偏爱有加。你会发现,美国的皮卡市场也是异常火爆,可以占到整个市场 20% 的份额。美国本土的汽车制造商常常为争夺市场而打得不可开交,新车型和价格调整都异常激烈,不亚于中国汽车市场。

在国内,美国汽车代表通用的产品也是工具性比较强的,雪佛兰的车型属于家庭用交通工具,别克凯越比较适合上班族代步,而君威、君越等完全是公务、商务功能了。

3. 苛求安全环保性

在美国卖车特别不容易,举例来说吧,中国的奇瑞和吉利想进入美国市场,但第一关排放指标参数就过不了。美国的汽车制造商常常被各个州不断提高的环保法规要求所约束,迫使其在环保节能上不断进步。在这方面,美国车与日本车的距离在缩小。可以说,美国的汽车安全标准和废气排放标准是全世界最高的,安全气囊和 TCS 等大批安全技术也是由美国三大汽车公司发明或普及的。美国的社会环境造就了美国车安全环保的特点。

有时候我们会觉得美国人造车态度不是太认真,过于随意,又行动迟缓。美国的汽车公司都有自己的研发中心,不乏先进的汽车技术,但在实际应用方面却落后于日本人。这就造成了美国车在核心竞争力上比较中庸保守。在操控性上,美国车也不占优势,但并不是有些人说的那样完全没有操控性。我们经常从美国影片中看到一辆大车探头翘尾上路以及摇摇摆摆转弯的镜头,也许这与美国人的驾乘习惯有关。在这方面,美国车一定拼不过德国车。

美国是个享受型的国家,而不是创造性的国家。美国汽车品牌的油耗和车系结构一样,美国车偏重大排量的问题仍然存在,在新车推出速度上也明显落后于对手。特别是在中国市场,真正地道的美国车还是很少。

二、美国乘用汽车品牌

1. 别克(见表 1-3-1)

别克(BUICK)汽车品牌是由美国通用汽车公司在美国、加拿大和中国生产的一个品牌,它在北美、中国、独联体国家以及中东都有销售。

别克品牌 1903 年创始于美国密歇根州底特律市,是一个具有百年历史的成功汽车品牌,它带动了整个汽车工程水平的进步并成为其他汽车公司追随的榜样。别克汽车车标的英文"David Buick"取自于该公司创始人大卫·别克的姓氏,图形商标是形似"三利剑"的图案,它被安装在汽车散热器格栅上,这三把颜色不同并从高向低处依次排列在不同高度位置上的剑形商标,给人一种积极进取、不断攀登的印象。

别克车具有大功率、个性化、实用和成熟的特点。随着 2004 年奥兹莫比尔的淘汰,别克成为了唯一一家总部设在北美的入门级豪华轿车。

表 1-3-1　别克汽车基本概况

	中国市场乘用汽车车型				
	紧凑型	中型	中大型	MPV	SUV
	凯越	君威、君越	林荫大道	GL8	昂科雷
	英文名　Buick 品牌创建时间　1900 年 所属国家　美国 所属集团　通用汽车公司				

2. 悍马(见表 1-3-2)

悍马汽车的外观,凶悍十足。前所未有的动力性能、操纵性能及耐久性能,能够适用于各种特殊的路面,能够行驶许多运动型车辆无法行驶的道路,被业界誉为"越野车王"。其H1 车型具有高尺寸的离地间隙,大角度的接近角和离去角,车体宽,重心低,V8 柴油机,全时 4 轮驱动,独立悬挂,动力转向等。还有中央轮胎充气系统,驾车者可以变化轮胎气压,装配泄气保用轮胎,轮胎泄气时仍可以 48km 时速行驶 30km。而悍马民用车型在舒适性、内部装饰、动力性能与军用型 Hmmwv 有所改变外,车型外表仍保持一致,成为在城市行驶特别的"另类"。

表 1-3-2　悍马汽车基本概况

	中国市场乘用汽车车型		
	SUV		
	H1	H2	H3
	英文名　Hummer 品牌创建时间　1992 年 所属国家　美国 所属集团　通用汽车公司		

3. 雪佛兰(见表 1-3-3)

雪佛兰的图形标志似一个红十字,是图形化了的蝴蝶领结。公司名称用原公司创始人的姓氏 Chevrlet 命名,该标志象征雪佛兰的大方、气派、风度。

雪佛兰作为通用汽车集团下最大的品牌,按迄今为止的累积汽车生产量计算,雪佛兰能算得上世界上最成功的汽车品牌。目前,它在美国销售排行榜上位居第一。它的车型品种极其广泛,从小型轿车到大型4门轿车,从厢式车到大型皮卡,甚至从越野车到跑车,消费者所需要的任何一种车型,都能找到一款相应的雪佛兰。自1912年推出第一部产品以来至今销量总量已超过1亿辆。其市场覆盖到70个国家,曾经创下新车销售世界的纪录。2004年雪佛兰全球销量超过360万部新车,占全球汽车当年销量总量的5%。作为通用汽车旗下最为国际化和大众化的品牌,雪佛兰拥有强大的技术和市场资源。

表1-3-3　雪佛兰汽车基本概况

	中国市场乘用汽车车型				
	微型车	小型车	紧凑型车	中型车	SUV
	乐驰	乐骋、乐风、赛欧	科鲁兹	景程	科帕奇
英文名　Chevrolet 品牌创建时间　1911年 所属国家　美国 所属集团　通用汽车公司					

4. 凯迪拉克(见表1-3-4)

一百多年来,凯迪拉克在汽车行业创造了无数个世界第一,缔造了无数个豪华车的行业标准;可以说凯迪拉克的历史代表了美国豪华车的历史。在韦伯斯特大词典中,凯迪拉克被定义为"同类中最为出色、最具声望事物"的同义词;被一向以追求极致尊贵著称的伦敦皇家汽车俱乐部冠以"世界标准"的美誉。凯迪拉克融汇了百年历史精华和一代代设计师的智慧才智,成为汽车工业的领导性品牌。

凯迪拉克(CADILLAC)汽车商标图案是目前轿车商标最复杂的图案,其含义也较广泛、风趣。凯迪拉克以通用汽车公司发源地密歇根州底特律市的创始人——法国的皇家贵族、探险家安东尼·凯迪拉克的名字命名,并以他随身武器盾牌图案作商标。

盾牌标志图案大致可以分为四个部分组成。

(1) 图案由一个十字军盾牌构成,盾象征着凯迪拉克家族勇猛的传统。

(2) 盾牌由四部分组成(用十字分开)。左上和右下两个部分为金色,是门斯家族的金底纹章,并有六只传说中的法国雀鸟,这六只鸟意味着三位一体的神圣,还意味着大胆和热情的基督教士的智慧、富有聪明的头脑和完美的品德。左下和右上两部分,再细分为红、白、蓝三色。色彩代表了广阔的土地,增添了门斯家族的名望,红色标志着行动勇猛和大胆,银色表示团结、博爱、美德和富裕。

(3) 盾牌图案顶部是嵌有七颗珍珠的皇冠,显示皇家朝廷的贵族血统。

(4) 盾的外框为郁金香花瓣构成的花环,也表示底特律城市创始人的荣誉。

这个商标显示了该汽车的高贵、豪华、气派和潇洒,喻示该公司具有巨大的市场竞争能力和取得胜利的信念。凯迪拉克部生产的主要车型有弗利特伍德(Fleetwud)、赛威(seville)、凯威(Catera)、帝威(Deville)和爱都(gldorado)等。

表 1-3-4　凯迪拉克汽车基本概况

中国市场乘用汽车车型			
中型	中大型	跑车	SUV
CTS	SLS 赛威	XLR	SRX、凯雷德

英文名　Cadillac
品牌创建时间　1902 年
所属国家　美国
所属集团　通用汽车公司

5．福特（见表 1-3-5）

福特汽车用创始人亨利·福特的姓氏"Ford"命名。公司图形标志是蓝底白字的英文"Ford"字样。"Ford"犹如在温馨的大自然中.有一只可爱、温顺、雄健的小白兔正在向前飞奔,象征福特汽车奔驰在世界各地,令人爱不释手。

福特汽车在美国汽车市场连续 75 年保持销售量第二名,仅次于通用汽车,2007 年才因油价高涨大型 SUV 休旅车与卡车销量减少,被丰田汽车超越而成为美国市场销售量第三名。

福特公司的收购策略相当具有侵略性,自 1979 年开始至今,已先后收购了日本的马自达(收购 33.4% 的股票)、英国的阿斯顿·马丁(Aston Martin)、捷豹(Jaguar)、越野路虎以及瑞典的 Volvo(汽车分支)(Volvo)。2008 年 3 月 26 日,印度塔塔集团和美国福特汽车公司发表联合声明,塔塔将以 23 亿美元的价格收购福特旗下的捷豹和越野路虎两大汽车品牌。

表 1-3-5　福特汽车基本概况

中国市场乘用汽车车型				
小型	紧凑型	中型	MPV	SUV
嘉年华	福克斯	蒙迪欧	麦柯斯	翼虎

英文名　Ford
品牌创建时间　1903 年
所属国家　美国
所属集团　福特汽车公司

6．林肯（见表 1-3-6）

当人们想到美国的豪华车时,首先想到的多半是凯迪拉克和林肯。林肯(LINCOLN)轿车是以美国第 16 任总统的名字阿伯拉罕·林肯命名的汽车,借助林肯总统的名字来树立公司的形象,显示该公司生产的是顶级轿车。其商标是在一个矩形中含有一颗闪闪放光的星辰,表示林肯总统是美国联邦废除奴隶制的启明星,也喻示福特·林肯牌轿车光辉灿烂。

表 1-3-6　林肯汽车基本概况

	中国市场乘用汽车车型
	SUV
	领航员
	英文名　Lincoln 品牌创建时间　1920 年 所属国家　美国 所属集团　福特汽车公司

7. 克莱斯勒（见表 1-3-7）

1875 年，沃尔特·克莱斯勒出生于美国堪萨斯州的瓦米哥。

1892 年，17 岁的沃尔特·克莱斯勒成为堪萨斯州艾利斯县太平洋联合铁路公司的铁路工程师学徒工。年轻的火车技工沃尔特·克莱斯勒开发并制造了自己的专用工具，因为他认为"一个优秀技工决不应该信任不是自己亲手选取和习惯使用的工具"。

1908 年，33 岁的沃尔特·克莱斯勒已经成为芝加哥大西部铁路公司高级经理人，月薪350 美元。他花了 5 000 美元购买了他的第一辆汽车：一辆红色内饰的白色 Locomobile Phaeton 汽车。为了了解这款汽车的工艺技术，沃尔特·克莱斯勒把它拆装了好几次，最后学会了驾驶汽车。

1912 年，沃尔特·克莱斯勒在位于密歇根州弗林特的通用汽车公司子公司"别克汽车公司"担任生产经理，起始年薪为 6 000 美元。在"别克汽车公司"期间，沃尔特·克莱斯勒迅速将日产量从 20 辆提高到 550 辆。在此期间，沃尔特·克莱斯勒与 K. T. 科勒一起共事，后者后来接替他成为别克公司的主要负责人，并最终在克莱斯勒汽车公司扮演了重要角色。

1916 年，通用汽车公司成为通用汽车集团公司，并使"别克汽车公司"成为其第一个子公司。

1917 年，沃尔特·克莱斯勒担任"别克汽车公司"的总裁兼总经理。在沃尔特·克莱斯勒的领导下，"别克汽车公司"成为"通用汽车公司最大的盈利来源"。

1919 年，沃尔特·克莱斯勒在主管"别克汽车公司"之外还担任通用汽车公司负责生产的第一副总裁。

1920 年，由于和通用汽车公司首脑威廉姆·杜兰特产生意见分歧，45 岁的沃尔特·克莱斯勒辞去了在通用汽车公司的职务。仅仅几个月之后，"威利斯-奥夫兰多汽车公司"的债权人聘请沃尔特·克莱斯勒担任执行副总裁。沃尔特·克莱斯勒全权负责"威利斯-奥夫兰多汽车公司"的运营，并签订了闻所未闻的为期两年的百万美元年薪合同。两年内，沃尔特·克莱斯勒扭转了"威利斯-奥夫兰多汽车公司"的局面。与此同时，沃尔特·克莱斯勒也受债权银行的委托，振兴了"查默斯汽车公司"持有 90% 股份的"马克斯威尔汽车公司"。

1921 年，沃尔特·克莱斯勒担任"马克斯威尔-查默斯汽车公司"董事长。一年以后，"马克斯威尔-查默斯汽车公司"更名为"马克斯威尔汽车公司"。

1925 年，"马克斯威尔汽车公司"改为"克莱斯勒汽车公司"。

表 1-3-7　克莱斯勒汽车基本概况

	中国市场乘用汽车车型			
	紧紧凑型	中型	中大型	MPV
	PT 漫步者	铂锐	300C	大捷龙
	英文名　Chrysler 品牌创建时间　1925 年 所属国家　美国 所属集团　克莱斯勒有限责任公司			

8. 道奇（见表 1-3-8）

在北美落基山脉有一种强壮剽悍的大角公羊,在与恶劣地理环境的斗争中,它练就了一身过硬的本领,无论是悬崖峭壁还是傍山险路,都来去自如、如履平地。如今,它已化身成为世界上最雄浑奔放的汽车品牌——道奇在各种各样的道路上留下了矫健的身影。回顾道奇品牌的发展历史,你会发现公羊精神一直指引道奇向前发展,它给每一辆道奇汽车都赋予了灵魂,让它们野性十足,在全世界每个角落奔跑不息。如今,道奇品牌在美国市场拥有 6% 的市场份额,已成为全球汽车行业的第八大品牌。

表 1-3-8　道奇汽车基本概况

	中国市场乘用汽车车型			
	紧凑型	中型	MPV	SUV
	酷搏	锋哲	凯领	酷威
	英文名　Dodge 品牌创建时间　1901 年 所属国家　美国 所属集团　克莱斯勒有限责任公司			

任务 1.4　亚系汽车品牌和车型辨识

知识目标

● 能收集亚系汽车整车相关信息。

● 能辨识亚系汽车品牌、车型等基本特征。

● 能知道亚系各著名品牌的重要人物、车标故事、经典车型。

能力目标

● 能够运用所学亚系汽车品牌和车型知识识认亚系品牌汽车,并向客户介绍该车历史渊源、发展历程、品牌知名度。

情境描述

某日本品牌汽车 4S 店,客户对该品牌汽车津津乐道:周到的售后服务,使用成本最低,舒适性和使用便利性最大。

大部分客户反映,日本车的造型美观、操纵灵巧、价格便宜,风格简约。日本车还有做工精细、经济实用、节能环保等优点。

任务剖析

现在,亚系车中的日本车符合日本国情的本土特点已经不怎么突出,比如经济、节油、价格低等,这是日本车全球化以及汽车技术和文化融合的结果。但是,日本车就像皮肤会变色的动物,对周围环境的适应性很强,在美国是美国味,在欧洲带有欧洲风格,在中国则具有中国特色,能迎合各地的消费者。这应该算是日本车一个最突出的特点。

任务载体

对于亚洲汽车品牌和车型,品牌众多,除了日本车系外,还有韩国车系,中国车系等。我们通过几个例子来体会一下:

例1:日本丰田旗下的子品牌 Lexus 雷克萨斯,自 1999 年起,在美国的销量超过奔驰、宝马,成为全美豪华车销量最大的品牌。

例2:2010 年,美国著名汽车导购网站 ConsumerGuideAutomotive 公布了"2010 年度最佳推荐车型"名单,现代汽车旗下的雅绅特、劳恩斯、劳恩斯酷派以及起亚汽车旗下的 RIO 锐欧、新佳乐金榜题名,车辆品质再度获得了权威媒体认可。其中,劳恩斯在豪华组大放异彩,雅绅特、RIO 锐欧在小型组异军突起,佳乐在中型组独领风骚,劳恩斯酷派则在运动组和表演组双双折桂,摘得了各自级别的"最佳推荐车型"称号。据介绍,本次评选是品质信誉、性能、设计、便捷性、价格、燃油效率等诸多方面综合评定的结果。此外,据美国汽车类权威机构——美国高速公路安全保险协会(IIHS)最新的安全性能评比报告，新款索纳塔一举荣膺"最安全车辆"（TOPSafetyPick）殊荣。这些汽车都是韩国汽车品牌。

　　例3：中国的红旗旗舰是一汽轿车和福特公司联合开发的具有独立知识产权的顶级豪华车，与福特公司林肯都市车型属于同一技术平台。整车外形融入了中华民族传统的审美特色，既继承了老红旗庄重典雅、厚重气派的风格，又兼收并蓄了当今国际车坛所流行的豪华时尚、丰满圆润的流线造型，给人以雍容华贵、尊崇显赫之感；在车体内部设计方面，大至整车操控系统、小至一个电动开关，随处可见当今世界汽车制造的高新技术与乘坐舒适性、安全性的完美结合与展现。

相关知识

一、日本乘用汽车品牌及其特点

（一）日本乘用汽车特点

　　日本车的设计理念是两小一大，即油耗最小、使用成本最小，舒适性和使用便利性最大。日本车往往都是小排量的发动机，而且节油技术非常先进，保养和维护成本都比较小，使用成本非常低。在汽车的设计方面，特别是驾驶舱的设计方面，选材非常科学，善于营造舒适、温馨的氛围，各种储物格和舒适性电子装备非常多，强调最大的舒适性、便利性。缺点：成本控制做得很好，导致一些不容易被发现的零部件质量比较低，设计方面对安全性的重视程度不够好。

　　日本是世界汽车生产大国，也是最大的汽车输出国。日本造车的目的主要是为了出口，为了适应不同的市场需要，所以日系车的质量和可靠性都是最好的，经济省油、性能中庸，让你挑不出明显的缺点。有人说日本汽车是世界上最精明的商人生产出来的最好的商品，这样的评价还是恰当的。对于只把车当交通工具的人来说，日本车是最好的。日系车的造型美观、操纵灵巧、价格便宜，风格简约。日系车还有做工精细、经济实用、节能环保等优点。

　　1. 具有和谐之美

　　虽然很多人对日系车心存偏见，但无法改变它在世界汽车产业中的独特地位，也无法改变它在国内普遍受到消费者欢迎的现实，至少我们的自主品牌与之相比还有较大差距，丰田、日产和本田的汽车正在国内热卖，就是很好的说明。

　　当一种东西越普及，它便越没有特点和个性。日系车经济，韩国车也不赖；日系车安全，德国车更甚；日系车便宜，中国车更便宜。这都是相对来说的，其实没法比较。日本人的聪明之处是博采众长，从而让质量、安全、价格、造型、性能等得到了和谐统一。和谐是日本车最大的特点，也是没有特点的特点。有人说，没有特点也就没有弱点。这一点很有道理。

　　日系车已经成为全世界汽车企业学习的榜样，不管是它的产品研发、营销模式，还是管理方式、消费理念，通用、福特这样的汽车巨头在学，中国的奇瑞、吉利也在学。学习的结果是产品趋向同质化,汽车企业个性逐渐消失,不同品牌之间的可比性越来越淡化。比如说大家总觉得德国车的质量过剩,德国人正在学习日本企业进行成本控制,虽然降低了成本,但德国车的优势也就没有了。

2. 富有创新精神

不断改进生产方式,坚持推陈出新,保证产品的更新速度,这是日系汽车的制胜之道。日本汽车制造商善于培育车型的成长性,升级换代是很多明星车型的惯用之术,如十代花冠,八代雅阁,蓝鸟、皇冠、佳美、思域等都是代代相传,既传承了品牌车型的一贯品质,又在原车型的基础上有发展创新。

日本汽车在汽车新技术上、尤其在新能源研究领域的研究与实践,让日系车总是在这方面领先。丰田的混合动力车普锐斯的成功就是一个很好的例子。同时日本汽车品牌的产品线,车型的种类和覆盖面也都超越其竞争对手。

3. 良好的全程服务

服务,本来算不上产品的特点,但是可以作为购买汽车时需要考虑的一个重要因素。好的服务对于提升品牌形象和价值,对于提高产品的品质颇有作用,甚至还可以把这种服务转化为产品的价格增值。日系车的服务应该是其他汽车厂商的典范。

日系车的品牌顾客满意度很高,这与日本厂商优秀的产品质量,完善的销售网络,周到的售后服务,以及品牌文化建设等方面是分不开的。这些都成了日系车的后发优势,缩短了与老牌国际汽车厂商的距离,并迅速超越成为世界上最重要的一极。顾客满意度提高了,那么对品牌的忠诚度也上升了,品牌的含金量也高了。同样是一样年限和类型的二手车,丰田比现代要保值得多。

总之,日系车就像皮肤会变色的动物,对周围环境的适应性很强,在美国是美国味,在欧洲带有欧洲风格,在中国则具有中国特色,能迎合各地的消费者。这应该算是日系车另一个最突出的特点。

(二) 日本乘用汽车品牌

1. 丰田(见表 1-4-1)

丰田是世界十大汽车工业公司之一,日本最大的汽车公司,创立于1937年。TOYOTA标志的含义:此标志发表于1989年10月,TOYOTA创立五十周年之际,设计的重点是椭圆形组成的左右对称的图形结构。椭圆是具有两个中心的曲线,表示汽车制造者与顾客心心相印。并且,横竖两椭圆组合在一起,表示丰田(TOYOTA)的第一个字母T。背后的空间表示TOYOTA的先进技术在世界范围内拓展延伸,面向未来,面向宇宙不断飞翔。它象征丰田公司立足于未来,对未来的信心和雄心。还象征着丰田公司立足于顾客,对顾客的保证,象征着用户的心和汽车厂家的心是连在一起的,具有相互信赖感,同时喻示着丰田的高超技术和革新潜力。

表 1-4-1　丰田汽车基本概况

中国市场乘用汽车车型					
小型	紧凑型	中型	中大型	MPV	SUV
威驰、雅力士	花冠、卡罗拉、普锐斯	凯美瑞、锐志	皇冠	普瑞维亚	RAV4、FJ酷路泽、汉兰达、普拉多、兰德酷路泽
英文名　Toyota 品牌创建时间　1937年 所属国家　日本 所属集团　丰田汽车公司					

2. 雷克萨斯(见表 1-4-2)

雷克萨斯(Lexus)是日本丰田汽车公司旗下的豪华车品牌,它于 1983 年被首次提出,但仅用十几年的时间,自 1999 年起,在美国的销量超过奔驰、宝马,成为全美豪华车销量最大的品牌。过去,Lexus 在国内的中文译名是凌志,2005 年 6 月,丰田公司宣布将 Lexus 的中文译名由"凌志"改为"雷克萨斯",并开始在中国建立特许经销店,启动全面进军中国豪华车市的计划。

1983 年 8 月,日本工业巨子丰田汽车会长丰田英二先生召开了一次高层机密会议,与会的都是日本汽车工业界第一流的精英。丰田英二先生提出了一个震撼性的问题:"在累积了半世纪的汽车研发和制造经验之后,日本究竟能不能创造出足以傲视当世车坛的顶级轿车?"换句话说,这部新车的直接对手将是长久以来盛名不坠的欧洲著名汽车厂名牌。大家都体会到:他提出的已经不只是个问题,简直就是对日本汽车工业的全面性挑战。然而在场的所有人都以非常坚定的"是的,我们能!"作为回答,大家都了解这并不是一时激励下的冲动响应,而是一群经验丰富、技术超卓的专业人士对未来使命所作出的坚定承诺。丰田公司准备争夺高档豪华车市场。但丰田十分明白自己有几斤几两,跟大多数日本车一样,丰田与旗下各品牌如花冠、皇冠、佳美等在消费者心目中"低档、省油、廉价车"的形象已根深蒂固。要改变公众心智中固有的观念谈何容易。于是丰田专为高档车推出一个全新品牌雷克萨斯。经过数年呕心沥血、潜心研究,隆重上市,一役而成功。雷克萨斯车上还故意隐去企业名称,车身上未标有丰田的标志。这是丰田为了不让消费者对丰田公司传统品牌与新品牌之间产生联系,消除丰田形象对高档车的营销障碍而作的刻意安排。如果雷克萨斯标上丰田标志、或干脆直接用丰田、佳美、皇冠等品牌来推高档豪华车,能跟宝马、林肯、奔驰这些早已令大家钦羡不已的豪华品牌一决雌雄吗? 无独有偶,本田推出高档车时,也采用了全新品牌 ACURA,车身上也故意隐去本田的标志。日本从此拉开了高档轿车的序幕。这个品牌名是丰田花了 3.5 万美元请美国一家取名公司命名的,因为"雷克萨斯"(Lexus)的读音英文"豪华"(Luxury)一词相近,使人产生该车是豪华轿车的联想。雷克萨斯汽车商标采用车名

"Lexus"字母"L"的大写,"L"的外面用一个椭圆包围的图案。椭圆代表着地球,表示雷克萨斯轿车遍布全世界。

表 1-4-2 雷克萨斯汽车基本概况

	中国市场乘用汽车车型					
	中型	中大型	豪华型	跑车	SUV	紧凑型
	IS	ES、GS	LS	SC	RX、LX	CT
	英文名 Lexus 品牌创建时间 1987 年 所属国家 日本 所属集团 丰田汽车公司					

3. 大发(见表 1-4-3)

所谓大发汽车是大坂发动机的简称。轿车标志将大发汽车拼音的"D"图案化,象征着大发汽车,永葆青春。

大发汽车公司是小型车领域的行家,1986 年,天津汽车集团的决策者根据国情,着眼于开发出租车和私家车市场,以技术转让方式,引进日本丰田旗下大发汽车公司的 Cha-rade 轿车生产制造技术,当年,生产出第一辆夏利两厢式轿车,填补了我国经济型轿车市场的空白。从此夏利一炮打响,成为长期占据我国经济型车市场霸主地位的车型。投产 20 年来,夏利轿车总产量累计达 154 万辆,市场保有量超过 100 万辆。夏利的成功一方面来自中国提供的巨大市场,另一方面大发汽车技术平台提供的优异性能也功不可没。大发汽车公司虽然在日本是排名第八的小汽车企业,但它的历史甚至比大名鼎鼎的丰田还长。

表 1-4-3 大发汽车基本概况

	中国市场乘用汽车车型
	MPV
	森雅
	英文名 Daihatsu 品牌创建时间 1907 年 所属国家 日本 所属集团 丰田汽车公司

4. 斯巴鲁(见表 1-4-4)

富士重工有限公司(FHI)的首任总裁,Kenji Kita,对有关汽车的问题有其完全独特的见解,"如果你打算造一部汽车,那就造一部成熟的汽车";"日本的汽车就应该有日本名字。"当时,Kita 先生急切地希望生产客车,他对与 1954 年公司第一台客车样车(P-1)有关的所有事情都充满热情。Kita 先生对 P-1 的命名提议进行了民意调查,但是没有一个提议能让他感兴趣。最终,Kita 先生给了这部汽车一个美丽的日本名字 Subaru,这是他心中早已酝酿好的。Subaru 是金牛星座中的一个星团,在它的群星之中,有六颗星星是用肉眼可以看到的,但其他大约 250 个浅兰色的的星星只能用望远镜才能看得到。

在西方,这个星团被称为 Pleiades;在中国,它被称为昂(Mao)星团;在日本,它叫 Subaru("统治"或"荟萃"的意思)。在日本,它还有一个名字叫 Mutsuraboshi("六颗星星"的意思),在某些场合,这个名字出现的频率会更高,因为这是日本人从远古时代就十分钟爱的星团之一。更有趣的是,富士重工有限公司是由六个公司合并而组建的,所以您也能看出 Subaru 是一个多么富有召唤力的名字。

斯巴鲁的两大著名汽车技术:一是 Awd(全时四轮驱动)。世界上第一套全时四轮驱动系统是富士重工装置在市售轿车上,这套系统与该厂水平对置发动机对车身可达到近乎完美的重量平衡效果。再加上中央防侧滑差速器,当四轮转速发生差异而打滑时,能自动调整并防止打滑现象,以保持完整的轮胎抓地能力。在低重心的发动机与四轮驱动的配合下,动态表现较一般轿车来得沉稳,在高速过弯、雨天、沙地时,可称得上随心所欲。二是 Boxter(水平对置发动机)。世界上除了富士重工,只有保时捷才有的发动机技术。它的特点之一是其产生的横向振动容易为支架吸收,能有效地将全车较重的发动机重心降低,使得在设计全车配重时更容易达到整体平衡。之所以这么好的技术并没有多少车辆敢采用,是因为它对发动机各部分的设计和生产工艺均要求相当苛刻。Subaru 的力狮、翼豹、森林人都采用这种发动机,这足以证明富士重工在科技及产品成熟度上已达到了世界顶尖的水准。

表 1-4-4　斯巴鲁汽车基本概况

	中国市场乘用汽车车型		
	紧凑型	中型	SUV
	翼豹	力狮	傲虎、森林人、驰鹏、XV
	英文名　Subaru 品牌创建时间　1953 年 所属国家　日本 所属集团　丰田汽车公司		

5. 本田(见表 1-4-5)

"H"三弦音箱式商标体现出本田公司技术创新、职工完美和经营坚实的特点,同时还有紧张感和可以放松一下的轻松感。"H"是"本田"汽车和"本田"摩托车的图形商标,是"本田"日文拼音"HONDA"的第一个大写字母。本田汽车商标中的字母"HM"是"HONDAMOTOR"的缩写,在这两个字母上有鹰的翅膀,象征着"飞跃的本田技术和本田公司前途无量。""人和车,车和环境的协调一致"是本田公司的发展方向;动感、豪华、流畅是本田公司的一贯风格;设计动力澎湃、低耗油、低公害的发动机是本田公司的技术目标;靠先进而实用的设计、卓越的制造质量和相对低廉的价格,吸引更多顾客是本田公司的宗旨。"H"商标,这个世界著名商标,是本田公司立业之本,是本田公司成功之魂。

表 1-4-5　本田汽车基本概况

	中国市场乘用汽车车型				
	小型	紧凑型	中型	MPV	SUV
	飞度	锋范、思域	雅阁、思铂睿	奥德赛	CR-V

英文名　Fiat
品牌创建时间　1948 年
所属国家　日本
所属集团　本田技研工业株式会社

6. 讴歌（ACURA）（见表 1-4-6）

讴歌（ACURA），又音译作阿库拉，是本田汽车公司豪华车品牌，有独立的标志。它诞生于 1986 年 3 月，现有六种车型，其中 RL3.2 是高级轿跑车。

表 1-4-6　讴歌汽车基本概况

	中国市场乘用汽车车型		
	中型	中大型	SUV
	TL	RL	MDX

英文名　Acura
品牌创建时间　1986 年
所属国家　日本
所属集团　本田技研工业株式会社

7. 日产（见表 1-4-7）

日产的标志中间"日产"是日语拼音，即日本产业的简称。日产汽车公司标志中，圆圈表示太阳，中间的字是"日产"两字的日语拼音形式，整个图案的意思是"以人和汽车明天为目标"。日产公司成为日本第二大汽车公司，汽车年产量居世界第四位，使当年的"脱兔"变成了"千里马"。"古有千里马，今有日产车"这条广告词，即表明了"日产"的高品质，更显示了他们的自信和自强精神。

表 1-4-7　日产汽车基本概况

	中国市场乘用汽车车型					
	紧凑型	中型	跑车	皮卡	MPV	SUV
	骊威、骐达、颐达、轩逸	天籁	350Z	皮卡	骏逸、贵士	逍客、奇骏、帕拉丁

英文名　Nissan
品牌创建时间　1933 年
所属国家　日本
所属集团　雷诺-日产联盟

8. 英菲尼迪（见表1-4-8）

1989年11月8日，经过数年的周密计划和研发，日产汽车公司的豪华车品牌英菲尼迪在北美首次面世，上市的车型包括高性能豪华轿车Q45和充满操控乐趣的豪华双门跑车M30。几年之内，凭借独特前卫的设计、出色的产品性能和贴心的客户服务，英菲尼迪迅速成为北美豪华车市场最重要的品牌之一，拥有双门跑车、轿车、混型车和SUV等全系列车型。2006年，英菲尼迪在全球销量超过了13.6万台。英菲尼迪的所有产品通过统一标准的经销商网络进行销售和客户服务，提供给消费者顶级现代豪华车的超凡享受。

在北美市场取得成功的同时，日产汽车公司在2005年出台了为期三年的"日产增值计划"，把英菲尼迪在全球的推广作为重要战略举措之一，并将中东、韩国、俄罗斯及中国作为全球扩张的重点目标市场。2005年7月，韩国第一家英菲尼迪经销店正式开业；2006年4月，英菲尼迪宣布了进军欧洲的时间表；2006年8月，英菲尼迪产品在莫斯科车展亮相，成为进军俄罗斯市场的精彩开端。2007年4月，英菲尼迪G35豪华运动轿车和FX系列豪华SUV亮相第十二届上海国际汽车工业展览会，英菲尼迪宣布正式进军中国豪华车市场。2008年3月，英菲尼迪携旗下各主力车型亮相第78届日内瓦国际车展，标志着英菲尼迪正式登陆欧洲市场。

英菲尼迪的椭圆形标志表现的是一条无尽延伸的道路。椭圆曲线代表无尽扩张之意，也象征着"全世界"；两条直线代表通往巅峰的道路，象征无尽的发展。Infiniti英菲尼迪的标志和名称象征着英菲尼迪人的一种永无止境的追求，那就是创造有全球竞争力的真正的豪华车用户体验和最高水平的客户满意度。

表1-4-8　英菲尼迪汽车基本概况

	中国市场乘用汽车车型		
	中型	中大型	SUV
	G系列	M系列	EX系列、FX系列、QX系列
	英文名　Infiniti 品牌创建时间　1989年 所属国家　日本 所属集团　雷诺-日产联盟		

9. 三菱（见表1-4-9）

三菱的标志是岩崎家族的家族标志"三段菱"和土佐藩主山内家族的家族标志"三柏菱"的结合，后来逐渐演变成今天的三菱标志。日本三菱汽车以三枚菱形钻石为标志，正为突显其蕴含在雅致的单纯性中的深邃灿烂光华——菱钻式的造车艺术。过去七十五年的作品，如Diamante、GTO、Galant、Mirage、RVR、Pajero等车款，奠定了三菱在车坛上的菱钻形象。现在，这个标志是三菱组织中各公司全体职工的象征。

就专业眼光来看，三菱汽车只是三菱企业的一个部门，却是日本汽车业界，拥有最强研发实力的一家车厂。因为三菱企业的源头——日本邮船、三菱仓库及三菱商社，都是拥有百年商誉的日本"重量级"企业，投资范围猎涉造船及其他重工业，保险和银行，原子能研究及电脑电子工程,更包括日本的太空研究计划的主干——太空火箭的设计和制造。

表 1-4-9 三菱汽车基本概况

	中国市场乘用汽车车型			
	紧凑型	中型	MPV	SUV
   （三菱标志） MITSUBISHI	蓝瑟、 蓝瑟翼豪 陆神	戈蓝	菱绅、 格蓝迪	君阁、 欧蓝德、 帕杰罗、 长丰帕杰罗 帕杰罗 SPORT
	英文名 Mitsubishi 品牌创建时间 1917 年 所属国家 日本 所属集团 三菱集团			

10. 铃木(见表 1-4-10)

铃木商标图案中的 "S" 是 "SUZUKI" 的第一个大写字母,它给人以无穷力量的感觉,象征无限发展的铃木汽车公司。

铃木认为,为每位客户提供"高品质"、"高性能"、"客户使用方便"、"乘坐舒适的汽车",是铃木的使命。最近几年以来,他们以"Way of life"这一新的口号为基准,以为每位客户制造可提供"多彩生活建议"的产品为目标,将"Way of life"的精神渗透到铃木的全部产品中,提供给客户。

从 1979 年以来,公司生产的微型汽车在日本销售量居首位。

表 1-4-10 铃木汽车基本概况

	中国市场乘用汽车车型				
	微型	小型	紧凑型	MPV	SUV
  （铃木标志） SUZUKI.	奥拓	雨燕、 羚羊、 北斗星、 利亚纳	天语 SX4	浪迪	吉姆尼、 超级维特拉
	英文名 Suzuki 品牌创建时间 1954 年 所属国家 日本 所属集团 铃木自动车工业株式会社				

11. 马自达(见表 1-4-11)

马自达汽车公司是日本最著名汽车品牌之一,日本第四大汽车制造商,是世界著名汽车品牌,是世界上唯一研发和生产转子发动机的汽车公司。2002 年开始,马自达公司先后推出了马自达 6（MAZDA6）、马自达 3（MAZDA3），马自达 2（MAZDA2），马自达 8(MAZDA8),RX-8,Roadstar,CX-7 等一系列新车型,在世界各地都取得了不俗的销售业绩。马自达汽车公司的原名为东洋工业公司,生产的汽车用公司创始人"松田"来命名,又因"松田"的拼音为 MAZDA(马自达),所以人们便习惯称为马自达。

马自达起初使用的车标,是在椭圆之中有双手捧着一个太阳,寓意马自达公司将拥有明天,马自达汽车跑遍全球。马自达公司与福特公司合作之后,采用了新的车标,椭圆中展翅飞翔的海鸥,同时又组成"M"字样。"M"是"MAZDA"第一个大写字母,预示该公司将展翅高飞,以无穷的创意和真诚的服务,迈向新世纪。

表 1-4-11　马自达汽车基本概况

	中国市场乘用汽车车型				
	小型	紧凑型	中型	跑车	MPV
	马自达 2	马自达 3、马自达 3 两厢	马自达 6、马自达 6 睿翼	MX-5、RX-8	马自达 5
	英文名　Mazda 品牌创建时间　1931 年 所属国家　日本 所属集团　福特汽车公司				

二、韩国乘用汽车品牌

以前,个大皮薄的韩国汽车,功率不大,发动机运行成本高,德国汽车人称它为亚洲皮。其实韩系车的设计、制造风格与日系车相类似,但经过韩国人自己的努力形成了独有的特点。韩国车除了兼顾日系车的省油、电子装备多以外,在成本控制方面比日系车做得更好,但零部件的耐久度却不及日系车,过度强调各种花俏的配置而牺牲了汽车的耐用程度,此外,与欧系汽车相比较,韩系汽车的小毛病比较多。

但是,近年来,韩国汽车产业通过迅速调整产业结构,不仅使企业的竞争力得到提高,而且增长方式也得到改变,由过去那种通过从外部借贷资金来扩大投资和生产规模、对产品进行大甩卖这种量的增长进而向一种新的质的增长转变。而这种新型的质的增长方式的核心是,品质胜于价格、内部资金优于外部资金、内部技术重于外部技术。追赶国际汽车巨头的核心也由过去的扩大设备投资开始转向技术的积累和开发。

人们对韩国汽车品质的评价也越来越好。关于品质,J. D. Power 公司有一个初期品质调查系数 IQS(Initial Quality Survey),这是根据该公司调查 90 天以内所有购车行为的消费者的满意度后所得出的数据。根据 J. D. Power 公司 2004 年的 IQS 调查,在对企业的评价这一项目中,现代汽车的 IQS 为 102,排名第二,仅次于丰田的 101。而且整个韩国汽车业的 IQS 也排在欧洲和美国汽车业的前面。在 1998 年,现代汽车的 100 辆汽车中有 272 处质量问题,而通过改善品质之后,2004 年这一数字已减至 117,六年间现代汽车的品质提高了

57%。由此可见,国际市场上人们对韩国汽车的印象已得到根本改善,而韩国汽车也已变成质优价廉的产品。

1. 现代(见表 1-4-12)

1967 年,韩国历史上最富传奇色彩的商业巨子郑周永先生一手创办现代汽车。与全球其他领先的汽车公司相比,现代汽车历史虽短,却浓缩了汽车产业的发展史,它从建立工厂到能够独立自主开发车型仅用了 18 年(1967~1985),并成为韩国最大的汽车集团,跻身全球汽车公司 20 强。

现代汽车公司创立于 1967 年,创始人郑周永。公司总部在韩国首尔,现任董事长郑周永,汽车年产量 100 万辆,主要产品有小马牌、超小马牌、斯拉塔牌小客车及载货车。目前现代汽车公司已发展成为现代集团,其经营范围由汽车扩展到建筑、造船和机械等领域。

现代汽车公司的标志椭圆内的斜字母 H 是现代公司英文名 HYUNDAI 的首个字母,椭圆既代表汽车转向盘,又可看作地球,两者结合寓意了现代汽车遍布世界。

表 1-4-12 现代汽车基本概况

	中国市场乘用汽车车型						
	小型	紧凑型	中型	中大型	豪华	跑车	SUV
	雅绅特	伊兰特	索纳塔、索纳塔领翔	雅尊、劳恩斯	雅科仕	劳恩斯-酷派、酷派	途胜、胜达、维拉克斯
	英文名 Hyundai 品牌创建时间 1967 年 所属国家 韩国 所属集团 现代汽车公司						

2. 起亚(见表 1-4-13)

起亚的名字,源自汉语,"起"代表起来,"亚"代表亚洲。因此,起亚的意思,就是"起于东方"或"起于亚洲"。源自汉语的名字、代表亚洲崛起的含义,正反映了起亚的胸襟——崛起亚洲、走向世界。

1998 年,起亚汽车公司与韩国最大的汽车公司——现代公司签定了股权转让协定,并且在 2000 年,与现代汽车公司一起成立现代·起亚汽车集团。集团包括现代汽车,起亚汽车和现代零件供应商以及 19 个与集团产业有关的核心公司,在市场上,起亚和现代以两个公司的方式独立运行操作。注入新的资金和管理方式后,起亚转变了原有形象,公司向着更加年轻活力的方向发展,1999 年 Rio 车型发布、2001 年 Sportage 参加巴黎一达喀尔拉力赛以及起亚老虎棒球队的成立,标志着起亚汽车公司有了新的气象,Optima、Carnival 和 Soranto 等车型更让起亚焕发了新的活力。2002 年起亚生产了其第一千万辆小汽车。2004 年,起亚斯洛伐克工厂开工,2006 年又宣布在美国建设生产线,2007 年,现代·起亚汽车集团成为世界第五大汽车生产集团。

表 1-4-13　起亚汽车基本概况

	中国市场乘用汽车车型					
	小型	紧凑型	中型	中大型	MPV	SUV
	锐欧、千里马	赛拉图、福瑞迪	远舰	欧菲莱斯	佳乐、嘉华、威客	索兰托、智跑狮跑、霸锐
	英文名　Kia 品牌创建时间　1944 年 所属国家　韩国 所属集团　现代汽车集团					

3. 双龙（见表 1-4-14）

双龙汽车公司主攻中高档四驱越野车和轿车市场，是 SUV、RV 汽车方面的领先制造商，主要产品有豪华轿车 CHAIRMAN，四驱越野车 REXTON，KORANDO，MUSSO 和豪华 MPV RODIUS 等。2005 年 1 月 27 日，上海汽车集团股份有限公司完成韩国双龙汽车公司的股权交割手续，获得双龙汽车 51.33% 的股份，正式成为其第一大股东。在进入上汽大家庭后，双龙将以"一条心，新起点，新挑战"作为新的价值观，充分发挥上汽股份和双龙双方的协同效应，在产品设计、零部件采购和营销网络等方面增强双方的整体竞争力。

目前双龙公司的生产能力为 21 万辆，其中四轮驱动车 10 万辆、轿车 5 万辆、重型商用车 1 万辆、轻型客车 5 万辆。计划以后将增加轿车的产量，使各种汽车生产总量达到 23 万辆。

表 1-4-14　双龙汽车基本概况

	中国市场乘用汽车车型	
	豪华车	SUV
	主席	爱腾、享御、路帝、雷斯特
	英文名　Ssangyong 品牌创建时间　1954 年 所属国家　韩国 所属集团　上海汽车集团	

4. 大宇（见表 1-4-15）

大宇汽车公司使用形似地球和正在开放的花朵标志，生产的汽车也使用这个标志作为商标。大宇标志象征高速公路大动脉向未来无限延伸，表现了大宇的未来和发展意志；椭圆代表世界、宇宙；向上展开的花朵体现了大宇家族的创造力和挑战意识；中部五个蓝色的实体条纹和之间的六条白色条纹，表示大宇在众多领域无限发展的潜力；蓝色代表年轻、活泼，而白色则代表同心协力和牺牲精神。整个标志表现了大宇家族的智慧、创造、挑战、牺牲的企业精神,表现出大宇集团的"儒家"风范。

现在,大宇 Daewoo 已成为美国通用汽车公司旗下品牌之一。

表 1-4-15　大宇汽车基本概况

	中国市场乘用汽车车型
	中国市场尚无该品牌车型的销售网络
	英文名　Daewoo 品牌创建时间　1966 年 所属国家　韩国 所属集团　通用汽车公司

三、中国乘用汽车品牌

(一) 中国乘用车市场主要自主品牌简介

目前中国自主品牌有吉利、奇瑞、长城和华晨等,它们的汽车制造技术已经兼容百味,融会贯通,完成复合性的技术积淀。

吉利最初从复制一款夏利起家,然后渐步换代升级,到自由舰这款车型,夏利车的元素已近耗散,在自由舰身上,便有所谓的亚欧风格,自由舰形成亚欧风格之后,其后推出的吉利金刚,其风格取向就是欧亚风格,然而归总来说,不管是亚欧风格还是欧亚风格,它就是地地道道的吉利风格。

与吉利异曲同工的是奇瑞,奇瑞出道晚于吉利,同为中国汽车市场前十强,且其排位还前于吉利。奇瑞的销量王 QQ 使奇瑞有若神助。QQ 仍是一款亚欧型的车,它历炼了从品牌到外形的风风雨雨,QQ 的成功是动漫时代的逸趣获取了都市青年的欢心。然而,到了旗云这一代,奇瑞的欧风美雨渐至,同样形成了奇瑞自己的风格。

长城汽车为中国民众普及了 SUV 的概念,过去人们都将吉普称之为越野车。如果说吉利率先扳倒了跨国公司与中方合资车的高价位,长城则率先狙击了北京吉普,北京吉普自此溃不成军,不论是其开发的城市猎人,还是勇士、切诺基。长城哈佛应该是欧亚兼具,尤其前轮设计彰显之霸气,它的成功也就顺理成章了。

中华汽车是第三条路线的开辟者,中华骏捷的主要特点是:

(1) 整车采用流线型设计,整车风阻系数可以达到 0.25 级别;"中"字形的格珊,延续了中华品牌的特色;时尚的前照灯,突破了大灯设计的传统;错落的尾灯,增加了整车的动感元素。

(2) 骏捷的工程设计是宾尼法利纳—德国 PORSCHE(保时捷)公司的御用设计师,而骏捷的工程设计底盘调校恰恰是由德国 PORSCHE(保时捷)负责完成的。车身也沿袭了以"厚实、硬朗"著称的欧派作风。

(3) 骏捷的测试验证为英国米拉公司。米拉公司可提供整车的设计开发、变形车设计和改进设计;整车管理系统、安全、悬架、电磁兼容性(EMC)等的开发和改进,并提供解决方案。米拉公司具有风洞、气候风洞、整车和汽车零部件疲劳试验台、电磁兼容试验室、正面和侧面碰撞试验室、整车与汽车零部件性能试验台和整车道路试验场。这些整车和汽车零部件试验设备为整车和汽车零部件开发和改进提供了可靠的保证。骏捷正是通过世界著名的第三方验证机构——MIRA(米拉公司)的验证,保证了整车的可靠性;与 MIRA 机构合作的试验包括发动机和悬架对比试验、整车性能评价、碰撞试验、车身密封试验、驾驶舒适性试验、车身扭转和弯曲刚度测试等。

(4) 骏捷的质量保证体系,由于"近水楼台"的独特优势,宝马与华晨公司展开了深度合作,骏捷在各个环节都引进了宝马的质量管理体系,甚至使用了共同的检测线和试车跑道。在制造过程中,华晨和宝马等外方工程师两套班子每周都要召开 AUDIT 审核会、质量控制测评和质量改进会,共同设计和执行质量改进流程。

在沈阳,华晨牌汽车东寻西觅,终于也找到了自己的造车风格,并为中国广大消费者所接受。

中国自主品牌汽车,除了上述四大天王之外,另外还有比亚迪和力帆。一汽的奔腾,上汽的荣威也是我国的国企自主品牌。

1. 吉利汽车(见表 1-4-16)

浙江吉利控股集团总部设在杭州,在浙江临海、宁波、路桥和上海、兰州、湘潭、济南、成都等地建有汽车整车和动力总成制造基地,在澳大利亚拥有 DSI 自动变速器研发中心和生产厂,拥有帝豪、全球鹰、英伦等三大品牌 30 多款整车产品。

表 1-4-16　吉利汽车基本概况

		主要生产车型		
吉利全球鹰	跑车	中国龙	美人豹	
	微型车	熊猫	全球鹰 GX2	
	紧凑型车	全球鹰 GC7	吉利远景	
	SUV	全球鹰 GX7		
	小型车	自由舰		
上海英伦	小型车	金刚	金鹰	英伦 SC5-RV
	紧凑型车	英伦 SC7	英伦 TX4	
帝豪	中型车	帝豪 EC8		
	紧凑型	帝豪 EC7	帝豪 EC7-RV	

2. 奇瑞汽车(见表 1-4-17)

表 1-4-17　奇瑞汽车基本概况

	主要生产车型			
奇瑞	微型车	QQ3	QQme	QQ6、旗云 1
	小型车	风云 2	奇瑞 A1	
	紧凑型	奇瑞 A3	奇瑞 E5	旗云 2、旗云 3
	中型车	东方之子	旗云 5	
	SUV	瑞虎		
瑞麒	小型车	瑞麒 M1	瑞麒 M5	
	紧凑型	瑞麒 G3		
	SUV	瑞麒 X1		
	中型车	瑞麒 G6	瑞麒 G5	
开瑞	微型面包车	开瑞优 优	开瑞优雅	优胜 II 代
	微型卡车	优劲		

奇瑞公司在国内建有芜湖、大连、开封和鄂尔多斯四大生产基地;在海外十五个国家和地区建成了 16 个工厂,具备年产 90 万辆整车、90 万台发动机的生产能力。

公司建立了 A00、A0、A、B、SUV 五大乘用车产品平台;拥有奇瑞、瑞麒、威麟和开瑞四大品牌,产品包括十三大系列二十六款车型。

3. 长城(见表 1-4-18)

长城汽车股份有限公司,是中国规模最大的民营汽车制造企业,也是国内首家在香港上市的民营汽车企业。公司以稳健经营而著称,连续 10 余年创造高增长和盈利的业绩,连续 3 年为保定市工业企业第一利税大户,是保定市最大的工业企业、河北省龙头企业。2004 年被评为"2004 民营上市公司十强","中国机械 500 强"排名第 57 位。在未合资的中国汽车企业中,长城汽车是最优秀的品牌之一。

长城汽车是国内规模最大的皮卡、SUV 专业厂商。公司下属控股子公司 20 余家,员工 20 000 多人,目前拥有 4 个整车生产基地(皮卡、SUV、轿车、MPV),2007 年产能达到 40 万辆。具备发动机、前后桥等核心零部件自主配套能力。

表 1-4-18　长城汽车基本概况

	主要生产车型					
小型车	长城 C20R	炫丽				
紧凑型	长城 C30	长城 C50				
MPV	长城 V8					
SUV	哈弗 M1	哈弗 M2	哈弗 M4	哈弗 H3	哈弗 H5	哈弗 H6
皮卡	风骏 3	风骏 5	金迪尔			

4. 华晨中华(见表 1-4-19)

目前,华晨中国汽车控股有限公司旗下拥有两个整车品牌、三大整车产品。这两个整车品牌即华晨金杯汽车有限公司生产的"中华"和"金杯"系列;三大整车产品包括拥有自主知识产权的中华轿车、国内同类车型中市场占有率按近 60% 的金杯海狮轻型客车、引进丰田高端技术生产的金杯阁瑞斯多功能商务车。

中华轿车车长 4.88m,优雅的造型是符合中国用户个性的动感车身,这款车风阻系数 0.293。在安全性能、动力性能及驾乘舒适性方面,这款车充分满足了日益增长的国内中高档轿车消费需求,在性价比方面具有卓越的市场竞争优势。

2003 年 3 月 29 日,中华轿车再推新晶,华贵型中华 2.4L 及华贵型中华 2.0L 正式上市。中华 2.4L 沿用了中华气派、典雅的外形,在动力性和内饰方面更上层楼,并增加了多种新配置。中华 2.4L 的推出标志着中华轿车同一车型产品系列化战略迈出重要一步。

表 1-4-19　中华汽车基本概况

		主要生产车型			
华晨中华	紧凑型	中华骏捷 FSV	骏捷 FRV	中华骏捷 CROSS	中华 H530
	中型	骏捷			
	中大型	尊驰			
	跑车	中华酷宝			
	SUV	中华 V5			
	MPV	阁瑞斯			

笔记

5. 华晨金杯（见表 1-4-20）

表 1-4-20 华晨金杯汽车基本概况

	主要生产车型		
	MPV	第三代 阁瑞斯 MPV	

6. 一汽轿车（见表 1-4-21）

一汽轿车股份有限公司简称一汽轿车，英文名称：FAW Car Co. Ltd. ，是中国第一汽车集团的控股子公司，是中国轿车制造业首家股份制上市公司，由一汽集团公司主要从事红旗轿车整车及其配件生产的优质资产重组成立。主要业务为开发、制造和销售轿车及其配件。公司于 1997 年 6 月 10 日在长春高新技术开发区注册成立。公司职工 7 300 余人，年生产能力 6 万辆。公司主导产品为红旗系列轿车及其补充型新产品。

"红旗"属于一汽的自有品牌、自有商标，诞生于 1958 年。"红旗"作为一汽的无形资产，自公司成立后，其品牌价值随着企业的经营业绩逐年提升，2003 年已经达到 52.48 亿元人民币，位居中国轿车制造业最有价值品牌首位。

表 1-4-21 一汽轿车汽车基本概况

	主要生产车型			
红旗	中大型	红旗盛世	世纪星	明仕
	豪华车	红旗旗舰		
一汽奔腾	中型	奔腾 B50		
	紧凑型	奔腾 B70		

7. 上海荣威（见表 1-4-22）

上汽汽车制造有限公司（简称上汽汽车）于 2006 年 2 月 22 日正式成立。上汽汽车由上海汽车集团股份有限公司（简称上汽（集团）股份）和上海汽车股份有限公司各投资 60% 和 40% 组建，初期投资为 36.8 亿元人民币。

上汽（集团）股份投资 18 亿元人民币建立的上汽工程研究院将和上汽海外研发中心将共同成为上汽汽车的技术研发基地，致力于自主品牌新产品研发和新能源汽车的研发，为上汽汽车自主品牌的长远发展提供强有力的技术保证。

上汽汽车作为国际化品牌的经营者,将依托上汽集团 20 多年合资合作所积累的技术、制造、采购、营销和管理优势,以国际化的视野,创造性地集成全球优势资源,以高品质的产品与服务,满足消费者高品位需求,以优秀的国际合作团队,打造中国汽车领导品牌,进而成为全球汽车业不可或缺的力量。

表 1-4-22　上海汽车基本概况

	主要生产车型		
	紧凑型	荣威 550	荣威 350
	SUV	荣威 W5	
	中型	荣威 750	荣威 950

8. 比亚迪(见表 1-4-23)

比亚迪汽车是香港上市公司——比亚迪股份的直属子公司。比亚迪股份公司创立于 1995 年,由 20 多人的规模起步,2003 年成长为全球第二大充电电池生产商,同年组建比亚迪汽车。今天,比亚迪股份公司在全球拥有员工 30 000 余人,公司市值已超过 150 亿元人民币。

比亚迪汽车遵循自主研发、自主生产、自主品牌的发展路线,矢志打造真正物美价廉的国民用车,产品的设计既汲取国际潮流的先进理念,又符合中国文化的审美观念。短短数年内,比亚迪汽车的产品线由原来单一的"福莱尔"微型轿车,迅速扩充为包括 A 级燃油车、C 级燃油轿车、锂离子电动汽车、混合动力汽车在内的全线产品。

表 1-4-23　比亚迪汽车基本概况

	主要生产车型		
	微型车	F0	福莱尔
	紧凑型	F3、G3、L3	比亚迪 F3R	比亚迪 G3R
	中型	F6	G6
	SUV	S6	
	MPV	E6	M6
	跑车	S8	

9. 力帆(见表 1-4-24)

重庆力帆集团是中国最大的民营企业之一,成立于 1992 年。历经十多年的艰苦奋斗,已迅速发展成为融汽车、摩托车的研发、生产、销售(包括出口)为主业,并投资于金融业的大型民营企业。2007 年,力帆集团统计销售收入 121.6 亿元人民币,发动机产销量 306 万台,出口创汇 4.096 亿美元,拥有专利 4 061 项,上述四项指标均居全国同行领先地位。目前,力帆集团已有员工 13 715 人,拥有一个国家级技术中心,连续多年入选中国 500 强企业。

表 1-4-24　力帆汽车基本概况

	主要生产车型	
	小型	力帆 320
	紧凑型	力帆 520
		力帆 620

10. 双环(见表 1-4-25)

双环汽车成立于 1988 年 4 月,全称为石家庄双环汽车股份有限公司。双环长期从事商务旅行车研发,先后开发出来福、来旺商用车、S-RV 休闲旅行车。2005 年,研发的 SUV 经典车 SCEO,多次被评为最受欢迎的经济型 SUV。2007 年又推出了双环的第一辆微轿跑——小贵族,创造了中国微车的六个第一,为双环拓展市场打开了更大的空间。

表 1-4-25　双环汽车基本概况

	主要生产车型		
	微型车	小贵族	
	SUV	来宝	SCEO

(二)中国乘用车市场主要合资品牌简介

1. 北京奔驰—戴克(见表 1-4-26)

北京奔驰—戴姆勒·克莱斯勒汽车有限公司是北京汽车工业控股有限责任公司与戴姆勒·克莱斯勒股份有限公司、戴姆勒·克莱斯勒(中国)投资有限公司的中、美、德合资经营企业。其前身北京吉普汽车有限公司创立于 1983 年 5 月 5 日,1984 年 1 月 15 日开始营业,是中国汽车行业第一家中外合资企业。作为中国汽车工业在新世纪发展的重大里程碑,2005 年 6 月,国家商务部和北京市工商局正式批准北京吉普汽车有限公司重组、变更为北京奔驰—戴姆勒·克莱斯勒汽车有限公司。其中:北京汽车工业控股有限责任公司出资占注册资本的 50%,戴姆勒·克莱斯勒公司一方出资占注册资本的 50%。

北京奔驰—戴姆勒·克莱斯勒汽车有限公司拥有一支由中外双方共同组成的强大的国际化专业管理团队。北京奔驰公司将发扬"勇于创新、敢为人先"企业精神,秉承"传承经典、演绎完美"的经营理念,坚持"同一品牌、同一品质"的质量方针,坚持"观念创新、营销创新、产品创新、人才创新、方法创新"的管理方针,坚持"以个性化的服务提升品牌价值"的服务方针,以"实现顾客、股东、员工的最大价值"为经营宗旨,来实现"打造世界第一品牌、创建世界级汽车公司"的经营目标。

表 1-4-26　北京奔驰—戴克汽车基本概况

		主要生产车型	
		中型	奔驰 C 级
		中大型	奔驰 E 级
		SUV	奔驰 GLK 级
		豪华	克莱斯勒 300C

2. 北京现代（见表 1-4-27）

北京现代汽车有限公司是由北京汽车投资有限公司和韩国现代自动车株式会社共同出资设立的，中韩双方各占 50%，企业性质为中外合资经营企业，合资期限为 30 年。

表 1-4-27　北京现代汽车基本概况

	主要生产车型		
	小型	瑞纳	
	紧凑型	悦动	伊兰特	朗动
	中型	索纳塔八	领翔	名驭
	SUV	途胜	北京现代 ix35	

3. 东风本田（见表 1-4-28）

东风本田汽车武汉有限公司由东风汽车工业投资有限公司与日本本田技研工业株式会社通过改组改造原武汉万通汽车有限公司，于 2003 年 7 月 16 日组建成立的的公司。双方将新增投资，对原有二厂改造后，生产 HONDA 车型。起步产品为 CR-V 运动型多功能车，2004 年上半年正式投产，规划年产量 3 万台。公司成立后，大规模工厂改造已经全面展开，目前已形成整车焊装、涂装、总装、检测与发动机装配能力，投产时国产化率达到 40% 以上。公司遵从中国汽车产业发展政策，按照滚动发展的方针，将陆续导入本田其他极具竞争力的车型，不断扩大生产规模，并逐步增加冲压和大塑件的生产能力。

表 1-4-28　东风本田汽车基本概况

	主要生产车型	
	中型车	思铂睿
	紧凑型车	CIVI 思域
	SUV	CR-V
	MPV	艾力绅

4. 东风日产（见表 1-4-29）

东风日产是中国东风汽车公司与日本日产汽车公司的合资企业，创立于 2003 年 6 月 9 日，注册资本 167 亿元人民币，是迄今为止中国汽车行业合作规模最大、合作领域最广、产品最全的合资项目。目前，东风日产拥有员工 7 000 余人，从事乘用车的研发、采购、制造、销售、服务业务。东风日产乘用车公司拥有广州花都和湖北襄樊两个生产基地，由冲压、焊装、涂装、总装、树脂五大车间组成。自诞生之日起，东风日产乘用车公司就立志成为中国乘用车市场的最佳品牌之一。覆盖包括小型车、中型车、大中型车、MPV、SUV 等领域。

表 1-4-29　东风日产汽车基本概况

	主要生产车型		
紧凑型车	骐达	轩逸	阳光
中型车	天籁		
MPV	骊威		
SUV	奇骏	逍客	楼兰 Murano
小型车	玛驰		

5. 神龙汽车（见表 1-4-30）

神龙汽车有限公司，1992 年 5 月 18 日成立。2002 年 10 月 25 日，由中国东风汽车公司与法国雪铁龙公司的合资合作提升为与法国 PSA 标致雪铁龙集团的合资合作，合资企业的中文名称不变（以下简称"神龙公司"），英文名称为"DONGFENG PEUGEOT CITROEN AUTOMOBILE COMPANY LTD"（缩写为"DPCA"）。

表 1-4-30　神龙汽车基本概况

	主要生产车型			
东风雪铁龙	紧凑型车	世嘉	爱丽舍	
	中型车	雪铁龙 C5		
	MPV	毕加索		
	小型车	雪铁龙 C2		
东风标致	小型	标致 207		
	紧凑型	标致 307	标致 308	标致 408
	中型	标致 508		

6. 东风悦达起亚（见表 1-4-31）

东风悦达起亚汽车有限公司系由东风汽车公司、江苏悦达投资股份有限公司、韩国起亚自动车株式会社共同组建的中外合资轿车制造企业。现已建成冲压、焊装、涂装、总装、检测等先进生产线，具备年产 13 万辆轿车的能力。主产品嘉华、远舰、赛拉图、千里马、RIO 千里马系列车型均引自韩国起亚，以先进技术精心打造，竞争力极强。

表 1-4-31 东风悦达起亚汽车基本概况

	主要生产车型		
小型	起亚 K2	RIO 锐欧	秀尔
紧凑型	福瑞迪	赛拉图	
中型	起亚 K5		
SUV	狮跑	智跑	
MPV	嘉华		

7. 广州本田（见表 1-4-32）

广州本田汽车有限公司由广州汽车集团公司和本田技研株式会社按 50∶50 的股比合资建设和经营，于 1998 年 7 月 1 日正式挂牌成立。首期工程总投资 22.775 亿元人民币，注册资本 11.6 亿元人民币，合资年限 30 年。广州本田现有员工 4 100 多人，占地面积 58 万 m^2。拥有研究开发中心、排放试验室等强大技术研发力量和冲压、焊接、注塑、涂装、总装、整车检测等先进工艺生产车间，以及物流配送中心、综合培训中心等辅助设施。目前，广州本田已达到年产 24 万辆汽车的生产能力。生产的车型有 2003 年全面换型的新一代雅阁（Accord）轿车系列、多人乘坐多功能轿车奥德赛（Odyssey）以及汇聚 Honda 最新技术的精巧型轿车 Fit Saloon（飞度）等车型。

表 1-4-32 广州本田汽车基本概况

	主要生产车型	
小型	飞度	
紧凑型	思迪	锋范
中型车	雅阁	歌诗图
MPV	奥德赛	

8. 广州丰田（见表 1-4-33）

广州丰田汽车有限公司成立于 2004 年 9 月 1 日，由广汽集团与日本丰田汽车公司各出资 50% 组建，注册资本 13 亿元人民币。公司位于广州南沙区，占地面积 187 万 m^2，建筑面积 21 万 m^2，起步产能 20 万辆/年。目前共有员工 4 000 余人。

表 1-4-33 广州丰田汽车基本概况

	主要生产车型	
小型	雅力士	
SUV	汉兰达	
中型	凯美瑞	
MPV	逸致	

9. 上海大众（见表 1-4-34）

上海大众汽车有限公司（以下简称上海大众）是中德合资的轿车生产企业，成立于 1985 年 3 月。公司中德双方的投资比例各占 50%，合同期限为 25 年。2002 年 4 月 12 日，中德投资双方修订和延长了上海大众合营合同签订协议，合营期延长至 2030 年。2004 年 5 月 2 日，中德合资双方签订了新增 15 亿元人民币注册资本的合同。经过六次增资，上海大众的注册资本将达到 78 亿元人民币。

表 1-4-34　上海大众汽车基本概况

	主要生产车型				
小型	高尔	CrossPolo			
紧凑型	朗逸				
中型	POLO	PASSAT 领驭	桑塔纳	帕萨特	桑塔纳志俊
MPV	途安				
SUV	途观				

10. 上海通用（见表 1-4-35）

上海通用汽车有限公司成立于 1997 年 6 月 12 日，由上海汽车工业（集团）总公司、通用汽车公司各出资 50% 组建而成。

表 1-4-35　上海通用汽车基本概况

		主要生产车型	
上海通用别克	紧凑型	英朗 GT、英朗 XT	凯越
	中型	君威	君越
	中大型	林荫大道	
	MPV	GL8	
上海通用雪佛兰	微型	乐驰	
	小型	赛欧	爱唯欧
	紧凑型	科鲁兹	
	中型	景程	迈锐宝
	SUV	科帕奇	
上海通用凯迪拉克	中大型	SLS 赛威	
上海通用五菱	紧凑型	宝骏 630	

笔记

11. 一汽大众（见表 1-4-36）

一汽大众汽车有限公司是由第一汽车集团公司和德国大众公司共同合资经营的大型轿车生产企业，一汽集团公司占 60% 的股份，德国大众康采恩集团占 40% 的股份。其中，德国大众公司占 20% 的股份，奥迪公司占 10% 的股份，大众汽车（中国）投资有限公司占 10% 的股份。

表 1-4-36　一汽大众汽车基本概况

		主要生产车型			
一汽大众 及标志	一汽大众	紧凑型	宝来	速腾	高尔夫	捷达
		中型	迈腾	一汽大众 CC		
		MPV	开迪			
	一汽奥迪	中型	奥迪 A4L			
		中大型	奥迪 A6L			
		SUV	奥迪 Q5			

12. 天津一汽（见表 1-4-37）

天津一汽夏利汽车股份有限公司是中国第一汽车集团公司控股的经济型轿车制造企业，是一家集整车制造、发动机、变速器生产、销售以及科研开发于一体的上市公司。

表 1-4-37　天津一汽汽车基本概况

	主要生产车型		
天津一汽 标志	小型	威志	威乐	威姿

13. 一汽丰田（见表 1-4-38）

2002 年 8 月，一汽集团与丰田汽车公司签署了战略合作协议，双方共同制订了到 2010 年在中国的合作项目要达到中国市场占有率 10% 的宏伟目标。一汽丰田汽车有限公司作为两大集团战略合作的重点企业。

表 1-4-38　天津一汽丰田汽车基本概况

	主要生产车型		
天津一汽丰田 标志	小型	威驰	
	紧凑型	卡罗拉	花冠
	中型	锐志	
	中大型	皇冠	
	SUV	一汽丰田 RAV4	兰德酷路泽	普拉多

14. 长安铃木(见表 1-4-39)

1993 年 5 月,由重庆长安汽车有限责任公司与日本铃木株式会社、日商岩井株式会社合资组建了重庆长安铃木汽车有限公司,主要生产、销售系列经济型轿车及零部件。合资公司合营期限 30 年,第一期建设投资总额 17 000 万美元,注册资本 5 998 万美元。公司 1993 年 6 月奠基,1994 年 6 月开始建线。

表 1-4-39　长安铃木汽车基本概况

	主要生产车型		
长安铃木	微型	奥拓	
	小型	羚羊	雨燕
	紧凑型	天语 SX4	天语尚悦

15. 长安福特(见表 1-4-40)

2001 年 4 月,福特汽车公司和中国的百年企业—长安汽车集团共同签约成立了长安福特汽车有限公司(长安福特),并于 2003 年初正式投产。2006 年 3 月,马自达汽车公司参股长安福特,公司正式更名为"长安福特马自达汽车有限公司"(长安福特马自达汽车),三方持股比例为:长安 50%,福特 35%,马自达 15%。

表 1-4-40　长安福特汽车基本概况

		主要生产车型		
长安福特	长安福特	小型	嘉年华	
		紧凑型	福克斯	
		中型	蒙迪欧-致胜	
		MPV	麦柯斯	全顺
	长安马自达	小型	马自达 2 劲翔	马自达 2
		紧凑型	马自达 3	马自达 3 星骋

16. 长安汽车(见表 1-4-41)

长安汽车股份有限公司是一家研发、制造、销售乘用车、商用车及发动机的汽车企业,主要产品包括长安之星、奔奔、杰勋、志翔等自主品牌汽车。

表 1-4-41　长安汽车基本概况

	主要生产车型			
微型	奔奔 LOVE	奔奔 MINI		
紧凑型	悦翔 V3	悦翔	逸动	长安 CX30
小型	长安 CX20			

17. 华晨宝马（见表 1-4-42）

华晨宝马汽车有限公司是宝马集团和华晨中国汽车控股有限公司共同投资成立的合资企业,从事 BMW 品牌汽车的制造、销售和售后服务。其生产厂设在辽宁省省会沈阳市。宝马集团与其中方合作伙伴分别持有合资公司 50％的股权。

表 1-4-42　华晨宝马汽车基本概况

	主要生产车型	
中型		宝马 3 系
中大型		宝马 5 系
SUV		宝马 1 系

任务回顾

（1）汽车品牌种类很多,各品牌所属车型和年款就更多。各品牌之间的差异主要体现在汽车的品牌价值。

（2）欧系汽车品牌的共同特点是:欧洲人制造汽车的理念是强调技术上的先进性和高度安全性。汽车产品设计较为严谨、科学,质量非常可靠,工艺非常先进,零部件的选材比较严格,拥有良好的技术性和耐久性。缺点是过度依赖技术和设计的先进性,选材不计成本,所以车价偏高。

（3）美系车最大的特点就是强调舒适性和动力性,兼顾安全性。美国车往往车身较为庞大、悬挂系统和隔音设计非常出色,发动机强调大排量、大功率,安全性也非常好。缺点:过分的强调大功率和大车身往往导致美国车给人以油耗大的坏印象。

（4）亚系车中的日本车就像皮肤会变色的动物,对周围环境的适应性很强,在美国是美国味,在欧洲带有欧洲风格,在中国则具有中国特色,能迎合各地的消费者。这应该算是日本车一个最突出的特点。

实操训练任务实施步骤

1. 完成实操训练任务

实操项目1：认识汽车品牌和车型

班级		成绩	
姓名		指导教师签名	
日期			

1. 实训目标

(1) 掌握汽车品牌与车型、年款的基本知识。

(2) 熟悉汽车用户使用说明书的使用方法。

(3) 了解汽车各品牌的品牌价值。

2. 仪器和设备

汽车整车、用户使用说明书、汽车品牌教学挂图等。

3. 操作并填写

(1) 丰田是一个汽车 _____，卡罗拉是丰田品牌下属的一个 _____。请你写出本田汽车品牌下属的其他车型：

_____

_____

_____

(2) 同一品牌、同一车型，不同各年款的汽车有哪些不一样？

_____

_____

_____

(3) 从中国汽车行业品牌全景调查结果能够看出各种不同品牌汽车和车型的品牌价值，为什么？

_____

_____

_____

_____

(4) 查阅互联网，在全球百大品牌排行榜中，有哪些汽车品牌？

_____

_____

_____

_____

_____

实操项目 2:欧系汽车品牌和车标认识

班级		成绩	
姓名		指导教师签名	
日期			

1. **实训目标**

   (1) 掌握汽车品牌与车型、年款的基本知识。

   (2) 熟悉欧系汽车品牌和常见车型。

   (3) 了解欧系汽车制造理念及其技术上的先进性和安全性。

2. **仪器和设备**

   汽车整车、用户使用说明书、汽车品牌教学挂图等。

3. **操作并填写**

   (1) 世界上公认的两款安全汽车品牌是哪两个?

   _____

   _____

   _____

   (2) 为什么说意大利汽车的外观造型是全世界最激动人心的?

   _____

   _____

   _____

   (3) 为什么说法国汽车企业足以和德国老牌汽车企业并驾齐驱?

   _____

   _____

   _____

   _____

   (4) 劳斯莱斯、宾利、莲花等英国品牌汽车企业为什么大部分都卖到了国外?

   _____

   _____

   _____

   _____

   _____

实操项目 3:美系汽车品牌和车标认识

班级		成绩	
姓名		指导教师签名	
日期			

1. **实训目标**

(1) 掌握汽车品牌与车型、年款的基本知识。

(2) 熟悉美系汽车品牌和常见车型。

(3) 了解美系汽车制造理念及其特点。

2. **仪器和设备**

汽车整车、用户使用说明书、汽车品牌教学挂图等。

3. **操作并填写**

(1) 美系汽车造车理念是:

_____

_____

_____

(2) 我国汽车市场常见美系汽车品牌有:

_____

_____

_____

(3) 被业界誉为"越野车王"的悍马汽车民用车型主要有:

_____

_____

_____

_____

_____

(4) 查阅互联网,说说福特 T 型车的装配流水作业方式对汽车行业乃至对全世界工业生产模式有什么影响?

_____

_____

_____

_____

_____

_____

实操项目 4:亚系汽车品牌和车标认识

班级		成绩	
姓名		指导教师签名	
日期			

1. 实训目标

(1) 掌握汽车品牌与车型、年款的基本知识。

(2) 熟悉亚系汽车品牌和常见车型。

(3) 了解亚系汽车制造理念及其技术特点。

2. 仪器和设备

汽车整车、用户使用说明书、汽车品牌教学挂图等。

3. 操作并填写

(1) 简述日本汽车的特点。

_____

_____

(2) 为什么国际市场上人们对韩国汽车的印象已得到根本改善,而韩国汽车也已变成质优价廉的产品?

_____

_____

_____

_____

(3) 中国自主汽车品牌主要有哪些?

_____

_____

(4) 丰田、日产、本田汽车品牌各有一款豪华汽车子品牌,试说出它们的名称,并描述这三款子品牌的竞争优势。

_____

_____

_____

_____

_____

2. 考核与评估

1）检查训练任务：真实、完整、有效；

2）按各学习活动进行自评或互评。

评价指标	考核说明	考核记录
基本知识点考核	汽车品牌、车型、年款、换代 汽车品牌价值及其评价 欧洲汽车品牌及其造车理念 美洲汽车品牌及其造车理念 亚洲汽车品牌及其造车理念	

评价内容	检验指标	权重	自评	互评	总评
检查任务 完成情况	1. 完成任务过程情况				
	2. 任务完成质量				
	3. 在小组完成任务过程中所起作用				
专业知识	1. 能描述汽车品牌、车型、年款之间的关系				
	2. 能描述汽车品牌价值并给予评价				
	3. 掌握欧洲汽车品牌及其造车理念				
	4. 掌握美洲汽车品牌及其造车理念				
	5. 掌握亚洲汽车品牌及其造车理念				
职业素养	1. 学习态度：积极主动参与学习				
	2. 团队合作：与小组成员一起分工合作，不影响学习进度				
	3. 现场管理：服从工位安排、执行实训室"5S"管理规定				
综合评议 与建议					

思考与训练

思考题

1）汽车品牌名称与汽车生产厂商名称有什么区别？

2）乘用汽车主要有哪些车型？

3）各大汽车厂商为什么不惜成本制造概念车？

4）MPV 汽车与 SUV 汽车的外形特征有何不同？

5）历数世界著名跑车品牌及其经典车型。

6）比较欧系汽车、美系汽车和亚系汽车的特点。

7）什么是汽车的换代产品？现在在产的丰田凯美瑞是第几代产品？

8）我国民族自主品牌主要有哪些汽车品牌和车型？

9）中国汽车行业品牌全景调查 2009 年综合动力指数排名前五名是哪些品牌？

10）什么是品牌溢价，2009 年我国汽车市场经济型汽车品牌溢价前三名是哪些品牌？

11）在 Inter 网上查阅我国汽车市场高端产品品牌历年获奖情况。

拓展提高

同学们可以经常浏览各大汽车网站或某些网站的汽车频道，了解最新汽车品牌和车型的相关信息。这些网站主要有：汽车之家，车 168，搜狐汽车频道，新浪汽车频道等。

笔记

项目二 汽车结构与性能

学习目标

通过本单元任务的学习,你将掌握汽车的基本结构知识,掌握汽车组成的四大组成部分——发动机、底盘、车身与电气。同时,初步了解组成汽车的各部分对汽车主要性能的影响。

☆ **期待效果**

通过对汽车基本结构基本知识和它们对汽车主要性能的影响的学习,能使学生对汽车的基本结构进行全面的了解,对汽车性能有初步的认识,对影响汽车性能的主要部件及其配置有较深的理解。

项目理解

任务 2.1:对于汽车行业从业者而言,学习汽车的总体构造及行驶原理是一项最基本的任务。汽车是由成千上万个零件组成的结构复杂的行驶机器。根据其动力装置、运送对象和使用条件的不同,汽车的外形和总体构造有较大的差异,但它们的基本结构是相同的,通常都是由发动机、底盘、车身、电气设备四大部分组成。

另外,要使汽车行驶,必须具备两个基本行驶条件:驱动条件和附着条件。汽车必须产生足够的驱动力才能克服各种行驶阻力,维持汽车的正常行驶。汽车行驶时也会遇到各种各样的阻力,汽车行驶的过程就是驱动力克服各种行驶阻力的变化过程。当驱动力等于阻力时,汽车匀速行驶;当驱动力大于阻力时,汽车加速行驶;当驱动力小于阻力时,汽车减速行驶乃至停驶。但是,驱动力的最大值一方面取决于发动机可能发出的最大转矩和变速器换入最低档时的传动比,另一方面又受轮胎与地面的附着作用限制。

任务 2.2:发动机是汽车动力的核心总成。燃料在气缸内燃烧,使燃料的化学能转化成热能,最终转变为机械能并输出。目前大部分汽车使用的是往复活塞式四冲程内燃机,这种往复活塞式四冲程内燃机通常都是由曲柄连杆机构、配气机构两大机构及燃油供给系、点火系、润滑系、冷却系、起动系等五大系统组成。

随着科学技术的进步,尤其是电子技术的发展,汽车发动机已经由最原始的机械总成演变成了机电一体化总成,目前大多数发动机不但包括多种电子控制系统,如电控燃油喷射系统、电控点火系统、废气再循环系统等,而且还通过 CAN 网络技术与其他控制系统(巡航控制系统、ABS 防抱死控制和车身悬挂控制系统等)相连,实现了全车智能化。

比功率是汽车发动机最大功率与汽车总质量之比,是衡量汽车动力性能的一个综合指标。一般来讲,汽车的比功率越大,汽车的动力性能就越好。

　　发动机转矩越大,汽车的驱动力也越大,加速性能愈好,爬坡能力愈强,反映汽车的动力性能就越好。

　　发动机的油耗率越低,则在其他条件相同的情况下,整车的油耗也就低。

　　任务2.3:汽车底盘的作用是支承、安装汽车发动机及其各部件、总成,形成汽车的整体造型,并接受发动机的动力,使汽车产生运动并按驾驶员的操控而正常行驶的部件。

　　汽车底盘由传动系、行驶系、转向系和制动系四部分组成。

　　汽车传动系主要影响汽车的动力性及其操控表现,并与发动机相互匹配决定整车的经济性。

　　汽车行驶系主要影响汽车的平顺性,并与转向系相互匹配决定整车的操纵稳定性。

　　汽车转向系主要影响汽车的操纵稳定性。

　　汽车制动系主要影响汽车的制动性和安全性。新型汽车制动系装备许多电控系统,同样还影响汽车的操纵稳定性。

　　任务2.4:随着时代发展,人们文化生活水平提高,用户对汽车这个运动的物体已不单单满足于它的性能,对汽车车身的审美意识已提到一个很高的层次:近年来,在国内外举办的车展上,多种多样的车身外形向人们展示了一个五彩缤纷的艺术世界。不难看出,汽车车身已经成为一个单独的学科,需要更多的人去开拓。

　　汽车车身是用来运送人员或货物的建筑性结构。作为运送人员或货物的建筑性结构,其内部当然必须有驾驶员工作和容纳乘客或货物的场所,有便于驾驶员的操作和载人(或货物)的良好环境,具备隔绝振动、噪声,抵抗恶劣气候影响的能力,还必须在外形上具备建筑物的艺术风格和特点。这些可归结为三点:①艺术性和节能性;②安全性和可靠性;③舒适性和静谧性。

　　任务2.5:汽车电器主要由电源、启动、仪表、点火、照明信号、电气设备线路等组成。近年发展起来的汽车各种电控系统,进一步拓展了电器在汽车上的应用空间。

　　进入21世纪以来,汽车设计主要解决的问题仍然是环保和安全问题。电子技术的发展,为汽车向电子化、智能化、网络化的方向发展创造了条件。机械系统的发展空间已经非常的有限,只有引进电子技术,汽车的性能及安全、舒适、环保等指标才能进一步的提高。随着电子信息技术的发展,几乎所有先进的电子信息技术及设备均可应用在汽车上。据国外专家预测,未来汽车上装用的电子装置成本将占整车成本的25%以上,汽车将由单纯的机械产品向高级的机电一体化产品方向发展。

任务2.1　汽车的总体构造及行驶原理

知识目标

● 能知道汽车构成的四大部分。

● 能初步理解汽车行驶的基本原理。

● 能知道汽车的驱动力与附着力的关系。

能力目标

● 能够运用所学知识讲清汽车四大组成部分的基本功用,讲清汽车驱动力的源泉,汽车能得到驱动力的必要条件,能分析汽车得不到发动机所提供的应有驱动力的原因。

▓ 情境描述

面对一辆实车,应能够正确地向客户介绍和指认组成汽车的四大部分,理清各部分的连接关系,阐述各部分的基本作用,言明意简地向客户说明汽车行驶的基本原理、驱动与附着的关系。

▓ 任务剖析

正确地区分组成汽车的四大部分,理清各部分的连接关系,有利于快速购置或更换汽车零部件,有利于快速查找、分析汽车的故障所在。对于顾客来说,便于比较各品牌车型之间的优缺点。

▓ 任务载体

任务载体为实车以及各总成。有条件的学校或培训场所,还可以配置老式三类底盘。

主要总成列置如下:

发动机总成,车身总成,行驶系总成,转向系总成,制动系总成,变速器、离合器总成、万向传动装置总成、主减速器总成、电器总成等。

▓ 相关知识

一、汽车的总体构造

汽车是由成千上万个零件组成的结构复杂的行驶机器。根据其动力装置、运送对象和使用条件的不同,汽车的外形和总体构造有较大的差异,但它们的基本结构是相同的。通常都是由发动机、底盘、车身、电气设备四大部分组成。典型轿车的整体结构如图 2-1-1 所示。

发动机可以说是汽车整车的"心脏",是车辆行驶的动力源,燃料的化学能在气缸内燃烧变成热能推动活塞运动转变成机械能。目前,国内外汽车采用的发动机大多数为活塞式内燃机,它一般由机体组、曲柄连杆机构、配气机构、燃料供给系、点火系(汽油机采用)、冷却系、润滑系、启动系等部分组成。

底盘是汽车的基础,由传动系、行驶系、转向系和制动系组成,底盘与其相关的所有机件都装在车身上,发动机也安装在车身上。传动系的功用是将发动机的动力传递给驱动车轮,包括离合器、变速器、传动轴、驱动桥(含主减速器、差速器及半轴)等部件。行驶系的功用是将汽车各总成及部件连成一个整体并对全车起承担作用,以保证汽车正常行驶,包括车架、悬架、车桥壳体、车轴、车轮等部件。转向系的功用是确保汽车按照驾驶员选择的方向行驶,包括转向盘、转向器及转向传动装置。

制动系的功用是使汽车迅速减速或停车,并保证驾驶员离去后汽车能可靠地停住,每辆

笔记

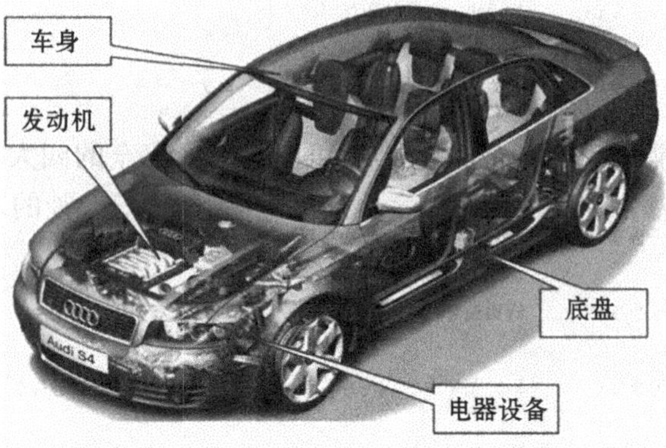

图 2-1-1　典型轿车的整体结构

汽车的制动系都包括若干个相互独立的制动系统,每个制动系统都由供能装置、控制装置、传动装置及制动器组成。

车身是汽车的壳体,是驾驶员工作的地方,也是装载乘客和货物的场所。车身应为驾驶员提供方便的操作条件,并为乘客提供舒适安全的环境和保证货物完好无损。轿车和客车通常是一个整体车身,而货车车身常由驾驶室和货箱组成。

电气设备一般由电源(蓄电池、发电机)、启动系统、点火系统、空调以及照明、信号装置、音响等用电设备构成。但是,现在汽车上越来越多的装有各种电子设备,如发动机电控燃油喷射系统、电控点火系统、巡航系统等,底盘的电控转向系统、ABS 系统、SRS 系统等,它们用以管理汽车各部分的工作,显著提高了汽车的性能。

二、汽车的行驶原理

要使汽车行驶,必须具备两个基本行驶条件:驱动条件和附着条件。

（一）驱动条件

汽车必须产生足够的驱动力才能克服各种行驶阻力,维持汽车的正常行驶。

1. 汽车的行驶阻力

汽车行驶时会遇到各种各样的阻力,主要包括:滚动阻力(F_f)、空气阻力(F_w)、上坡阻力(F_i) 和加速阻力(F_j)。

$$\sum F = F_f + F_w + F_i + F_j$$

滚动阻力(F_f) 主要是由于车轮滚动时轮胎与路面之间相互变形而产生,主要与轮胎的材质和结构型式、车轮载荷、轮胎气压、路面的状况等因素有关。

空气阻力(F_w) 是由于汽车行驶时与其周围的空气相互作用而产生,主要与汽车的外形、汽车的行驶速度等因素有关。

上坡阻力 F_i 是汽车重力沿坡道上的分力,主要与汽车的总质量有关。

加速阻力(F_j) 是汽车加速行驶时产生的惯性力,包括平移质量引起的惯性力以及旋转质量引起的惯性力矩。主要与汽车加速时的加速度有关。

2. 驱动力(F_t)

汽车的驱动力由发动机产生。发动机发出的转矩通过传动系传到车轮上，驱动车轮旋转。驱动轮上的转矩(M_t)在驱动轮与地面接触处向地面施加一个作用力(F_0)，其数值为(M_t)与车轮半径(r)之比：

$$F_0 = \frac{M_t}{r}$$

与此同时，地面对车轮施加一个与(F_0)数值相等、方向相反的反作用力(F_t)，(F_t)就是驱动力，如图 2-1-2 所示。

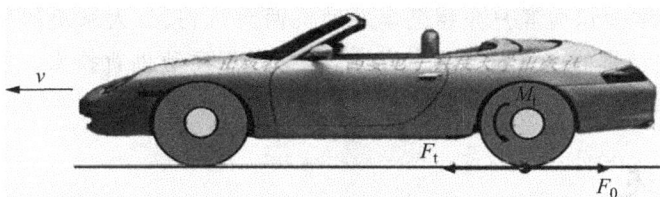

图 2-1-2 汽车驱动力示意图

汽车行驶的过程就是驱动力克服各种行驶阻力的变化过程。当 $F_t = F$ 时，汽车匀速行驶；当 $F_t > F$ 时，汽车加速行驶；当 $F_t < F$ 时，汽车减速行驶乃至停驶。

（二）附着条件

驱动力的最大值一方面取决于发动机可能发出的最大转矩和变速器换入最低挡时的传动比，另一方面又受轮胎与地面的附着作用限制。

当汽车行驶在平整干硬路面上，车轮的附着作用是由于轮胎与路面间存在着摩擦力。这个摩擦力阻碍车轮的滑动，使车轮能够正常地向前滚动并承受路面的反作用力 —— 驱动力。如果驱动力大于摩擦力，车轮与路面之间就会发生滑动。在松软的地面上，除了轮胎与地面间的摩擦之外，还加上嵌入轮胎花纹凹部的软地面凸起部所起的抗滑作用。由附着作用所决定阻碍车轮滑动的力的最大值称为附着力，用 F_φ 表示。附着力与车轮承受垂直于地面的法向力 G（称为附着重力）成正比：

$$F_\varphi \propto G_\varphi$$

由此可知，附着力是汽车所能发挥驱动力的极限，其表达式为

$$F_t \leqslant F_\varphi$$

此式称为汽车行驶的附着条件。

在冰雪或泥泞的路面上，由于附着力很小，汽车的驱动力受到附着力的限制而不能克服较大的阻力，导致汽车减速甚至不能前进，即使加大节气门开度或换入低挡，车轮只会滑转而驱动力不会增大。

为了增加车轮在冰雪路面上的附着力，可采用特殊花纹的轮胎、镶钉轮胎或者在普通轮胎上绕装防滑链，以提高对冰雪路面的附着作用。非全轮驱动汽车的附着重力仅为分配到驱动轮上的那一部分汽车总重力，而全轮驱动汽车的附着重力则为全车的总重力，因而其附着力较前者显著增大。

任务2.2　发动机与汽车性能

知识目标

- 知道汽车发动机构成的两大机构与五个系统。
- 初步理解活塞式汽车发动机工作的基本原理。
- 知道汽车发动机的性能指标与汽车性能的关系。

能力目标

- 能够运用所学知识向客户介绍汽车发动机两大机构、五大系统的作用和基本工作过程，能够介绍电控发动机的基本构架及其优点，能够介绍发动机新技术。能够阐述汽车发动机的性能指标与汽车性能的关系。

情境描述

对于两辆或多辆装用不同品牌发动机的汽车，怎样辨识它们各自的优缺点？我们当然应该首先分析品牌排名其性能指标，如扭矩、功率、油耗等，然后应比较其他参数、布置形式及其所采用的新技术等。最终，根据各项指标参数的综合情况，判断各发动机的优劣，并据此可分析整车的性能。

任务剖析

汽车发动机毕竟只是整车的一个总成。因此，先进发动机必须与汽车底盘等总成相互匹配才能发挥其应有的优势。我们在学习发动机结构及其性能时，应该联系汽车整车性能来分析其性能优劣，不能以偏概全。

任务载体

该任务以四行程活塞式直列水冷汽油机为载体，讲述其两大机构、五大系统的基本结构及其新技术，分析由结构和工艺所决定的总成性能及其与整车性能之间的关系。对于柴油机、V型发动机、水平对置发动机、转子发动机、风冷发动机及各种燃气发动机则由学员拓展其他教材学习。

相关知识

一、发动机类型和工作原理

发动机是汽车动力的核心总成。燃料在气缸内燃烧，使燃料的化学能转化成热能，最终转变为机械能并输出。目前大部分汽车使用的是往复活塞式四冲程内燃机。

随着科学技术的进步,尤其是电子技术的发展,汽车发动机已经由最原始的机械总成演变成了机电一体化总成,目前大多数发动机不但包括多种电子控制系统,如电控燃油喷射系统、电控点火系统、废气再循环系统等,而且还通过 CAN 网络技术与其他控制系统(巡航控制系统、ABS 防抱死控制和车身悬挂控制系统等)相连,实现了全车智能化。

(一)发动机分类

发动机的分类方法很多,按照不同的分类方法可以把发动机分成不同的类型。

1. 按照所用燃料分类

内燃机按照所使用燃料的不同可以分为汽油机和柴油机。汽油机与柴油机各有特点:汽油机转速高,质量小,噪声小,起动容易,制造成本低;柴油机压缩比大,热效率高,经济性能和排放性能都比汽油机好。

2. 按照行程分类

内燃机按照完成一个工作循环所需的行程数可分为四行程内燃机和二行程内燃机。把曲轴转两圈(720°),活塞在气缸内上下往复运动四个行程,完成一个工作循环的内燃机称为四行程内燃机;而把曲轴转一圈(360°),活塞在气缸内上下往复运动两个行程,完成一个工作循环的内燃机称为二行程内燃机。汽车发动机广泛使用四行程内燃机。

3. 按照冷却方式分类

内燃机按照冷却方式不同可以分为水冷发动机和风冷发动机。水冷发动机是利用在气缸体和气缸盖冷却水套中进行循环的冷却液作为冷却介质进行冷却的;而风冷发动机是利用流动于气缸体与气缸盖外表面散热片之间的空气作为冷却介质进行冷却的。水冷发动机冷却均匀,工作可靠,冷却效果好,被广泛应用于现代汽车的发动机。

4. 按照气缸数目分类

内燃机按照气缸数不同可以分为单缸发动机和多缸发动机。仅有一个气缸的发动机称为单缸发动机;有两个以上气缸的发动机称为多缸发动机,如双缸、三缸、四缸、五缸、六缸、八缸、十二缸等都是多缸发动机。现代车用发动机多采用四缸、六缸、八缸发动机。

5. 按照气缸排列方式分类

内燃机按照气缸排列方式不同可以分为单列式和双列式。单列式发动机的各个气缸排成一列,一般是垂直布置的,但为了降低高度,有时也把气缸布置成倾斜的甚至水平的;双列式发动机把气缸排成两列,两列之间的夹角小于 180°(一般为 90°),称为 V 型发动机;若两列之间的夹角等于 180°,则称为对置式发动机。

6. 按照进气系统是否采用增压方式分类

内燃机按照进气系统是否采用增压方式可以分为自然吸气(非增压)式发动机和强制进气(增压式)发动机。汽油机常采用自然吸气式;柴油机为了提高功率有采用增压式的。

(二)发动机工作原理

1. 四行程汽油机工作原理

汽油通过供油装置与空气混合成一定空燃比的混合气,在进气行程被吸入气缸,经压缩点火燃烧而变成热能,燃烧后的气体所产生的高温高压,作用于活塞顶部,推动活塞作直线运动,同时通过曲柄连杆机构而变为旋转的机械能,对外输出动力。

汽油机的工作过程可分为:进气行程、压缩行程、做功行程、排气行程,如图 2-2-1 所示。

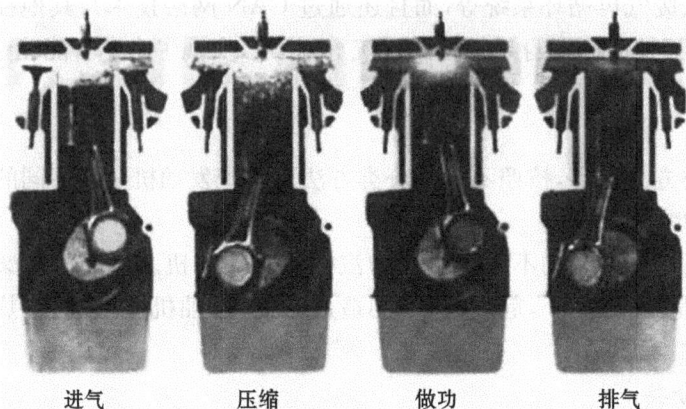

|进气|压缩|做功|排气|

图 2-2-1 汽油机的工作过程

(1)进气行程。在进气行程开始时,活塞始于上止点,进气门开启,排气门关闭。曲轴转动活塞从上止点向下止点移动,活塞上方容积增大,压力降低,可燃混合气在压力差作用下进入气缸。

(2)压缩行程。压缩行程开始,进、排气门关闭,活塞从下止点向上止点移动。活塞上方容积缩小,压缩混合气,使其压力和温度升高到易燃的程度。

(3)做功行程。做功行程时,进、排气门仍然关闭,当压缩接近终了时,火花塞发出电火花,点燃混合气,燃烧后产生的高温高压推动活塞向下运动。

(4)排气行程。排气行程开始,进气门仍关闭,排气门开启,使活塞由下止点向上止点移动,把燃烧后的废气排出气缸。

发动机完成进气、压缩、做功、排气一个工作循环,曲轴转两周。

2. 四行程柴油机工作原理

柴油机与汽油机不同,燃料采用柴油,为压燃式结构,无火花塞,柴油机吸入气缸的为纯净空气,柴油由喷油泵通过喷油器直接喷入气缸,与压缩后的高温空气混合并进行自燃。

二、发动机基本结构

1. 曲柄连杆机构

曲柄连杆机构是发动机实现工作循环,完成能量转换的主要运动零件。它由机体组、活塞连杆组和曲轴飞轮组等组成。在做功行程中,活塞承受燃气压力在气缸内作直线运动,通过连杆曲轴转换成旋转运动,并通过曲轴飞轮对外输出动力。而在进气、压缩和排气行程中,飞轮通过惯性释放能量又把曲轴的旋转运动转化成活塞的直线运动。

2. 配气机构

配气机构是根据发动机的工作顺序和工作过程,定时开启和关闭进、排气门,使可燃混合气或空气进入气缸,并使废气从气缸内排出,实现换气过程。配气机构大多采用顶置气门式配气机构,一般由气门组、气门传动组组成,如图 2-2-2 所示。

图 2-2-2 配气机构组成

3. 燃料供给系统

燃料供给系统是根据发动机的要求，配制出一定数量和浓度的混合气，进入气缸，并将燃烧后的废气从气缸内排出。一般由油箱、油泵、燃油滤清器、油管等组成，如图 2-2-3 所示。

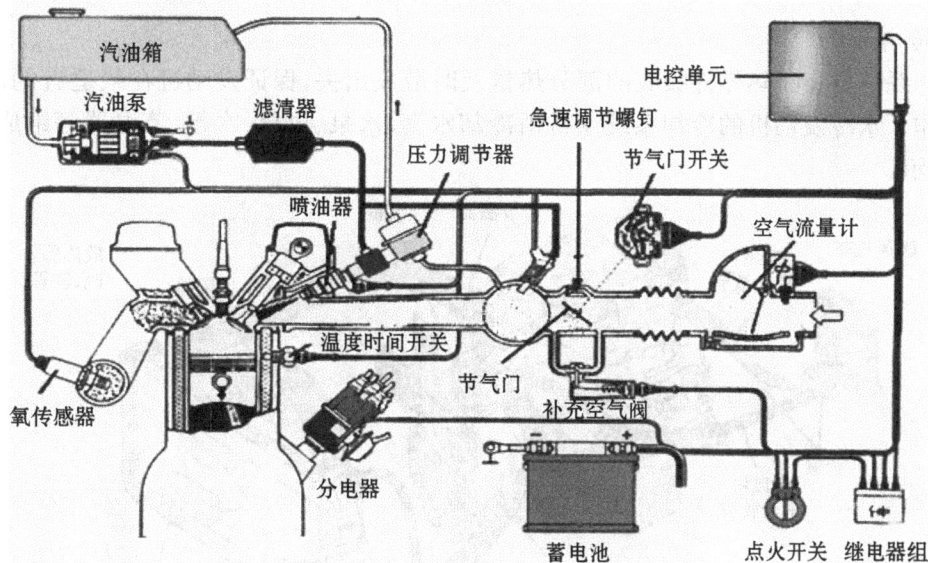

图 2-2-3 汽油机燃料供给系统

4. 润滑系统

润滑系统是向运动的零件表面输送定量的清洁润滑油，以减小摩擦阻力，减轻机件的磨损，并对零件表面进行清洗和冷却。润滑系统通常由润滑油道、机油泵、机油滤清器和一些阀门等组成，如图 2-2-4 所示。

图 2-2-4　发动机润滑系统

5. 冷却系统

冷却系统是将受热零件吸收的部分热量及时散发出去，保证发动机在最适宜的温度状态下工作。水冷发动机的冷却系统通常由冷却水套、水泵、风扇、水箱、节温器等组成，如图 2-2-5 所示。

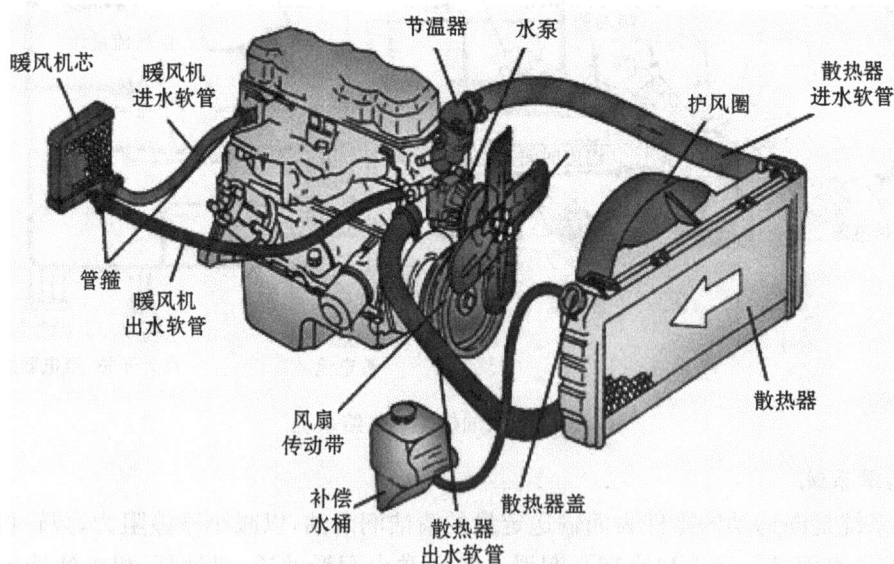

图 2-2-5　发动机冷却系统

6. 点火系统

在汽油机燃烧室中,装有火花塞,按点火顺序在火花塞电极间产生电火花点燃混合气。传统点火系统通常由蓄电池、发电机、点火线圈、分电器和火花塞等组成,如图 2-2-6 所示。

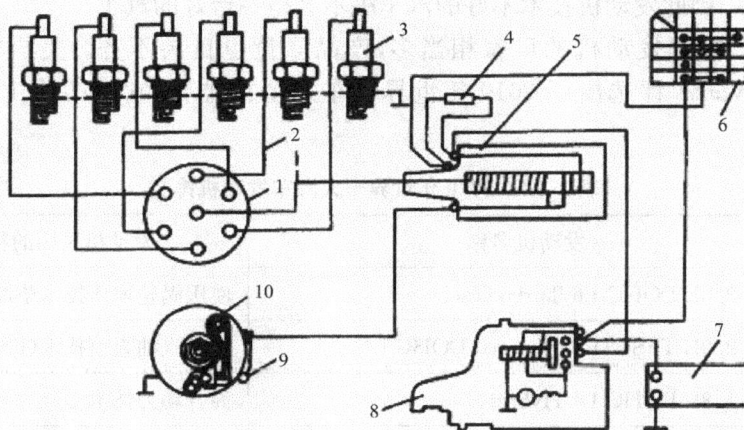

图 2-2-6 发动机传统点火系

1—配电器 2—高压导线 3—火花塞 4—附加电阻 5—点火线圈
6—点火开关 7—蓄电池 8—起动机 9—电容器 10—断电器

7. 起动系统

要使发动机由静止状态过渡到工作状态,必须先用外力转动发动机的曲轴,使活塞作往复运动,气缸内的可燃混合气燃烧膨胀做功,推动活塞向下运动使曲轴旋转,发动机才能自行运转,工作循环才能自动进行。起动系统一般由起动机、控制开关等组成,如图 2-2-7 所示。

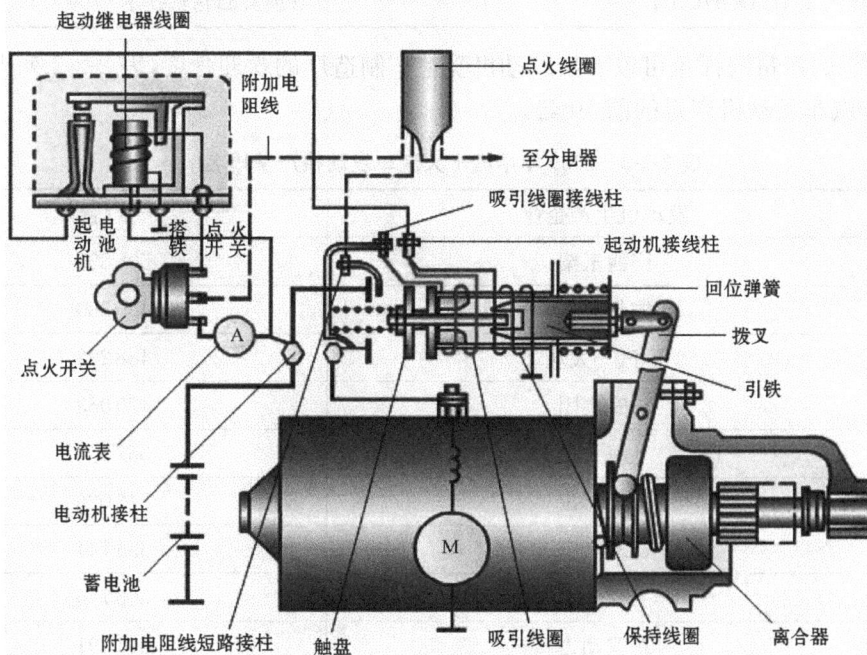

图 2-2-7 发动机起动系统

三、发动机对汽车动力性和经济性的影响

发动机是汽车的心脏,为汽车的行驶提供动力,汽车的动力性、经济性、环保性直接与汽车发动机相关联,因此发动机技术不好的汽车决不会是一台好的汽车。

世界上生产汽车发动机的厂家相当多,产品质量也良莠不齐。美国权威汽车杂志 *Ward's Auto World* 评选出了 2010 年世界汽车发动机排名,它们的前 10 名见表 2-2-1 所示。

表 2-2-1　2010 年世界十大汽车发动机排名

名次	发动机名称	发动机采用的特有技术
1	宝马 3.0L DOHC L6 Turbodiesel	使用涡轮增压技术柴油机
2	奥迪 2.0L TFSI Turbocharged DOHC L4	使用汽油直喷技术(FSI)
3	丰田 1.8L DOHC L4 Hybrid	混合动力技术
4	斯巴鲁 2.5L Turbocharged DOHC H4 Boxer	用水平对置发动机
5	大众 2.0L Turbocharged DOHC L4 Diesel	使用 TDI 柴油发动机
6	现代 4.6L DOHC V8	使用可变气门正时技术
7	福特 2.5L DOHC L4 HEV	混合动力技术
8	奥迪 3.0L TFSI Supercharged DOHC V6	使用汽油直喷技术(FSI)
9	福特 3.5L Twin-Turbocharged DOHC V6	使用双涡轮增压技术
10	通用 2.4L DOHC L4	双顶置凸轮轴技术

从发动机的产量同样也可以看出发动机受整车制造厂的欢迎程度,表 2-2-2 列出了我国 2009 年国产汽车发动机产量的前 10 名。

表 2-2-2　2009 年中国十大汽车发动机产量排名

名次	发动机生产企业	产量(台)
1	广西玉柴	506 855
2	柳州五菱	490 880
3	一汽—大众	488 282
4	长安集团	470 063
5	上海大众	357 504
6	广汽丰田	346 026
7	奇瑞汽车	335 744
8	一汽集团	306 746
9	东安动力	301 391
10	东风本田	290 652

笔记

1. 发动机功率

1) 发动机最大功率。

功率是指物体在单位时间内所做的功。在一定的转速范围内,汽车发动机的功率与发动机转速成非线性正比关系,转速越高,功率越大,转速越低,功率越小。它反映了汽车发动机在一定转速范围内的做功能力。以同类型汽车做比较,由于发动机转速越高其功率越大,在相同底盘传动比的条件下,汽车的最高速度也越高,汽车的动力性也就愈好。

如图 2-2-8 所示的发动机外特性曲线所示,随着发动机转速的增加,发动机的功率也相应提高,但是到了一定的转速以后,功率反而呈下降趋势。因此,一般在说明发动机最高输出功率时,应当标出最高输出功率是在哪个转速下达到的。如 100 马力(5 000 r/min)表示该发动机在每分钟5 000r时最高输出功率为 100 马力(73.5kW)。功率的单位通常用马力或千瓦表示,在这里,马力用

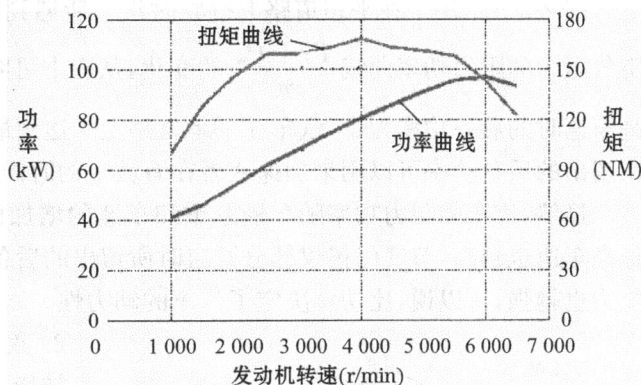

图 2-2-8 某发动机外特性曲线

HP 表示,千瓦用 kW 表示,它们之间的换算关系为 1 马力=0.735 千瓦。

设计汽车时,发动机最大功率的选择必须保证汽车预期的最高车速。最高车速愈高,要求的发动机功率愈大,其超出正常行驶所需克服的阻力功率之后的剩余部分功率(后备功率)也大,这部分剩余功率(后备功率)可以用来加速和爬坡,因而汽车的加速和爬坡能力必然较好。但发动机功率不宜过大,否则在常用条件下,发动机负荷率过低,油耗增加,经济性反而会降低。

2) 升功率。

升功率是指每升气缸工作容积所发出来的功率,表征了单位气缸工作容积的利用率,升功率越大表示单位气缸工作容积所发出的功率越大。那么,对于相同排量的发动机而言,升功率越大,表明发动机的重量利用率就越高,发动机体积就越小,发动机质量也就越轻。因此,发动机升功率的高低反映了发动机设计与制造的质量。

升功率 N 大小主要决定于气缸平均有效压力 P 和转速 n 的乘积,即 $N=P×n$。

常见乘用汽车中,江南奥拓汽车的升功率只有 33kW/L 左右;桑塔纳 1.8 的升功率为 40kW/L;高档车的升功率大致都为 50kW/L 左右;一些跑车的升功率大得惊人,三菱十代 evo 的升功率能达到 148kW/L,保时捷 9ff DraXster 的升功率甚至达到了 242.5kW/L。由于越野车主要强调驱动力大而不是强调最高车速,因此越野车的的升功率相对较低,陆虎新发现者的升功率只有 34.43kW/L,越野车中升功率比较高的宝马 X5 也只有 53.4kW/L。

3) 比功率。

单位汽车质量所具有的发动机最大功率 P/G 称为比功率或功率利用系数,其单位为 kW/kG。

比功率是汽车发动机最大功率与汽车总质量之比,是衡量汽车动力性能的一个综合指

笔记

标。一般来讲,汽车的比功率越大,汽车的动力性就越好。

　　汽车的动力性(最高车速和后备功率)是由汽车的驱动功率和行驶阻力功率决定的,如图 2-2-9 汽车的功率平衡曲线所示。发动机的输出功率通过传动系统推动汽车前进,扣除传动损失,即得到汽车的驱动功率。汽车在行驶过程中,其驱动功率等于阻力功率。汽车的行驶阻力一般包括滚动阻力、空气阻力、坡道阻力和加速行驶时的惯性阻力,行驶阻力和车速的乘积即为阻力功率。

　　图 2-2-9 示出了在平坦道路上行驶时汽车所遇到的正常阻力功率——汽车滚动阻力和空气阻力的阻力功率曲线 $\dfrac{P_f + P_w}{\eta_t}$ 的变化,从图中可明显地看到,汽车在平坦道路上达到最高车速时的后备功率为零,汽车在平坦道路上未达到最高车速时节气门仅仅部分开启,这时所留出的后备功率可以用来加速或者在有坡道的时候爬坡。

　　显然,汽车的阻力功率随车辆总重和车速的增加而增大,汽车的比功率越大,则汽车的最高车速也越高,节气门仅仅部分开启时所留出的后备功率也越大,因而其加速能力和爬坡能力也越强,所以说,比功率决定了汽车的动力性。

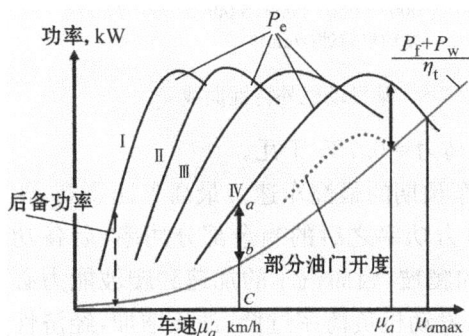

图 2-2-9　汽车的功率平衡曲线

2. 发动机转矩

　　转矩是使物体发生转动的力量。发动机的转矩就是指发动机从曲轴端输出的转动的力量。在功率一定时转矩与发动机转速成反比关系,转速越高,转矩越小,反之越大,它反映了汽车在一定范围内的负载能力。转矩在汽车的某些特殊工况下能真正反映出汽车的"本色",例如,汽车启动时,转矩越高汽车运行时的速度提升比较快;在山区道路行驶时,爬坡能力比较强。实际上,因为以同排量发动机做比较,转矩输出愈大,承载能力愈强,加速性能愈好,爬升力愈强,换档次数愈少,对汽车的磨损也会相对减少。

　　转矩的单位是牛·米(N·m)。同功率一样,一般在说明发动机最大输出转矩的同时也应标出在哪一个转速范围内才能得到最大转矩。最大转矩一般出现在发动机的中、低转速的范围。

　　发动机的最大转矩大,在主减速器传动比 i_0,变速器传动比 i_g 一定时,汽车的加速能力和上坡能力也越强。

3. 发动机油耗

　　汽车的燃料经济性常用一定工况下汽车行驶百公里的燃油消耗量或一定燃油量能使汽车行驶的里程来衡量。在我国及欧洲采用的指标是汽车行驶 100 km 消耗多少升燃料(L/100 km),而美国的指标是消耗每加仑燃料能够行驶多少英里(MPG)。

　　通常通过测定在良好的水平的直线道路上行驶的耗油量得到汽车等速百公里油耗,在各种不同道路上行驶测定得到汽车的综合油耗等,现在,随着测定手段的进步,更多的是在底盘测功试验台上模拟路试来检测其燃油消耗量。

1）等速百公里油耗。

等速百公里油耗是指在平坦硬实的路面上，汽车以最高档或次高档分别以不同车速等速行驶同一段路程，往返一次取平均值，记录下油耗量，即可获得不同车速下汽车的百公里耗油量。如果厂家以经济车速作为耗油量参数提供给用户，用户仅仅只能作为参考而已，因为一般用户在使用汽车的过程中由于汽车行驶条件不同，是很难达得到这个油耗数值的。

2）循环油耗。

循环油耗是指在一段指定的典型路段内汽车以等速、加速和减速等几种工况行驶时的耗油量，有些还要计入起动和怠速等工况的耗油量，然后折算成百公里耗油量。一般而言，循环油耗与等速百公里油耗（指定车速）加权平均取得综合油耗值，这种方法比较客观地反映了汽车的耗油量。一些汽车在技术性能表上将循环油耗标注为"城市油耗"，而将等速百公里油耗标注为"等速油耗"。

3）理论油耗。

由于实际汽车行驶状况与测试油耗时的汽车行驶状况不可能完全一致，所以，"城市油耗"和"等速油耗"都是"理论油耗"。

4）实际油耗。

用户在使用汽车时，汽车行驶百公里实际所消耗的油耗称为"实际油耗"。

5）油耗标识。

按照工信部 2009 年 8 月份发布的《轻型汽车燃料消耗量标示管理规定》，从 2010 年 1 月 1 日起，凡在国内销售的最大设计总质量不超过 3.5t 的国产轻型载货车及座位数不超过 9 个的乘用车（含轿车、SUV 和 MPV），不分国产还是进口，均须按照相关规定粘贴"油耗标识"。也就是说，从 2010 年起上市销售的新车，均应按照"油耗标识"的要求粘贴相应的油耗标识。

油耗标识 2010 年 1 月 1 日起粘贴上车。按油耗标识管理规定，汽车燃料消耗量标示数据是包括销售新车在市区、市郊和综合三种工况的燃料消耗量，相关测定方法由国家指定检测机构按照统一的国家标准采用模拟试验工况，分市区、市郊两部分，分别模拟车辆在城市市区道路和市区以外其他典型道路条件下的行驶状态。通过测量车辆在上述道路模拟循环下的二氧化碳、一氧化碳和碳氢化合物的排放量，从而计算得出市区、市郊和综合燃料消耗量。消费者在购车时，可根据车辆的预期使用情况选择不同工况下的燃料消耗量作为主要参考依据。

4. 发动机排放

汽车尾气排放是指从废气中排出的 CO（一氧化碳）、HC（碳化氢）、NO_X（氮氧化合物）、PM（微粒，碳烟）等有害气体。它们主要是发动机在燃烧做功过程中所产生的。

一氧化碳是烃燃料燃烧的中间产物，主要是在局部缺氧或低温条件下，由于烃不能完全燃烧而产生，混在内燃机废气中排出。当汽车负重过大、慢速行驶时或空档运转时，燃料不能充分燃烧，废气中一氧化碳含量会明显增加。一氧化碳是一种化学反应能力低的无色无味的窒息性有毒气体，对空气的相对密度为 0.9670，它的溶解度很小。一氧化碳由呼吸道进入人体的血液后，会和血液里的红血蛋白 Hb 结合，形成碳氧血红蛋白，导致人体携氧能力下降，使人体出现不良反应，如听力会因为耳内的耳蜗神经细胞缺氧而受损害等。吸入过量

笔记

的一氧化碳会使人发生气急、嘴唇发紫、呼吸困难甚至死亡。研究表明,人对一氧化碳的承受能力相当高,一个健康的人能短时间承受血液中含量为 20%～40% 的一氧化碳的侵袭。虽然对人体无副作用的一氧化碳阈值尚未确定,但长期吸收一氧化碳对城市居民身体健康是一种潜在的威胁。

氮氧化合物的排放量取决于燃烧温度、时间和空燃比等因素。从燃烧过程看,排放的氮氧化物 95% 以上可能是一氧化氮,其余的是二氧化氮。人受一氧化氮毒害的事例尚未发现,但二氧化氮是一种红棕色呼吸道刺激性气体,其气味阈值约为空气质量的 1.5 倍,对人体影响甚大。由于其在水中溶解度低,不易为上呼吸道吸收而深入下呼吸道和肺部,容易引发支气管炎、肺水肿等疾病。

汽车尾气中的碳氢化合物来自三种排放源,对一般汽油发动机来说,约 60% 的碳氢化合物来自内燃机的尾气排放,20%～25% 来自曲轴箱的泄漏,还有 15%～20% 来自燃料系统的蒸发。甲烷是窒息性气体,其嗅觉阈值是 142.8mg,只有高浓度时才对人体健康造成危害。乙烯、丙烯和乙炔则主要对植物造成伤害,使路边的树木不能正常生长。苯是无色类似汽油味的气体,可引起食欲不振、体重减轻、易倦、头晕、头痛、呕吐、失眠、黏膜出血等症状,也可引起血液变化、红血球减少,出现贫血,还可导致白血病。

HC 和 NO_X 在大气环境中受强烈太阳光紫外线照射后,产生一种复杂的光化学反应,生成一种新的污染物形成光化学烟雾,1952 年 12 月伦敦发生的光化学烟雾 4 天中死亡人数较往常同期间约多出 4 000 人。

21 世纪以来,随着能源的加速枯竭和生存环境的日益恶化,汽车与生态的矛盾越发尖锐。人类社会的可持续发展给未来的汽车发展提出了新的要求:节能环保,减少对生态环境的破坏。各汽车厂商竞相研制改善汽车环保性能的先进技术,我们就一些主要的先进技术予以简单的介绍。

1) 催化式热排气净化器(图 2-2-10)。

催化式热排气净化器的关键在于"催化",也就是利用催化剂对汽车的废气进行净化,将废气中的有害物质转化为无害物质。早在 20 世纪 70 年代中期,美国已经实行了这种方法,以后被各国汽车业广泛使用,到目前为止仍是最有效的净化方法。催化式热排气净化器有氧化型、双床型、三元型等多种型式,其中最常用的是三元型催化式净化器。欧共体规定从 1993 年 1 月开始,在欧共体各国出售的汽油发动机新车一律要配置三元型催化式净化器。

所谓三元型催化式净化器是指汽车废气只要通过净化器本身,就可同时将废气中的三种主要有害物质转化为无害物质的一种高效率净化器。三元型催化式净化器的外形象一个排气消声器。其壳体用耐高温的不锈钢制成,内部的蜂巢式气流通道上涂有催化剂,催化剂的成份有铂、钯和铑等稀有金属,当汽车废气通过净化器的气流通道时,一氧化碳和碳氢化合物就会在催化剂铂与钯的作用下,与空气中的氧发生化学反应产生无害的水和二氧化碳,而氮氧化合物则在催化剂铑的作用下被还原为无害的氧和氮。

为了充分发挥三元催化剂的净化效率,汽车发动机的空燃比(充入气缸的空气量与进入气缸燃油量的重量比值)必须接近理论空燃比(14.7∶1),而且,其空燃比只能在很小的范围内变动,否则就不能同时对废气中的三种有害物质进行净化。所以,三元型催化式净化器要与车上的电子计算机控制系统连在一起使用,使用氧传感器检测排放尾气中的氧气浓度,将信息反馈到计算机,再由计算机对空燃比进行精确控制。

三元型催化式排气净化器是安装在汽车发动机的排气装置上,它只适用于无铅汽油燃料汽车,使用含铅汽油时,废气中的铅会复盖催化剂,使净化器停止工作而不起净化作用,俗称催化剂"中毒"。因此,汽车使用三元催化式排气净化器的前提条件有两个:一是要用无铅汽油,二是发动机要使用电控燃油喷射装置,这样,三元型催化式排气净化器才能起到净化效果。

2) 废气再循环(EGR)系统。

废气再循环是指把发动机排出的部分废气回送到进气歧管,并与新鲜混合气一起再次进入气缸。因为氮和氧只有在高温、高压且富氧条件下才能发生化学反应,生成NO_X。少部分废气进入气缸参与混合气的燃烧,降低了燃烧时气缸中的温度,抑制了NO_X的生成,从而降低了废气中的NO_X的含量。

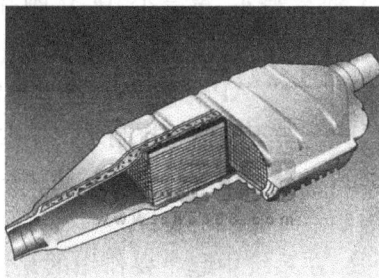

发动机控制电脑根据发动机的转速、负荷(节气门开度)、温度、进气流量、排气温度控制废气再循环电磁阀适

图 2-2-10　三元催化转换器

时地打开,进气管真空度经电磁阀进入 EGR 阀真空膜室,膜片拉杆将 EGR 阀门打开,排气中的少部分废气经 EGR 阀进入进气系统,与混合气混合后进入气缸参与燃烧。少部分废气进入气缸参与混合气的燃烧,降低了燃烧时气缸中的温度,因NO_X是在高温富氧的条件下生成的,故抑制了NO_X的生成,从而降低了废气中的NO_X的含量。但是,过度的废气参与再循环,将会影响混合气的着火性能,从而影响发动机的动力性,特别是在发动机怠速、低速、小负荷及冷机时,再循环的废气会明显地影响发动机动力性能和经济性能。所以,当发动机在怠速、低速、小负荷及冷机时,ECU 控制废气不参与再循环,避免发动机性能受到影响;当发动机超过一定的转速、负荷及达到一定的温度时,ECU 控制少部分废气参与再循环,而且,参与再循环的废气量根据发动机转速、负荷、温度及废气温度的不同而不同,以达到废气中的NO_X最低为原则。

3) 二次空气喷射系统。

二次空气喷射系统应用在汽车上,用以减少尾气中的 HC 和 CO 排放量。二次喷射系统的工作原理为:空气泵将新鲜空气送入发动机排气管内,从而使排气管中的 HC 和 CO 进一步氧化和燃烧,即把导入的空气中的氧在排气管内与排气中的(HC)和(CO)进一步氧化形成水蒸气和二氧化碳(CO_2),从而降低了尾气中的 HC 和 CO 的排放量。

二次空气喷射系统按其空气喷入的部位可分为两类:一是新鲜空气被喷入排气歧管的基部,即排气歧管与气缸体相连接的部位,因此,排气中的 HC、CO 只能从排气歧管开始被氧化;二是新鲜空气通过气缸盖上的专设管道喷入排气门后气缸盖内的排气通道内,排气中HC、CO 的氧化便得以更早地进行。

4) PCV 装置。

PCV 是 PositiveCrankcaseVentilation(曲轴箱强制通风)的缩写。它的作用是防止"窜气"进入大气,同时防止机油变质。所谓"窜气"是指当发动机做功燃烧过程将要结束时,一些未燃混合气在高压下经由活塞环漏入曲轴箱内。如果窜入的混合气不被排除，就会形成气压，稀释曲轴箱内的机油，使机油变质，造成发动机由于润滑不良发生机件过早磨损。当窜入的混合气从曲轴箱内逸入大气时，还会造成严重的空气污染。

PCV装置主要由通气软管、PCV阀组成。一条通气软管接通空气滤清器至气门室盖，另一条从气门室盖接通PCV阀至进气歧管。PCV阀由柱塞式阀门和弹簧构成，位于进气歧管的一侧，进气歧管的真空度决定了PCV阀的开闭及开启的程度，而PCV阀的开闭及开启的程度又决定了窜气混合气被重新吸入进气歧管参加燃烧的数量。当发动机转速比较慢时，进气量小，窜气少，PCV阀开度较小甚至关闭。当发动机加速或转速比较高时，气流量大，窜气多，PCV阀开度较大，因而被强制吸入燃烧的窜气也比较多。

5）EVAP（燃料蒸发排放控制系统）。

燃料蒸发排放控制系统主要由活性碳罐贮存装置、燃油蒸发净化控制装置和燃油箱燃油蒸发控制装置组成。汽油是一种易挥发的液体，在常温下燃油箱经常充满蒸气，燃料蒸发控制系统的作用是将燃油蒸气引入气缸燃烧，防止其挥发到大气中。

在系统中起重要作用的是活性碳罐，燃油箱的汽油蒸气通过管路进入活性碳罐的上部，新鲜空气则进入活性碳罐的下部。因为活性碳有吸附燃油的功能，发动机熄火后，汽油蒸气与新鲜空气在罐内混合并贮存在活性碳罐中，当发动机起动后，装在活性碳罐与进气歧管之间的燃油蒸发净化装置的电磁阀门打开，活性碳罐内的汽油蒸气被吸入进气歧管参加燃烧。

5.发动机基本结构和参数

发动机基本结构和参数影响发动机所输出功率大小和转矩大小，从而影响汽车的动力性与经济性。下面，我们分析影响发动机的输出功率和转矩的主要结构和参数。

1）发动机排量。

发动机排量是指发动机各气缸工作容积的总和，每个气缸工作容积是指活塞从上止点到下止点所扫过的气缸容积，又称为单缸排量，它取决于缸径和活塞行程，如图2-2-11所示。一般用升来表示发动机的排量，常用符号L表示。发动机排量是发动机最重要的结构参数之一，它比缸径和缸数更能代表发动机动力的大小，发动机的许多指标都和排量密切相关。一般来说，发动机排量越大，最大功率也越大。

2）压缩比。

压缩比是指某台发动机气缸总容积与燃烧室总容积的比值，如图2-2-12所示，它表示活塞从下止点移到上止点时气缸内气体被压缩的程度。压缩比是衡量汽车发动机性能指标的又一个重要参数。

一般地说，发动机的压缩比愈大，在压缩行程结束时混合气的压力和温度就愈高，混合气的燃烧速度愈快，混合气的燃烧效率也愈高，因而发动机的功率也就愈大，经济性也愈好。但压缩比过大时，不仅不能进一步改善燃烧情况，反而会出现爆燃、表面点火等不正常燃烧现象。此外，发动机压缩比的提高还受到排气污染法规的限制。

汽油发动机是点燃式，压缩比低；柴油发动机是压燃式，压缩比高。轿车的汽油发动机压缩比通常取8～11，柴油发动机压缩比通常取18～23。

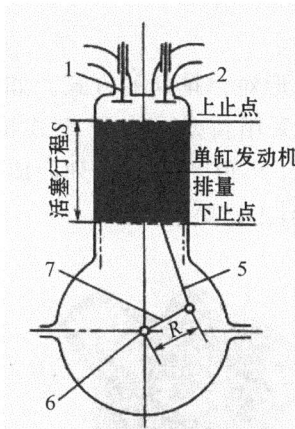

图 2-2-11 单缸发动机排量

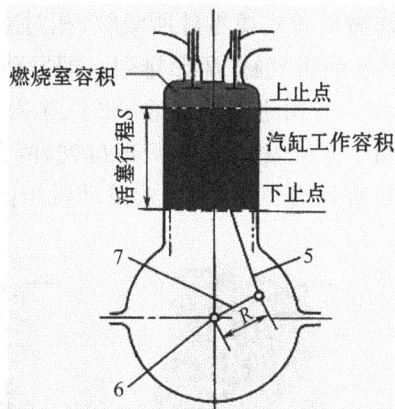

图 2-2-12 发动机压缩比

对于汽油机来说,压缩比越高的汽油发动机,要求汽油的抗爆性指标越高,即汽油的标号也就越高。通常,压缩比在 7.5~8.0 之间应选用 90~93 号车用汽油,压缩比 8.0~8.5 之间应选用 90~93 号车用汽油,压缩比在 8.5~9.0 之间应选 93~95 号车用汽油,压缩比在 9.5~10.0 应选用 95~97 号汽油。

3)发动机气缸数量。

汽车发动机常用缸数有 3、4、5、6、8、10、12 缸。排量 1L 以下的发动机常用 3 缸;排量在 1~2.5 L 之间的发动机一般为 4 缸;排量在 3 L 左右的发动机一般为 6 缸;排量在 4 L 左右的发动机一般为 8 缸;排量在 5.5 L 以上采用 12 缸发动机。

一般来说,在同等缸径下,发动机缸数越多,排量就越大,发动机的功率也就越大。

4)发动机气缸排列形式。

(1)发动机气缸直线式排列。即发动机所有的气缸呈一字型直线排列的方式,如图 2-2-13 所示。一般 5 缸以下发动机的气缸多采用直线方式排列,少数 6 缸发动机也有直线排列方式的,一般 1L 以下的汽油机多采用 3 缸直列,1~2.5 L 汽油机多采用 4 缸直列,有的四轮驱动汽车采用直列 6 缸,因为这种排列方式的发动机宽度较小,可以在旁边布置增压器等设施。直列 6 缸发动机的动平衡性能较好,振动相对较小,所以也为一些中、高级轿车采用。

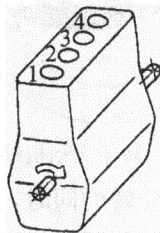

图 2-2-13 直列四缸发动机

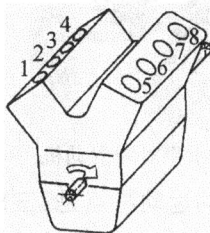

图 2-2-14 V 形 8 缸发动机

(2)发动机气缸 V 形排列。即发动机所有的气缸呈 V 形对称排列的方式。6~12 缸发动机一般采用 V 形排列,图 2-2-14 所示为 V 形 8 缸发动机。其中 V 形 10 缸以上发动机主要装在赛车上。V 形排列的发动机与直列方式发动机相比较,其特点是发动机的长度和高度尺寸小,在汽车发动机舱内布置起来更加方便。此外,由于气缸对称排列,机体所产生的振动容易被横向支撑零件所吸收,相对来说工作较为平稳。

（3）发动机气缸 W 形排列。即发动机所有的气缸呈 W 形对称排列的方式。如图 2-2-15 所示大众公司生产的奥迪 A8 汽车发动机它的 12 个气缸采用新型缸体 W 型式排列,它实际是两个 6 缸发动机呈 V 形排列,两个 6 缸发动机又相互呈小角度 V 形排列而成。此种发动机与直列式、V 形排列式发动机相比较,其结构更为紧凑,工作更平稳。

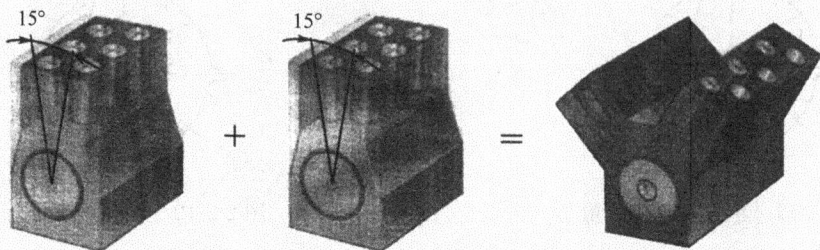

图 2-2-15　发动机所有的气缸呈 W 形对置排列

（4）水平对置发动机。水平对置发动机,如图 2-2-16 所示。发动机气缸水平布置,活塞在水平方向上左右运动。这种布置形式使发动机的整体高度降低、长度缩短、整车的重心降低,车辆行驶更加平稳。如果发动机安装在整车的中心线上,两侧活塞产生的冲击振动更容易被横向支撑零件所吸收,大大降低车辆在行驶中的振动,使发动机转速得到很大提升,同时还能减少噪声。目前,世界上仅有保时捷和斯巴鲁两个品牌的部分车型采用水平对置发动机技术。

（5）转子发动机。转子发动机又称为米勒循环发动机。它采用三角转子旋转运动来控制压缩行程和排气行程,与传统的活塞往复式发动机的直线运动迥然不同。

图 2-2-16　水平对置发动机

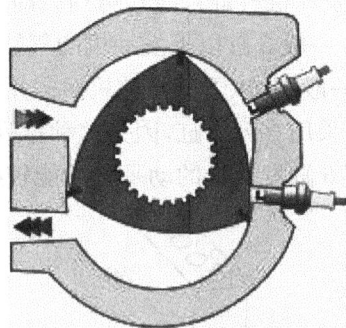

图 2-2-17　转子发动机结构示意图

转子发动机的运动特点是:三角转子的中心绕输出轴中心公转的同时,三角转子本身又绕其中心自转。在三角转子转动时,以三角转子中心为中心的内齿圈与以输出轴中心为中心的齿轮啮合,齿轮固定在缸体上不转动,内齿圈与齿轮的齿数之比为 3∶2。上述运动关系使得三角转子顶点的运动轨迹(即气缸壁的形状)似"8"字形。三角转子把气缸分成三个独立空间,三个空间各自先后完成进气、压缩、做功和排气的工作循环,三角转子自转一周,发动机点火做功三次。由于以上运动关系,输出轴的转速是转子自转速度的 3 倍,具体结构如图 2-2-17 所示。

<<<< -

这种发动机由德国人菲加士·汪克尔发明,一向对新技术情有独钟的马自达公司投巨资从汪克尔公司买下了这项技术。马自达公司深信转子发动机的潜力,独自研究和生产转子发动机,他们逐步克服了转子发动机的缺陷,成功地由试验性生产过渡到商业性生产,并将安装了转子发动机的 RX-7 型跑车打入了美国市场。

在世界环保意识日益强化、石油资源日渐沽竭的今天,以氢气做为汽车动力源的研究已成为当今一大课题。当年马自达坚持下来的转子发动机从结构上讲是最适合燃烧氢气能源的,而且最"干净",因为氢燃烧完后排出的是水蒸气,对环境没有任何污染。马自达公司改制了 RX-7 型跑车的转子发动机,使它可以用氢做燃料。这种发动机装配在马自达 HR-X 汽车上,$1m^3$ 的燃料箱吸储了相当 $43m^3$ 的压缩氢气,以 60km/h 的车速可行驶 230km,引起了各界人士的关注。

现在,马自达已经在其使用氢气与汽油两种燃料的"RX-8 Hydrogen RE"上配备了"RENESIS 氢气转子发动机"。

转子发动机的转子每旋转一圈就做功一次,与一般的四冲程发动机曲轴每旋转两圈才做功一次相比,具有高功率容积比(发动机容积较小就能输出较多动力)的优点。另外,由于转子发动机的轴向运转特性,它不需要精密的曲轴平衡就能达到较高的运转转速。整个发动机只有两个转动部件,与一般的四冲程发动机具有进、排气活门等 20 多个活动部件相比结构大大简化,故障的可能性也大大减小。除此之外,转子发动机还具有体积较小、重量轻、低重心等优点。

5)发动机气门数目。

传统的发动机多是每缸一个进气门和一个排气门,这种二气门配气机构相对比较简单,制造成本也低,对于输出功率要求不太高的普通发动机来说,就能获得较为满意的发动机输出功率与转矩性能。排量较大、功率较大的高速发动机需要采用多气门技术。最简单的多气门技术是三气门结构,即在一进一排的二气门结构基础上再加上一个进气门。近年来,世界各大汽车公司新开发的轿车大多采用四气门结构,如图 2-2-18 所示。四气门配气机构中,每个气缸各有两个进气门和两个排气门。四气门结构能大幅度提高发动机的进气、排气效率。

现在,国外有的公司开始采用每缸 5 气门结构,即 3 个进气门,2 个排气门,主要作用是加大进气量,使燃烧更加彻底。气门数量并不是越多越好,5 气门确实可以提高进气效率,但是结构极其复杂,加工困难,采用较少,国内生产的新捷达王就采用五气门发动机技术。

6)凸轮轴布置方式。

发动机的凸轮轴安装位置有下置、中置、顶置三种形式。轿车发动机由于转速较快,每分钟转速可达 5 000r 以上,为保证进排气效率,都采用顶置式气门装置,这种装置适合于凸轮轴的三种安装形式。但是,如果采用下置式或者中置式的凸轮轴,由于气门与凸轮轴的距离较远,需要气门挺杆和挺柱等辅助零件予以传递运动和力,造成气门传动机件较多,结构复杂,发动机体积大,而且

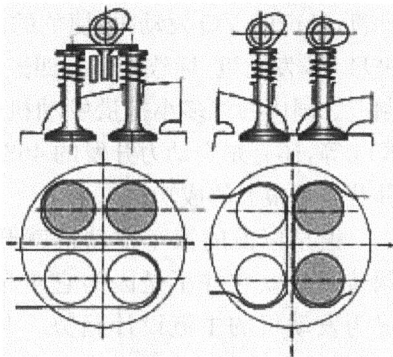

图 2-2-18　两进两排四气门发动机

笔记

可变正时凸轮

气门正时传动链条

机油泵传动链条

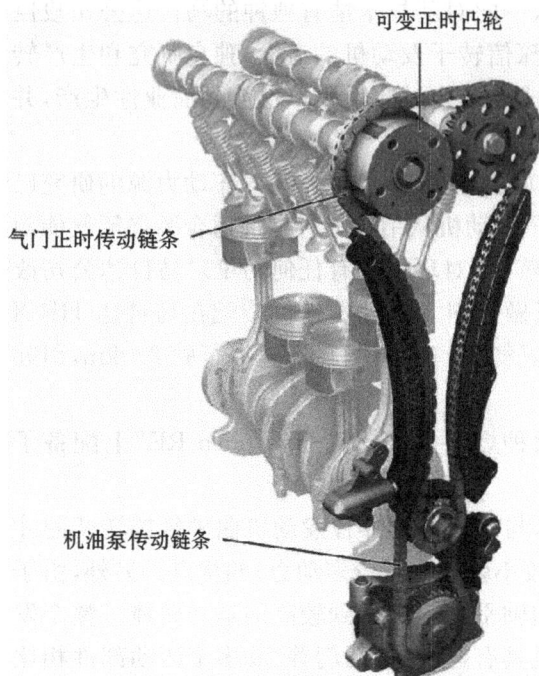

图 2-2-19　顶置凸轮轴发动机

在高速运转下还容易产生噪声，而采用顶置式凸轮轴则可以改变这种现象。所以，现代轿车发动机一般都采用了顶置式凸轮轴技术，将凸轮轴配置在发动机的上方，缩短了凸轮轴与气门之间的距离，省略了气门的挺杆和挺柱，简化了凸轮轴到气门之间的传动机构，将发动机的结构变得更加紧凑，如图 2-2-19 所示。更重要的是，这种安装方式可以减少整个系统往复运动的质量，提高了传动效率，间接地提高了发动机的动力性和经济性。

按凸轮轴数目的多少，可分为单顶置凸轮轴（SOHC）和双顶置凸轮轴（DOHC）两种，由于中高档轿车发动机一般是多气门及 V 型气缸排列，需采用双凸轮轴分别控制进排气门，因此双顶置凸轮轴被不少名牌发动机所采用。

7）发动机新材料。

传统的发动机无论是缸体还是缸盖都是采用铸铁材料制造，但是铸铁材料有着密度大、散热性差、摩擦系数高等缺点，许多发动机厂商都在寻找更好的新材料制造发动机的部件。

（1）采用全铝缸盖和缸体减小发动机质量和有利于散热。

采用全铝缸盖和缸体减小发动机质量和有利于散热，而减小发动机质量和提高发动机机体的散热能力又能提高发动机的动力性和经济性，因此，采用全铝缸盖和缸体发动机的汽车较铸铁发动机汽车具有较好的动力性和经济性。

我们日常所说的全铝发动机是指缸盖和缸体都是铝合金制造的发动机，见图 2-2-20 和 2-2-21。而缸盖是铝合金、缸体是铸铁的发动机，一般我们还是称作铸铁发动机。现在，全铝发动机已经在大量的车型上被采用，在国外，罗孚的 K 系列发动机，宝马的 M52 直列六缸发动机，日产的 VQ 发动机，捷豹的 AJ-V8 发动机、奔驰的 V6 和 V8 发动机、通用的 LS1 和北极星 V8 发动机、标致的 2 升四缸发动机和通用的新型直列四缸发动机等都是采用全铝合金制造。国内的许多小排量发动机也逐步采用全铝发动机，如国产铃木系列的发动机 G13、K14 等，还有东安动力开发的 468 发动机，这款发动机被配备在哈飞路宝和昌河爱迪尔上，并获得了很大的成功。

很早以前的汽车发动机就开始大规模采用铝质缸盖了。缸盖的重量并不大，汽车制造商喜欢它并不是因为它重量轻，而是因为它有更好的散热性能。目前，四气门结构成为发动机的主流设计趋势。与以前的两气门发动机相比，每缸四气门的气缸盖比每缸两气阀的气缸盖在工作时要产生更多的热量，采用全铝缸盖是解决散热问题最好的办法。

　　出于成本的考虑,气缸体采用全铝设计比气缸盖要晚得多。气缸体是发动机上最重的部分,因而使用铝合金材料可以减轻发动机的重量,从而达到减轻整车重量的目的。这一点对于前置前驱车型来说,较轻的前轴负荷可以改善汽车的操控性能,因而显得尤为重要。当然,由于材料价格和加工工艺的原因,采用铝合金缸体的发动机会导致生产成本的增加。

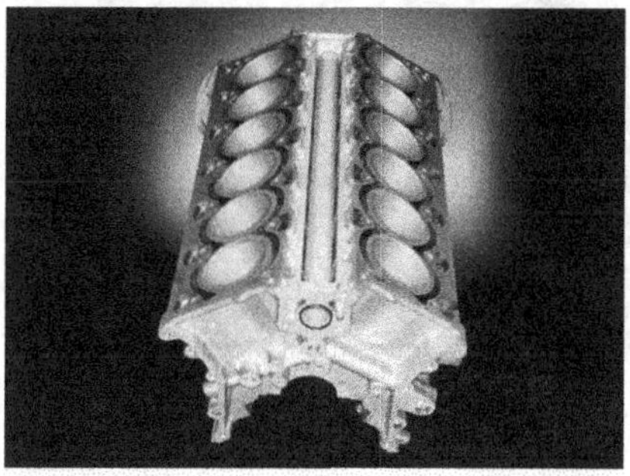

图 2-2-20　铝合金发动机缸体

图 2-2-21　铝合金发动机缸盖

　　(2) 采用树脂或镁合金作为进气管的材料以提高充气效率。

　　在发动机的结构中,复杂的进气管是另外一个质量很大的部件。特别如今流行的结构更为复杂的可变长度进气管,其质量相当大。最初,人们采用铝合金来作为进气管的替代材料,后来许多汽车制造商采用具有热塑性的 66 号尼龙或者其他耐热的可塑性材料制造进气管。因为这些复合材料有许多优点:价钱便宜、重量轻、内臂平滑(从而空气流动好、气阻小),是很理想的进气管材料,见图 2-2-22。

图 2-2-22　树脂材料进气管

　　但是,66 号尼龙等复合材料在使用中很容易产生一些细小的裂纹,这种裂纹导致高速进气时会在进气管里产生令人不快的噪声。因此,许多高档的豪华车都没有采用这种材料制造进气管,例如奔驰就选择了镁合金——这种材料比铝更轻,但它价格比较昂贵,而且耐高温能力不足。可是对于豪华车来说,性能的提高比材料成本相对来说要更重要,耐热能力不足也不是大的问题,因为进气管的温度并不高。实践证明,镁合金是金属材质的,空气在镁合金制造的进气管内流动,要比在塑料的噪声要小得多。

　　镁合金进气管噪声小、质量轻、充气效率高,提高了发动机的动力性、经济性和环保性。

　　也有一些车采用了非常少见的非金属材料,例如 TVR 和法拉利 V8 采用的是一种称作凯福拉(Kevlar)的材料来制造进气管,它能获得更轻的重量,而且进气噪声与金属进气管相当。

　　(3) 合金铝活塞和铸铁气缸套配合减小摩擦系数(见图 2-2-23 和图 2-2-24)。

笔记

图 2-2-23　合金铝活塞

图 2-2-24　铝合金气缸体内镶铸铁缸套

发动机的响应性与发动机部件的运动惯性是分不开的,发动机的运动部件包括曲轴、活塞、连杆等。由于曲轴要求瞬间强度非常高,所以只能采用高强度钢来制造。

在高转速发动机上,通常都是用铝合金来制造活塞。更轻的活塞质量能产生更高的发动机转速,从而能获得更大的动力输出。

使用铝合金来制造活塞,成本并不是非常昂贵,主要问题是在摩擦阻力上。在发动机运转的时候,活塞与气缸壁之间肯定会产生摩擦,而铝材和铝材之间的摩擦系数是很高的,它比铝和铸铁之间的摩擦系数要高得多。这样一来,如果全铝缸体配合全铝活塞,发动机运转的时候摩擦阻力就会非常大,这也是许多发动机使用铝合金活塞同时使用铸铁缸体的原因。

目前最主流的解决办法,就是在铝制的气缸体内镶一个钢制的气缸套,让铝合金活塞不会与铝制的气缸壁直接接触。

这种方法在 20 世纪 70 年代中期首先被雪佛兰 Vega 所采用。它的发动机采用全铝设计,在铝合金的气缸体内镶上了一个铸铁的缸套,当然活塞同样也采用用铝合金制造。这样的设计使得活塞与气缸壁之间的摩擦阻力比全铸铁发动机要小得多,因此它的动力得到了很大程度的提高。不仅如此,这台发动机还能获得更轻的重量和更小的运动惯性,改善了汽车的加速性、操控性和经济性。现在,许多配备了高转速发动机的汽车都采用这种方法。

本田汽车在它的 NSX 3.2L 发动机上采用了增强型金属纤维气缸套(FRM)技术,即在全铝的缸体上直接把金属纤维加热融化以后,通过特殊工艺把金属粒子渗透到气缸壁上,就仿佛在气缸壁上电镀了一层厚度只有 0.5mm 的金属纤维。该技术的生产成本和发动机升功率指标在铸铁缸体和镶铸铁缸套技术之间。

图 2-2-25　钛合金连杆

(4)采用钛合金连杆 提高发动机转速(见图 2-2-25)。

钛是一种质量很轻,强度很大的金属材料,而且价格非常昂贵,一般只在航空领域采用。不过,现在一些高性能的运动轿车为了提高性能而不计成本的采用钛合金来制造连杆,以提高发动机的转速,如兰博基尼的 Diablo、法拉力的 F355 / 360 M / 550 M、保时捷的 911 GT3 等。因为提高了发动机的转速,就等于提高了发动机的动力性。

四、发动机新技术

1. VCM 可变气缸管理系统技术

VCM 系统为本田公司发动机的新技术,应用在雅阁车型上。新一代 VCM 系统能够在三缸、四缸和全六缸工作模式间切换。VCM 系统能够让新雅阁在起步、加速或爬坡等任何需要大功率输出的情况下保证全部六个气缸投入工作。而在中速巡航和低发动机负荷工况下,仅运转一个气缸组,即三个气缸,另一排气缸组停止工作。在中等加速、高速巡航和缓坡行驶时,发动机将会用 4 个气缸来运转,即前排气缸组的左侧和中间气缸正常工作,后排气缸组的右侧和中间气缸正常工作。

2. 电喷发动机

电喷发动机是采用电子控制装置取代传统的机械系统(如化油器)来控制供油的一种发动机。如汽油机电喷系统就是通过各种传感器将发动机的温度、空燃比、节气门状况、发动机的转速、负荷、曲轴位置、车辆行驶状况等信号输入电子控制装置,电子控制装置根据这些信号参数。计算并控制发动机各气缸所需要的喷油量和喷油时刻,将汽油在一定压力下通过喷油器喷入到进气管中雾化。并与进入的空气气流混合,进入燃烧室燃烧。从而确保发动机和催化转换器始终工作在最佳状态。

1) 电喷发动机的类型。

电喷发动机按喷射位置可分为缸内喷射和进气口喷射两种,见图 2-2-26 所示。缸内喷射为多点喷射(MPI);进气口喷射又可分为单点喷射(SPl)和多点喷射(MPI)。

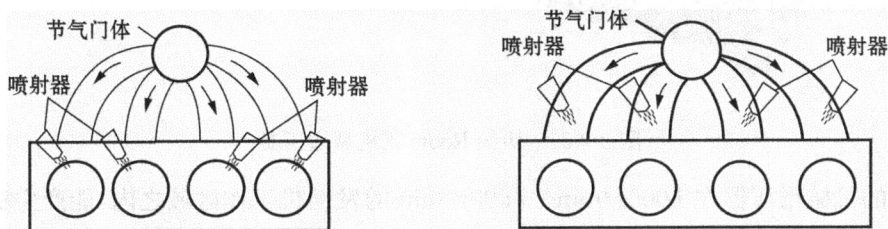

图 2-2-26　缸内喷射和进气口喷射

缸内喷射方式是将喷油器安装在缸盖上直接向缸内喷油,这种燃油喷射方式又称为缸内直接喷射,简称 DI。我们需要注意的是,汽油直接喷射与柴油直接喷射有根本的区别,这种区别主要表现在喷油时刻不同。汽油机直接喷射发生在压缩冲程开始前或刚开始时,而柴油机的直接喷射发生在压缩冲程将要结束时。由此可以引出以下几个区别:①直接喷射汽油机有较长的时间用于生成混合气;②直接喷射汽油机喷油时,缸内充气量的温度和压力较低,但相比进气管汽油喷射发动机要高得多;③直接喷射汽油机仍需要火花塞点火。

缸内直喷式汽油机能进行分层燃烧,可以点燃稀混合气。缸内直喷式汽油机的空燃比可达 40∶1,压缩比可达 12.5∶1。这种发动机排放污染也很小。缸内喷射是近几年来燃油喷射技术的发展趋势之一。

2）电控燃油喷射系统的优缺点。

电控燃油喷射系统的主要优点有：①提高了发动机的重启系数；②汽油燃烧更充分；③可均匀分配各缸燃油；④提高了汽车的驾驶性能。其缺点在于价格偏高，对维修技术的要求较高。

3. 内燃机增压技术

所谓内燃机增压就是利用增压器，将空气或可燃混合气体进行预压缩后再送入气缸燃烧的过程。增压后，每个工作循环进入气缸的新鲜空气密度增大，使实际充气量增加，从而达到提高发动机功率和改善发动机经济性的目的。内燃机增压技术主要有以下 4 种不同的增压方式：

1）机械增压（Super Charge）。

机械增压器见图 2-2-27 所示。增压器皮带轮与发动机曲轴皮带轮之间用传动皮带连接，利用发动机的动力来带动机械增压器内部的工作叶片旋转，工作叶片旋转时，压缩进气歧管内的新鲜空气，从而使得发动机充气量增加。

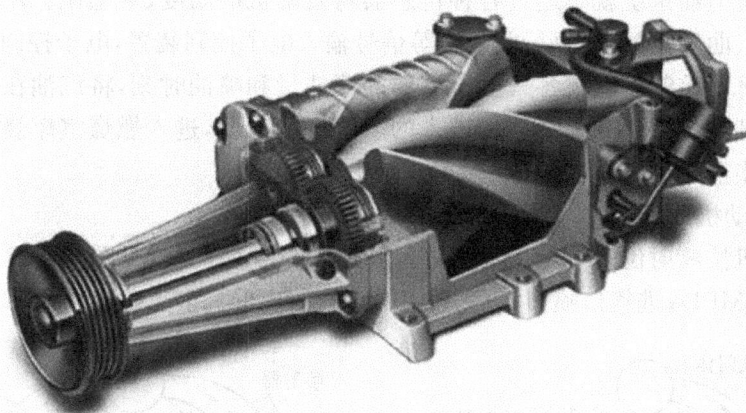

图 2-2-27　伊顿 Roots 式机械增压器

理想的机械增压器在 1000r/min～7500r/min 的发动机工作区域之内，能产生稳定的增压压力，让发动机输出功率提升 20％～40％。因此机械增压器在发动机低转速时也能就产生增压效果，通常发动机一脱离怠速区域，在 1000r/min～1300r/min 即能带动机械增压器产生增压效果，并延续至发动机最高转速，因此整体增压曲线是呈现一缓步上升的平滑曲线，经由供油程序与泄压阀的调整，即可达成"高原型"发动机输出功率曲线的目标。机械增压的优点是，转子的速度与发动机转速是同步进行的，增加动力不存在滞后，动力输出更为流畅；其缺点是，由于机械增压消耗部分发动机动力，增压效率不高。

2）废气涡轮增压（Turbo Charge）。

废气涡轮增压是利用发动机排出的废气达到增压目的。我们知道，发动机排出的尾气具有很大的动能，废气涡轮增压器利用发动机排出的尾气动能来推动涡轮室内的涡轮，涡轮又带动同轴的叶轮，叶轮再压送由空气滤清器管道送来的新鲜空气，使之增压再进入气缸，从而达到增压目的,如图 2-2-28 所示。

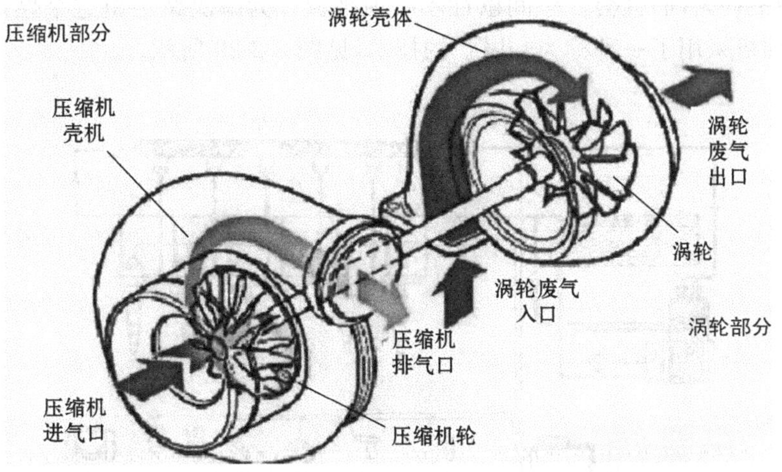

图 2-2-28　废气涡轮增压原理示意图

发动机转速越快,废气排出的速度就越大,涡轮的转速也就同步增大,叶轮就能压缩更多的新鲜空气进入气缸。新鲜空气的压力和密度越大,进入进气歧管内的新鲜空气总量就越多;新鲜空气总量越多,按照理论空燃比计算,需要燃烧更多的燃料,增压所增加的新鲜空气总量和燃料总量就可以增加发动机的输出功率和转矩。

一般增压压力可达 180～300kPa,并且需要增设空气中间冷却器来给高温压缩空气进行冷却。涡轮增压器的最大优点,是在不加大发动机排量的前提下就能较大幅度地提高发动机的功率及转矩,一般而言,加装增压器后的发动机的功率及转矩要增大 20%～30%。涡轮增压器的缺点是滞后,即由于叶轮的惯性作用对节气门瞬时变化反应迟缓,这对于要突然加速或超车的汽车而言,驾驶员会觉得有少许操纵滞后的感觉。

涡轮增压简称 Turbo,我们在轿车尾部看到排量加 T 的标记,即表明该车采用的发动机是属于涡轮增压发动机。

3) 复合增压。

复合增压是废气涡轮增压和机械增压并用的内燃机增压技术,这种增压方式在大功率柴油机上用的较多。复合增压发动机输出功率大、燃油消耗率低、噪声小,但结构过于复杂。

4) 气波增压。

气波增压是利用高压废气的脉冲气波迫使新鲜空气压缩后再进入进气歧管。这种系统低速增压性能好、加速性好、工况范围大;但尺寸大、笨重和噪声大。

4. 柴油机共轨直喷技术

在车用柴油机中,高速运转使柴油喷射过程的时间只有千分之几秒,在喷射过程中高压油管各处的压力是随时间和位置的不同而变化的。由于柴油的可压缩性和高压油管中柴油的压力波动,使实际的喷油状态与喷油泵所规定的柱塞供油规律有较大的差异。油管内的压力波动有时还会在主喷射之后,使高压油管内的压力再次上升,达到令喷油器的针阀开启的压力,将已经关闭的针阀又重新打开产生二次喷油现象,由于二次喷油不可能完全燃烧,于是增加了烟度和碳氢化合物(HC)的排放量,油耗增加。此外,每次喷射循环后高压油管

笔记

内的残压都会发生变化,随之引起不稳定的喷射,尤其在低转速区域容易产生上述现象,严重时不仅喷油不均匀,而且会发生间歇性不喷射现象。为解决柴油机这个燃油压力变化的缺陷,现代柴油机采用了一种称为"共轨"的技术,见图2-2-29所示。

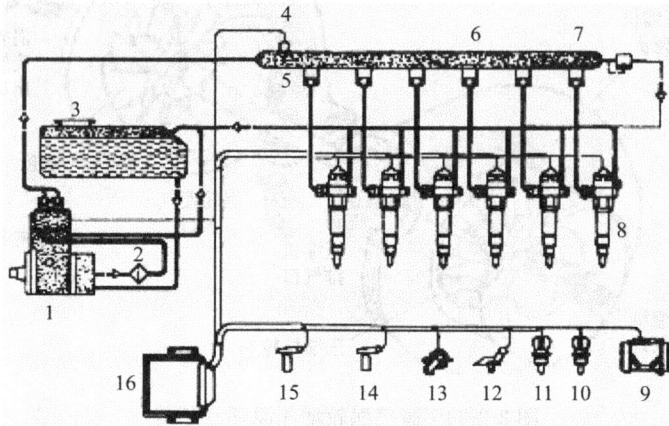

图2-2-29　柴油机共轨直喷系统示意图

共轨技术是指高压油泵、压力传感器和ECU组成的闭环系统中,将喷射压力的产生和喷射过程彼此完全分开的一种供油方式,由高压油泵把高压燃油输送到公共供油管,通过对公共供油管内的油压实现精确控制,使高压油管压力大小与发动机的转速无关,可以大幅度减小柴油机供油压力随发动机转速的变化,因此也就减少了传统柴油机的缺陷。由ECU控制喷油器的喷油量,喷油量大小取决于燃油轨(公共供油管)压力和电磁阀开启时间的长短。

5. 可变气门技术

发动机可变气门正时技术(Variable Valve Timing,即VVT)是近些年来被逐渐应用于现代轿车上的发动机新技术中的一种,采用可变气门正时技术的发动机可以提高充气系数,使充气总量增加,这样,发动机的转矩和功率可以得到进一步的提高,如图2-2-30所示。

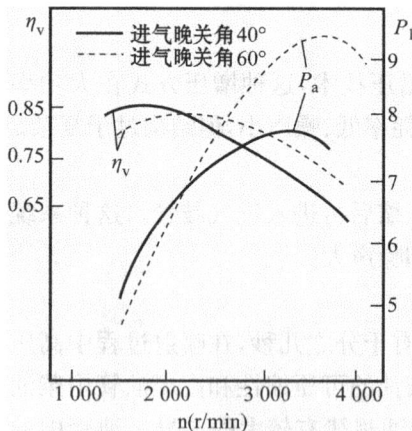

图2-2-30　配气正时与
充气效率的关系

合理选择配气正时,保证最好的充气效率,是改善发动机性能极为重要的技术问题。分析内燃机的工作原理,我们知道,在进、排气门开闭的四个过程中,进气门迟闭角的改变对充气效率影响最大。进气门迟闭角的变化对充气效率和发动机功率的影响关系可以通过图2-2-30予以说明。

图2-2-30示出了发动机功率和充气效率η_v曲线随转速变化的关系。从图上可以看出,当进气门迟闭角为40°时,充气效率η_v约在1800r/min的转速下达到最高值,说明在这个转速下工作能最好地利用气流的惯性充气。当转速高于此转速时,气流惯性增加,使一部分本来可以利用气流惯性进入气缸的气体被气门关在气缸之外,加之转速上升,流动阻力增加,所以使充气效率η_v

下降。当转速低于此转速时，气流惯性减小，压缩行程初始时就可能使一部分新鲜气体被推回进气管，因此，充气效率 η_v 也会下降。

从图 2-2-30 中还可以看出，不同的进气迟闭角，具有不同的充气效率 η_v 曲线。不同的进气迟闭角的充气效率 η_v 曲线最大值所相对应的转速又有所不同，一般迟闭角增大，与充气效率 η_v 曲线最大值所相对应的转速也增加。迟闭角为 40° 与迟闭角为 60° 的充气效率曲线 η_v 相比，曲线最大值相当的转速分别为 1800 r/min 和 2200 r/min。由于转速增加，气流速度加大，这是因为，较大的迟闭角可充分利用高速的气流惯性来增加充气。

因此，改变进气迟闭角可以改变充气效率 η_v 曲线随转速变化的趋向，以调整发动机功率与转矩曲线，以满足不同工况下汽车的使用要求。显然，理想的气门正时应当是根据发动机的工作情况及时做出调整，而对于传统的凸轮挺杆气门机构，是无法做到这一点的。

1）丰田 VVT-i 发动机技术。

VVT-i 系统的英文全称为 Variable Valve Timing-intelligent，是丰田公司的智能可变气门正时系统的英文缩写，汉语意思是"智能可变配气正时系统"。现在，丰田轿车发动机已普遍安装了 VVT-i 系统。

VVT-i 系统由传感器、电控单元、液压控制阀和控制器等部分组成，丰田发动机的 VVT-i 系统可连续调节气门正时。它的工作原理如图 2-2-31 所示：当发动机由低速向高速转换时，电子计算机就自动地将机油压向进气凸轮轴驱动齿轮内的小涡轮，这样，在机油压力的作用下，小涡轮就相对于齿轮壳旋转一定的角度，从而使凸轮轴在 60 度的范围内可以向前或向后旋转（相对于曲轴），从而改变进气门开启的时刻，达到连续调节气门正时的目的。

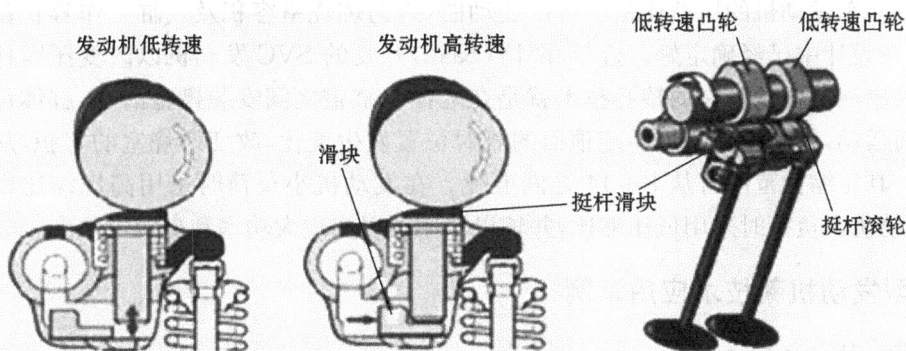

图 2-2-31 VVT-i 结构示意图

该系统的最大特点是可根据发动机的工作状态控制进气凸轮轴的转角，通过调整凸轮轴转角对配气时机进行优化，以获得最佳的配气正时，从而在所有速度范围内提高转矩，并能大大改善燃油经济性，有效提高汽车的功率与性能，减少油耗和废气排放。

按控制器的安装部位不同而分成两种：一是安装在排气凸轮轴上的，称为叶片式 VVT-i，如丰田大霸王普锐维亚；二是安装在进气凸轮轴上的，称为螺旋槽式 VVT-i，如雷克萨斯 400、430 等高级轿车。

2）本田发动机的 VTEC 技术。

本田发动机的 VTEC 技术为英文"Variable Valve Timing and Lift Electronic Control System"的缩写,中文意思为"可变气门正时及升程电子控制系统"。VTEC 也是可变气门控制技术,与丰田发动机仅仅只改变气门开度的 VVT-i 技术不同的是,VTEC 技术是通过同时改变气门开度和升程来改变进排气量,借以提高发动机功率和转矩。该系统由 ECU 接收发动机传感器(包括转速、进气压力、车速、水温等)的参数并进行处理,输出相应的控制信号,VTEC 发动机有中低速用和高速用两组不同的气门驱动凸轮,并可通过电子控制系统的调节进行自动转换。通过 VTEC 系统装置,发动机可以根据行驶工况自动改变气门的开启时间和提升程度,即改变进气量和排气量,从而达到增大功率、降低油耗及减少污染的目的。

近年,本田又推出了比 VTEC 更先进的 i-VTEC 系统,i-VTEC 系统是在现有的基础上,添加了一个"可变正时控制系统",通过 ECU 控制程序调节气门的开启关闭,使气门的重叠时间更加精确,达到最佳的进、排气时机,并且进一步提高了发动机的功率。从远期来看,VTEC 将会被 i-VTEC 所取代。

6. 可变排量技术(VDE)

美国福特汽车公司利用最先进的电脑控制技术,开发出可变排量发动机(VDE),可以很好地控制汽车发动机的动力输出和改善汽车的燃油经济性。这种技术适合多气缸的发动机使用。例如,一台具有 12 个气缸的发动机,利用 VDE 技术,可以根据行驶条件的需要,可以让 12 个气缸全部工作,也可以让 6 个气缸正常工作,而让另 6 个气缸处于怠速状态。这样,就可以随时调整发动机的排气量,从而减少能源的消耗。

7. 可变压缩比技术(SVC)

一般汽车发动机的压缩比是不可以变动的,因为燃烧室容积及气缸工作容积都是固定的参数,在设计中已经确定好。近年,萨博(Saab)开发的 SVC 发动机以改变压缩比来控制发动机的燃油消耗量。它的核心技术就是在缸体与缸盖之间安装楔型滑块,缸体可以沿滑块的斜面运动,使得燃烧室与活塞顶面的相对位置发生变化,改变燃烧室的容积,从而改变压缩比。其压缩比范围可从 8~14 之间变化。在发动机小负荷时采用高压缩比以节约燃油;在发动机大负荷时采用低压缩比,并辅以增压器以实现大功率和高转矩输出。

五、典型发动机新技术应用举例

1. FSI 技术发动机

大众、奥迪公司的 FSI 发动机是 Fuel Stratified Injection 的词头缩写,意指燃油分层喷射燃烧。该技术的运用使 FSI 发动机与一般电喷发动机相比,拥有更低的油耗、更好的环保性能和更大的输出功率和转矩。

FSI 发动机的特点是新鲜空气在进气道中已经产生可变涡流,使进气气流形成最佳的涡流形态进入燃烧室内,以分层填充的方式推动混合气体集中在位于燃烧室中央的火花塞周围。如果稀燃技术的空燃混合比达到 25∶1 以上,按照常规是无法点燃的,因此必须采用由浓至稀的分层燃烧方式。通过缸内空气的运动在火花塞周围形成易于点火的浓混合气,混合比达到 12∶1 左右,外层逐渐稀薄。浓混合气点燃后,燃烧迅速波及外层。

大众、奥迪公司发明的 FSI 技术在汽油机直喷技术上具有里程碑意义。如今世界市场大多数汽车上采用的汽油机直喷技术都来自大众和奥迪,这种技术的最显著的优点就是在提供更大的输出功率和转矩的同时,能够提高燃油经济性和减少有害物质的排放。

2. TSI 技术发动机

TSI 是 Twincharger(涡轮增压和机械增压)和 Fuel Stratified Injection(燃油分层直喷)三个关键特色的首字母缩写。是一款双增压的燃油分层直喷发动机技术。从技术上讲 TSI 与 FSI 是同一家族,缸内直喷的工作原理相同,由于加入了增压技术,TSI 比 FSI 更先进,属于大功率、低转速大转矩的发动机技术。增压器后的缸内直喷发动机与普通直喷发动机技术相比,TSI 发动机拥有更小的体积和更出色的动力表现和节油优势。

TSI 燃油直喷技术是当今汽车工业发动机技术中最为成熟、最先进的燃油直喷技术,并引领了汽油发动机的发展趋势。

任务2.3　底盘与汽车性能

知识目标

● 知道汽车底盘构成的四大系统及其组成部件。

● 初步理解汽车底盘四大系统结构及其性能参数。

● 知道汽车底盘四大系统性能参数对整车性能的影响。

能力目标

● 能够运用所学知识向客户介绍汽车底盘四大系统的组成及其基本功用,介绍汽车底盘四大系统性能参数,能分析汽车底盘四大系统性能参数对整车性能的影响。能分析不同型式底盘结构对汽车整车性能的影响。

情境描述

汽车怎样转弯?下坡怎样减速?遇到泥泞烂路怎样减震?这些都是汽车底盘所要解决的问题。

对于装用相同发动机,而具有不同底盘配置的汽车,怎样辨识它们的优缺点?首先,应当分析其动力传动系统的结构和配置,然后,应该分析制动系统、转向系统和行驶系统的结构和配置,分别比较其参数、特性及其所装备的新型技术,最终,根据各项指标参数的综合情况,判断其底盘技术的优劣,并据此可分析整车的性能。

任务剖析

汽车底盘毕竟只是整车的一部分。因此,先进的底盘技术必须与汽车发动机等总成相互匹配才能发挥其应有的优势。我们在学习底盘结构及其性能时,应该联系汽车整车性能来分析其性能优劣,同样不能以偏概全。

任务载体

该任务以机械(或液力机械)传动系、动力助力转向系、轮式机械行驶系及液压制动系为载体,讲述汽车底盘四大系统的基本结构及其新技术,分析由结构和工艺所决定的总成性能及其与整车性能之间的关系。

相关知识

一、汽车传动系统

汽车发动机与驱动轮之间的动力传递装置称为汽车的传动系。它应保证汽车具有在各

笔记

种行驶条件下所必需的牵引力、车速,以及它们之间的协调变化等功能,使汽车有良好的动力性和燃油经济性;还应保证汽车能倒车,以及左、右驱动车轮能适应差速要求,并使动力传递能根据需要而平稳地接合或彻底、迅速地分离。

传动系包括:离合器、变速器、万向传动装置、主减速器及差速器、半轴等部分。

汽车传动系统一般由离合器、变速器、传动轴、主减速器、差速器、半轴等组成,全轮驱动汽车还包括分动器。传动系统的组成和布置形式根据发动机类型、安装位置以及汽车用途不同而不尽相同,如图 2-3-1 所示。

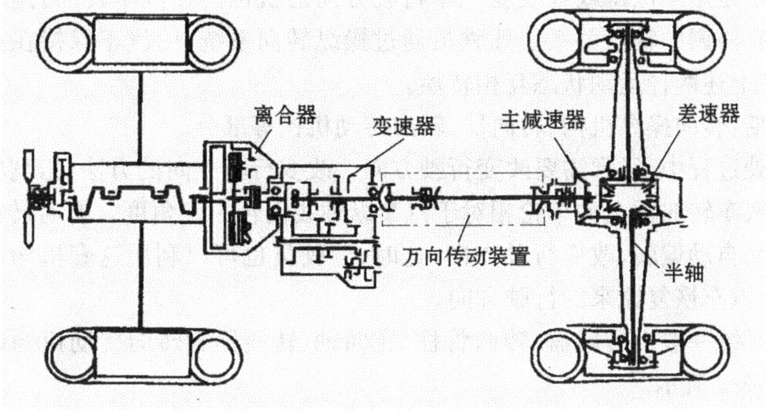

图 2-3-1　汽车传动系结构示意图

汽车传动系统首先将发动机输出的动力从离合器经变速器、传动轴传到主减速器的主动小齿轮,经主减速器减速后转矩增大,再经差速器分配给左右两半轴,最后传至驱动车轮,使汽车产生运动。传动系统具有中断动力、变速、倒车、减速、轮间差速和轴间差速等功能,与发动机配合工作,能保证汽车在各种工况条件下的正常行驶,并具有良好的动力性和经济性。

二、行驶系

行驶系包括:车架、车桥、悬架和车轮等部分。

行驶系统用来接受发动机经传动系统传来的转矩,并通过驱动轮和路面间的附着作

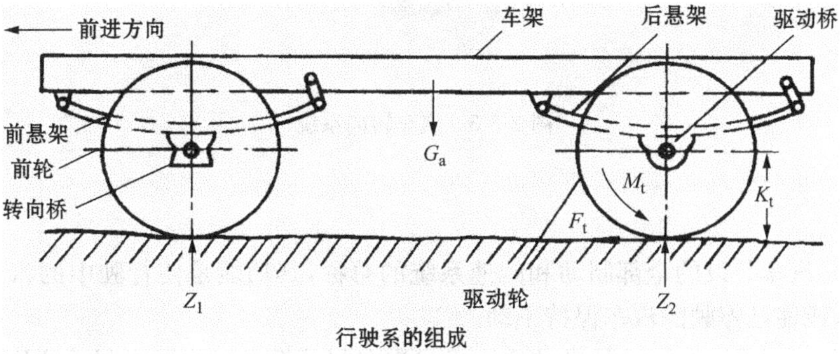

图 2-3-2　汽车行驶系结构示意图

笔记

用,产生路面对汽车的牵引力,以保证汽车正常行驶,传递并承受路面作用于车轮上的各向反力及其所形成的力矩。此外,它应尽可能缓和不平路面对车身造成的冲击和振动,保证汽车行驶的平顺性,并且与汽车转向系统很好地配合工作,实现汽车行驶方向的正常控制,以保证汽车操纵的稳定性。汽车行驶系统一般由车架、悬架、车桥和车轮组成,如图2-3-2所示。

三、转向系

汽车转向系是用来保持或者改变汽车行驶方向的机构。在汽车转向行驶时,还要保证各转向轮之间有协调的转角关系。驾驶员通过操纵转向系统,使汽车保持在直线或转弯运动状态,或者使上述两种运动状态互相转换。

转向系包括:转向操纵机构、转向器、转向传动机构等部分。

汽车在行驶过程中,经常需要改变行驶方向。改变行驶方向的方法是,驾驶员通过一套专设的机构使汽车转向桥上的车轮相对于汽车纵轴线偏转一定角度。有时转向轮也会受到侧向力的干扰而自动偏转,改变行驶方向,这时,驾驶员也可以利用这套机构使转向轮向相反方向偏转,使汽车恢复原来的行驶方向。

汽车转向系统一般由转向盘、转向管柱、转向轴、转向器和转向传动机构(传动杆)等部件组成,如图 2-3-3 所示。

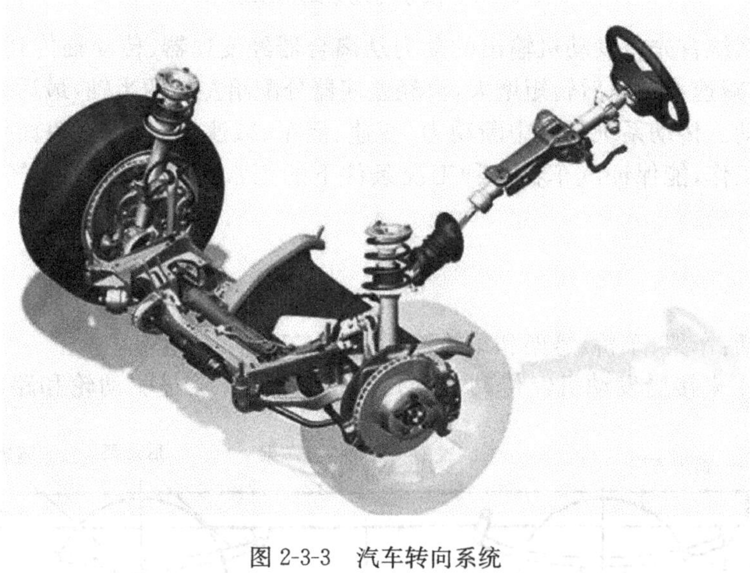

图 2-3-3　汽车转向系统

四、制动系

制动系是汽车装设的全部制动和减速系统的总称,其功能是使行驶中的汽车减低速度或停止行驶,或使已停驶的汽车保持不动。

制动系包括:制动器、制动传动装置。现代汽车制动系中还装设了制动防抱死装置等先进制动辅助装置。如图 2-3-4 所示。

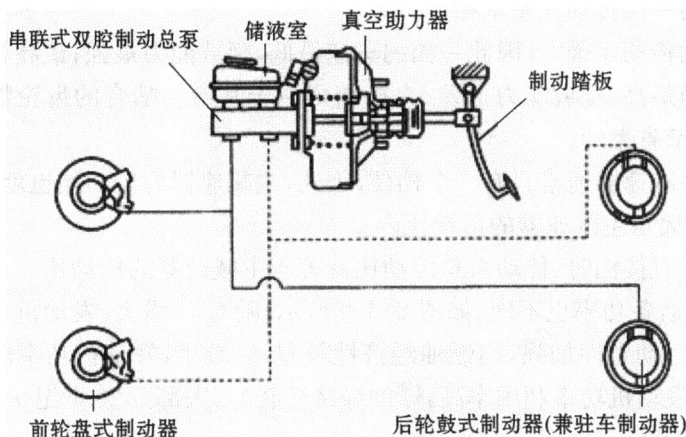

图 2-3-4　汽车制动系结构示意图

（一）制动系统的功能、分类和组成

1. 功能

汽车的制动系统是在车辆行驶过程中,使车辆减速甚至停车,使下坡的速度保持稳定,以及使停驶的车辆保持不动的系统。汽车制动性能是汽车安全行驶的重要保证。

为此,对汽车制动系统提出了许多严格的要求:① 汽车制动系统在行驶过程中能以适当的减速度使汽车速度降低到所需值;② 制动系统能使汽车在下坡行驶时保持适当的稳定速度;③ 制动系统能使汽车可靠地在原地或坡道上停驻;④ 汽车的制动性能受温度和水的影响较小,且能较快地恢复;⑤ 制动时汽车的方向应稳定;⑥ 制动系统任一环节上出现故障,汽车不应丧失制动能力,即工作应可靠;⑦ 制动操作应轻便自如。

2. 分类

按制动系统的作用可分为行车制动系统、驻车制动系统、应急制动系统及辅助制动系统等。

按制动操纵能源可分为人力制动系统、动力制动系统和伺服制动系统等。

按制动能量的传输方式可分为机械式、液压式、气压式、电磁式等。同时采用两种以上传输方式的制动系称为组合式制动系统。

五、底盘对汽车动力性和经济性的影响

（一）传动系总传动比对汽车动力性和经济性的影响

1. 传动系总传动比概述

传动系总传动比等于传动系各个转动总成传动比的乘积。一般来说,如果汽车上没有配备分动器和副变速器,传动系总传动比就等于变速器的传动比乘以主减速器的传动比。

变速器的传动比根据变速器档位的不同而不同,通常用 i_g 来表示。一档的传动比最大,二档次之,最高档的传动比最小,直接档是指变速器中转动比等于 1 的那个档位。大部分汽

笔记

车的倒档转动比与一档传动比基本相等。

变速器一档的传动比最大,因此一档的车速最低,爬坡能力最强;最高档的传动比最小,因此最高档的车速最高,爬坡能力最差;直接档则由于其参与啮合的齿轮数目最少,传动效率最高,行车时最节省燃油。

一辆汽车的主减速器通常只有一个档位,因此,主减速器的传动比也就只是一个固定的数值,我们常用 i_0 表示主减速器的传动比。

当变速器处于直接档时,传动系总传动比就等于主减速器的传动比 i_0。主减速器的传动比 i_0 不同,汽车的后备功率也不同。如图 2-2-9 所示,随着 i_0 增大,发动机功率曲线左移,汽车的后备功率增大,动力性加强,但燃油经济性较差。i_0 减小,发动机功率曲线右移,汽车的后备功率较小,但发动机功率利用率高,燃油经济性较好。大部分 20 世纪 90 年代轿车的后桥转动比在 2.7∶1 到 3∶1 之间。

从图 2-2-9 还可以看出主减速器的传动比 i_0 不同,汽车功率平衡图上发动机功率曲线的位置就不同,与水平路面行驶阻力功率曲线的交点所确定的最高车速也就不同。当阻力功率曲线正好与发动机功率曲线交在其最大功率点上时,所得到的汽车最高车速数值最大,$v_{max} = v_p$,v_p 为发动机最大功率时的车速。当阻力功率曲线交在其最大功率点的右方时,所得到的汽车最高车速数值小于 v_{max}。但能得到一定的后备功率用于汽车爬坡与加速。

2. 传动系总传动比对汽车动力性和经济性的影响

传动系的传动比包括变速器各档速比和主减速器比,在良好的道路上行驶选用小速比的主减速器可提高汽车的燃油经济性。但是,主减速器传动比过小,就会使最高档的动力性过低,反而会使汽车的燃油经济性变坏,因此一般设计减速器传动比都有一个范围,使得挂直接档时仍能有较大的后备功率用于加速或上小坡。

(二)传动系档位个数对汽车动力性和经济性的影响

1. 传动系档位个数

当主减速器的传动比一定,且无副变速器和分动器时,传动系档数即为变速器前进档的档位个数。各种不同类型的汽车,变速器档位数的多少设置各有不同,货车变速器档位数随整车装备质量的增加而增多,总质量 3.5 t 以下轻型货车绝大多数采用四档变速器,总质量 3.5~10t 的汽车 80% 用五档变速器。

总质量 14t 以上的汽车大都带有副变速器,常采用 8、10、12 个或更多档。越野车总质量在 3.5t 以下的汽车多采用四档变速器和两档分动器,3.5t 以上的采用五档或六档变速器和两档分动器。现在,轿车已越来越多地采用五档变速器。

档位数的多少还影响到相邻两档之间的传动比的比值。相邻两档之间的传动比比值过大时会造成换档困难,一般认为该比值不宜大过 1.7~1.8,要求高档区相邻档位之间的传动比比值要比低档区相邻档位之间的传动比比值小。因此一档传动比越大的变速器,档数量也应该越多。

2. 传动系档位个数对汽车动力性和经济性的影响

变速器档位数增加时,发动机在接近最大功率工况下工作的机会增加,因此,发动机的功率利用率高,后备功率也会增大。这有利于汽车加速和上坡,提高了汽车中速行驶时的动力性和经济性。但档位数多于五档,会使变速器的结构和操纵变得非常复杂。

(三) 变速器的型式对汽车动力性和经济性的影响

1. 变速器的类型

众所周知,变速器型式有手动变速器和自动变速器。自动变速器由于具有操作容易、驾驶舒适、能减少驾驶者劳动强度的优点,已成为现代轿车配置的一种发展方向。装有自动变速器的汽车能根据路面状况自动变速变矩,驾驶者可以全神贯注地注视路面交通而不会被频繁换档所累。

汽车自动变速器常见的主要有 3 种型式:液力自动变速器(AT)、机械无级自动变速器CVT(如图 2-3-5 所示)和电控机械自动变速器(AMT)。其中,电控机械自动变速器又称手自一体式变速器。此外,近年来,一些高档汽车还使用了性能优越的 DSG 双离合器变速器。目前,装备自动变速器的汽车轿车普遍使用的是液力自动变速器(AT)。

图 2-3-5　无级变速器(CVT)操作手柄　　　　图 2-3-6　自动变速器(AT)操作手柄

2. 自动变速器的档位

一般来说,自动变速器的档位分为 P、R、N、D、2、1 或 L 等,如图 2-3-6 所示。其中,P 档(Parking)用作停车之用,它的工作原理是利用机械装置锁紧汽车的转动部分,使汽车停车后不易被推动。在使用时应注意:车辆一定要在完全停止后,才可使用 P 档,要不然自动变速器的机械部分会受到损坏。另外,自动变速轿车上装置空档启动开关,使得汽车只能在"P"或"N"档才能启动发动机,以避免在其他档位上误启动时,出现使汽车突然前窜等启动冲击现象。

R 档(Reverse) 用作倒车之用。要使用倒档时,通常要按下变速杆上的保险按钮,才可将变速杆移至"R"档。在使用时应注意:当车辆尚未完全停稳时,绝对不可以强行挂入"R"档,否则,变速器会受到严重损坏。

N 档(Neutral)为空档。当将变速杆置于"N"档上时,发动机与变速器之间的动力就被切断。车辆行驶时如需短暂停留,驾驶员可将变速杆置于此档,并拉紧驻车制动杆,右脚可移离制动踏板稍作休息。

D 档(Drive)为前进档,用于在一般道路上行驶时选用。"D"档内一般包含了从 1 档至最高档或者从 2 档至最高档的全部前进档位。挂入"D"档后,行驶中的汽车会随着车速及发动机负荷的变化而自动换档。当将变速杆放置在"D"档上时,驾车者只要控制好节气门踏板的开度就可以控制车速的快慢。

　　2档(Second Gear)为前进档,但挂入该档位的变速器只能在1档、2档之间自动换挡,没有3档、4档、5档等其他档位。将变速杆拨放在该档位时,汽车会由1档起步,当速度增加到符合换挡条件时会自动换入2档。2档一般用作汽车在上、下坡或冰雪和泥泞路面行驶时选用。

　　1档(First Cear)也是前进档,但挂入该档位的变速器只能在1档内工作,不能变换到其他档位。一般在交通严重堵塞的道路条件下,或者坡度较大的斜坡道路和条件极为艰难的冰雪和泥泞的路面上使用该档位。

　　3. 手自一体式变速器(AMT)

　　手自一体式变速器是通过电控系统,模拟出手动变速器的操作动作,让驾驶者可以通过换档杆选取加档或减档操作的装置。它的出现,使驾驶者可以自由选择合适的换档档位和换档时机,大大提高了驾驶乐趣。

　　目前市场上常见的手自一体式变速器主要有以下两种大的类型:

　　第一种类型的手自一体式变速器是以自动变速器(AT)为基础,在自动变速器(AT)的基础上,加装了专门用于监控手动模式下驾驶人换档动作的电子和液压控制装置,这样,即便是处于手动模式工作时,自动变速系统仍然处于自动控制状态,如保时捷、奥迪所选装的Tiptronic变速系统、宝马Steptronic变速系统及阿尔法·罗密欧选用的Q变速系统都属于这一类。

　　使用这类手自一体式变速器,当处于手动模式时,如果驾驶员忘记加、减档操作,系统会自动执行加、减档操作;如果驾驶员不小心实施了误操作,系统会拒绝执行(比如在车速很高时驾驶员挂入较低的档位时);起步时,系统会自动地将档位挂入1或2档;当车辆打滑时,系统会自动转到"恶性劣天气模式",以防止车轮打滑。

　　第二种类型的手自一体式变速器是以手动变速器为基础,采用了普通"H"型换档方式的手动变速器和自动离合器相结合的变速系统。它与普通手动变速器的区别是,拥有电子和液压控制的离合器。而换档机构仍是和传统的普通手动变速器一样的。如雷诺的Easy System、萨博的Sensonic、菲亚特的Seicento城市自动系统以及奔驰A级车都采用了这种变速系统。

　　这种变速系统的离合器踏板,被微处理器ECU所控制的执行电动机驱动,根据传感器感应所得到的汽车实时的档位、车速、节气门位置,执行电动机会根据微处理器的命令,使离合器分离或接合,如图2-3-7所示。

　　4. CVT(无级变速器)

　　CVT无级系统主要包括主动轮组、从动轮组、金属传动带和液压泵等基本部件,CVT的内部并没有传统变速器所具有的齿轮传动装置,如图2-3-8所示。其基本结构和原理是,将金属传动带的一端绕在主动轮组的锥形带轮上,另一端则绕在从动轮组的锥形带轮上,通过液压油缸和活塞的推力,可以使主、从动锥形带轮的轴向位置发生变化,从而改变主、从动锥形带轮外径大小。电控系统控制系统油压,以最大直径的主动锥形带轮,带动最小直径的被动锥形带轮,就可得到最高的传动比;反之,则得到最低的传动比。行车时,根据工况变化,电脑控制系统通过来自各个传感器信号的变化,随时判断控制主、从动锥形带轮的液压油缸的油压,锥形带轮传动的传动比可以连续变化,从而达到无级变速的目的。

图 2-3-7　手动/自动一体式
变速器操纵手柄

图 2-3-8　CVT(无级变速器)

5. DSG 双离合器变速器

手动变速器在换档时,都需要经过空档,因而常常出现动力传动暂时中断的现象。自动变速器换档时,需要经过液压传递,会存在响应迟缓的缺点。DSG 双离合器变速器则综合了手动变速器和自动变速器的各自优点,能获得很好的变速效果。

如图 2-3-9 所示,DSG 双离合器变速器的工作过程是这样的:湿式双离合器中的一个离合器控制单数档位齿轮的动力输入,另一个离合器控制双数档位齿轮的动力输入。这样,在变速器挂入一档工作时,二档齿轮组就已经啮合完毕,一到升换档时机,双数档位离合器就与发动机输出轴接合而换入二档,与此同时,由单数档位离合器所控制的三档齿轮组随即完成啮合,等待换档指令出现即挂入三档。

在 DSG 双离合器变速器换档过程中,微小的液压功耗损失和极短的换档时间使得整个换档过程达到了极高的效率,从而降低了动力损耗,提高了汽车的加速性和燃油经济性。目前,除了大众集团一些车型使用 DSG 双离合器变速器外,像日产超级跑车 GT-R、三菱新一代 EVO 和宝马 M 系列运动轿车上都使用了双离合器变速器,可以预计,在强调高性能的高档轿车和跑车上,将会有越来越多双离合器变速器的身影出现。

6. 经典变速器举例

1) 奥迪 Multitronic 变速器。

奥迪 Multitronic 变速器实际上就是一种无级变速器(CVT)。我们已经知道,装用 CVT 无级变速器的汽车,从理论上来说,相当于汽车有无穷多个档位,因此能极大地提高汽车动力性和燃油经济性。但是 CVT 变速器也有其弱点,比如说,传动带容易损坏,无法承受较大的载荷等,正因如此,使得它一直以来多应用在小排量、低功率的汽车上。奥迪 Multitronic 变速器通过多项技术改进,将无级自动变速器(CVT)拓宽到了大排量、中高档车领域。

奥迪 Multitronic 变速器对传统 CVT 的技术改进主要体现在如下几个方面:

首先,电子控制系统中所谓的 DRP 动态控制程序,能够对驾驶员使用节气门踏板的方式进行自动评估,从而确定动力输出方式是偏重动力性能还是偏重经济性。如果动力输出方式偏重经济性,当车速很低时,由于此时发动机转速低并具有较小节气门开度,DRP 动态控制程序会根据工作特性图,以通过减小传动比的方式,维持汽车正常行驶速度。如果动力输出方式偏重动力性,当驾驶员把节气门踩到底时,DRP 动态控制程序会根据工作特性图,

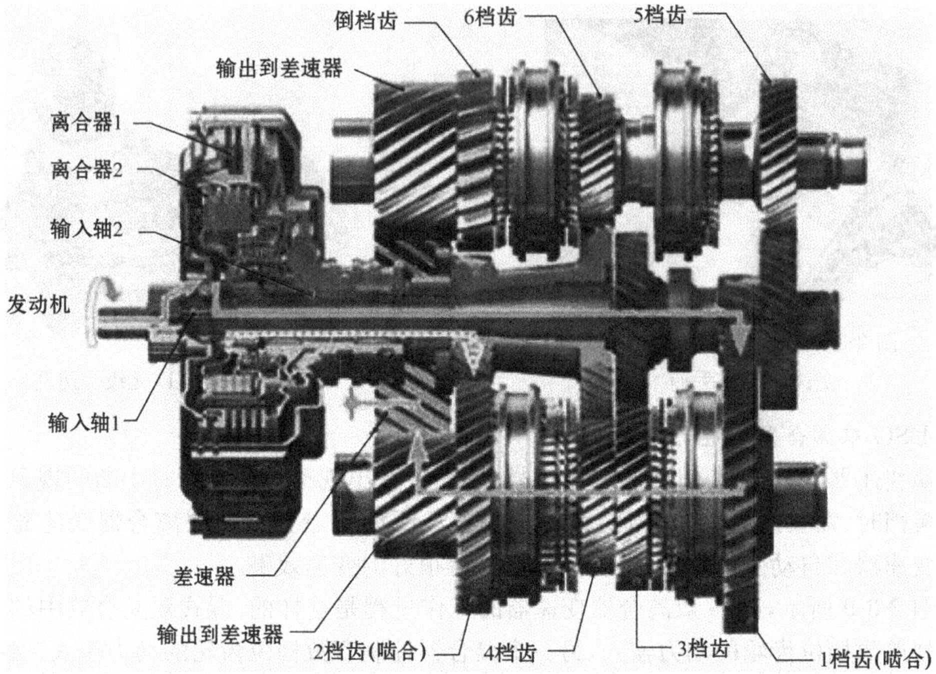

图 2-3-9   DSG 双离合器变速器

增大传动比,此时,既使汽车行驶速度很低,发动机也需高转速运转,以输出所需的最大功率。在其他正常驾驶工况下,DRP 动态控制程序会在上述两种极限情况之间,选择变速器所需的最合适的传动比。

第二,Multitronic 变速器采用链条传动代替了金属带传动,并对链条的结构进行了改进,它采用一种称为多片式链带的传动组件,其链条采用了层状的结构,增加了传输转矩的能力,能满足大排量汽车的传动要求。

第三,Multitronic 变速器在结构上利用湿式多片式离合器取代了以前传统 CVT 和普通自动变速器车上的液力变矩器。湿式多片式离合器具有质量小、尺寸小、反应快、传动效率高的特点。

2) 通用 Hydra-Matic 变速器。

通用 Hydra-Matic 变速器目前装备在凯迪拉克 STS-V 车型上,这种变速器实际上就是一种六速液力自动变速器(AT)。

通用 Hydra-Matic 变速器与常用液力自动变速器(AT)相比较,其先进性主要表现在如下几个方面:

(1) 档位多,换档平顺性好。目前市面上常见的自动变速器,一般都采用四速行星齿轮传动机构传动比。而通用 Hydra-Matic 变速器则具有六速行星齿轮传动机构传动比,其行星齿轮传动机构传动比分别是一档为 4.03、二档为 2.36、三档为 1.53、四档为 1.15、五档为 0.85、六档为 0.67。显然,它比四速自动变速器具有更大的传动比和更小的相邻两档之间的传动比级差,因此变速时也就更加平顺。

(2) 具有手自一体化功能。该变速器装备了驾驶换档控制系统(DSC),通过它,可以实现液力自动档和五速手动档之间的切换。而且,在设计上保证每个档位上都有滑行离合器,能在所有五个档位上进行发动机制动。

(3)具有自动降档功能。该变速器装备了具有性能运算降档功能的系统(PAL),该系统会在汽车连续高速行驶后,阻止变速器再行升档,保持发动机制动。如果系统发现车辆拐弯前速度下降过多,变速器可能会连降两档以避免失速。

另外,这款变速器还具有在崎岖山路上减少"档位搜索"的换档稳定功能,带有制动助力的降档监视功能、电控发动机制动,以及适应这些高动力、高扭力的新式发动机所需的新型双片式扭力变换器。

3)日产智能 XTRONIC 变速器。

日产智能 XTRONIC 变速器的最大亮点是应用了子行星齿轮技术,即除了传统的 CVT 通过钢带和锥形带轮变速外,再外加一套副变速系统。

子行星齿轮技术的应用最大优势是,由于副变速系统的运用,可以在维持传动范围不变的情况下,减少带轮的直径,因此减小了变速器的体积和重量。

(四)变速器型式对汽车动力性能与经济性能的影响

从理论上来说,CVT 可以在相当宽的范围内实现无级变速,可获得传动系与发动机工况的最佳匹配,依靠变速器无级调速来适应汽车的各种速度,使发动机长时间工作在最佳工况,因此可以提高发动机燃烧效率,从而能极大地提高汽车的燃油经济性;在动力性方面,CVT 能与发动机实现闭环控制,充分调动发动机的最大转矩,其减速增扭的性能明显优于 MT 和 AT,所以装配在需要强调扭力的 SUV 车型,装备 CVT 汽车的加速性能(0~100km/h)比装备 AT 汽车提高 7.5%~11.5%,高速状态加速性能也明显优于 MT 汽车。

(五)汽车驱动方式及其对汽车动力性能与经济性能的影响

汽车驱动方式的分类标准是按照驱动轮的数量,分为两轮驱动和四轮驱动两大类。四轮驱动汽车是以提高汽车的劣质道路行驶能力为主要性能特征,四轮驱动的结构复杂性降低了动力传动的效率,因此其经济性比两轮驱动汽车要差。在动力性方面,四轮驱动的汽车比两轮驱动汽车的爬坡能力较大,加速能力较好。

1. 两轮驱动

在两轮驱动形式中,可根据发动机在车辆的位置以及驱动轮的位置进而细分为前置后驱(FR)、前置前驱(FF)、后置后驱(RR)、中置后驱(MR)等形式。目前,两驱 SUV 和中高级轿车最常用的是前置后驱形式。

前置后驱(FR)的全称叫做前置发动机后轮驱动,是一种比较传统的驱动形式。其中前排车轮负责转向,后排车轮承担车辆的驱动工作。在这种驱动形式中,发动机输出的动力全部输送到后驱动桥上,驱动后轮使汽车前进。

与两轮驱动的其他驱动形式相比,前置后驱有比较大的优越性。当车辆在良好的路面上启动、加速或爬坡时,由于后轮轴重增加,驱动轮的附着压力增大,牵引性明显优于前驱形式。同时,采用前置后驱的车辆还具有良好的操纵稳定性和行驶平顺性,并有利于延长轮胎的使用寿命。除此之外,前置后驱的安排使车辆的发动机、离合器和变速器等总成临近驾驶室,简化了操纵机构的布置和转向机构的结构,这样更加便于车辆的保养和维修。

基于以上的诸多优点,国产宝马 325i、530i 以及档次更高的进口宝马轿车,宾利、奔驰、捷豹等很多豪华轿车多采用前置后驱这种形式。

2. 四轮驱动

所谓四轮驱动,是指汽车可将发动机输出转矩按不同比例分布在前后所有的车轮上,以提高汽车行驶能力的动力布置方式。人们一般称其为 4X4 或 4WD 汽车。

四驱系统主要分成三大类:分时四驱(Part Time 4WD)、全时四驱(Full Time 4WD)和适时驱动(Real time 4 WD)。

1)分时四驱(Part Time 4WD)。

这是一种驾驶者在行车时,靠手动操作分动器来实现两驱和四驱切换的四轮驱动系统,是一般越野车或四驱 SUV 最常见的驱动模式。这种驱动方式最显著的优点是可根据实际道路情况来选取驱动模式,用车比较经济。通常,在良好公路上行驶时使用两轮驱动模式,当遇到雨雪路况时,选择四抢驱动模式,以增强车辆的附着力和操控性。这种驱动方式动力输出的转矩基本是以 50∶50 同样的比例传递给前后轴。由于分时四驱汽车的前后轴之间没有轴间差速器,这就无法在转弯时让前后轮以不同速度旋转,使得汽车不能平稳地转向。所以分时四驱只可以在车轮打滑时才挂上四驱,一回到摩擦力大的硬地面应马上改回两驱模式,否则,轮胎、差速器、分动器都会损坏。

配置分时驱动的常见车型有:陆地巡洋舰 70 系列,吉普牧马人,吉普切诺基 sport,三菱帕杰罗 V32,铃木 Jimny,尼桑途乐 4800 等。

2)全时四驱(Full Time 4WD)。

全时四驱是指四个车轮一直保持有驱动力的四轮驱动系统,全时四驱系统内有三个差速器,除了前后轴各有一个轮间差速器外,在前后驱动轴之间还有一个中央差速器。这使得全时四驱汽车避免了分时四驱汽车的固有问题(即在硬路面不能使用四驱的问题)。全时四驱汽车在转向时,前后轮的转速差会被中央差速器吸收,使得汽车转向更平稳。全时四驱系统可分成固定转矩分配(前后动力分配比例一定)和变转矩分配(前后动力分配比例可变)两大类,装备固定转矩分配的全时四驱系统的汽车有陆地巡洋舰 100 系列、奔驰 G 系列、三菱帕杰罗 V3000、帕杰罗 io、吉普切诺基 Limited 和吉普自由人等;装备变转矩分配的全时四驱系统的汽车则以奥迪的 quattro®、Acura SH-AWD 和斯巴鲁的 multi-modo DCCD 系统为代表。

全时驱动系统具有良好的驾驶操控性和行驶循迹性,有了全时四驱系统,就可以在铺覆路面上顺利驾驶。但其缺点也很明显,那就是燃油经济性不够好。

3)适时驱动(Real time 4WD)。

适时驱动的汽车在正常的路面,车辆一般会采用后轮(或前轮)驱动的方式。而一旦遇到路面不良或驱动轮打滑的情况,汽车会自动将发动机输出转矩分配给前轴(或后轴)的两个车轮,自然切换到四轮驱动状态。

适时驱动的汽车的转矩分配方式有两种:一是根据前后轮的转速差分配转矩,又称为被动转矩分配方式;二是利用电子控制分配转矩,又称为主动转矩分配方式。

被动转矩分配方式的汽车结构,通常是在普通前置前驱布置方式的基础上,追加一个分动器和一个黏性耦合器。在汽车正常行驶时,前后轮转速相同,黏性耦合器空转不工作,汽车后轮无驱动力,仍为前置前驱汽车。一旦前轮出现打滑空转,前后轮转速差变得很大,黏性耦合器开始工作,把驱动转矩分配给后轮,从而使两驱汽车变成四驱汽车,主要的代表车型如本田 CRV、HRV、雷克萨斯 RX300、丰田 RAV4 等。

主动转矩分配方式的汽车是利用电脑和各种传感器不断地判断轮胎对地面的动态附着力和驾驶员的驾驶意图,积极地控制汽车差速器的差速状态,以平衡各车轮的驱动力,优化汽车的各项性能指标。

主动转矩分配方式的汽车在结构上使用了多盘离合器,这种离合器与轴间差速器配合使用。它通过传感器监视前后驱动桥的速度、发动机速度以及发动机和动力传动系统上的负荷。当前、后驱动桥之间产生速度差时,电子控制装置接收来自传感器的信号,并根据此转速差,控制多盘离合器的接合力,从而控制前后轮的转矩分配,如图 2-3-10 所示。它可使动力从 95%前轮驱动和 5%后轮驱动分流至 50%前轮驱动和 50%后轮驱动。

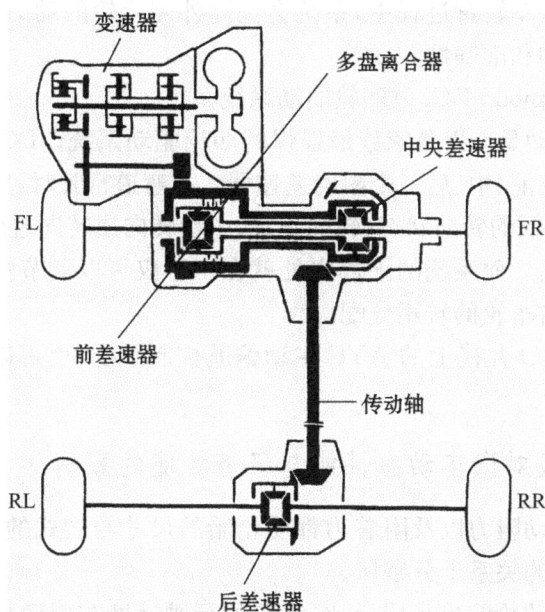

图 2-3-10 具有主动转矩分配方式的四驱汽车结构

3. 经典四轮驱动系统举例

1) Quattro 系统。

截至 2009 年,奥迪全系列产品中已经有 74 种车型、超过 180 万辆的轿车配备了 quattro® 全时四轮驱动技术。时至今日,每 4 辆下线的奥迪车中,就有 1 辆配备了 quattro® 全时四轮驱动技术。奥迪的 quattro® 全时四轮驱动技术带来的卓越性能,使装备这一系统的奥迪轿车集动力、安全与驾驶乐趣于一身。

quattro® 全时四驱系统实际上就是主动转矩分配方式的全时四驱系统的一种。就像奥迪汽车广告所经常炫耀的一样,它能将汽车发动机的强大动力以完美的形式传递到路面上,其卓越的行驶动力学特性为驾驶者提供了诸多前所未有的优势条件。在正常行使状态下,

quattro® 系统可将发动机动力平均分配到四个车轮（前后轮 50：50，最新一代为 40：60），为车辆在路面上提供更大的侧向附着力，使车辆具有出色的直线行驶稳定性；在高速过弯时，quattro® 系统又可根据车速和路况随时实现各个车轮理想的动力分配，从而提高了车辆快速过弯的物理极限值，避免后驱车最容易出现且难以修正的"甩尾"危险；在沙砾、积雪、湿滑和冰冻等复杂路面上，可为车辆提供无与伦比的抓地力和稳定性。

2）Acura 汽车全时四轮驱动系统——SH-AWD。

Acura 汽车全时四轮驱动系统——SH-AWD 也是一种主动转矩分配方式的全时四驱系统，SH-AWD（超级四轮驱动力自由控制）系统是 Acura 品牌所创立的全时四轮驱动系统。该系统除了可以将发动机转距在前、后轮之间进行自动分配外，还能实现了在后轮的左右两轮上的自由分配，使四个车轮都可以根据需要分配到最佳的转矩。

SH-AWD（超级四轮驱动力自由控制）系统利用多个传感器监测驾驶者的操作指令和轮速、转向角、横摆角等车辆动态信息，系统电控单元基于这些信息判断，向四个车轮实施最佳动力分配。例如，在汽车转弯过程中，系统会提高外侧后轮的动力分配，显著增强车辆转弯时的稳定性、机动性和和准确性。

3）斯巴鲁的 multi-modo DCCD 四轮驱动系统。

DCCD 全时四轮驱动是斯巴鲁家族最强悍的四轮驱动系统。DCCD 系统一般搭配 STI 的六档手动变速器，装有前、中、后三个限滑差速器。在弯道行驶时，车辆的偏航传感器（yaw rate sensor）可以监测车辆的转向状态（转向不足、中性转向或转向过度），然后重新调整转矩分配，力求达到中性转向。而系统的强悍之处就在于不仅可以调节前后车轮之间的转矩分配，而且还可以调节左右车轮的转矩分配。

另外，三菱蓝瑟 EVO 九代上的 AYC 主动偏航控制系统，也可以实现控制左右车轮转矩分配。

（六）轮胎尺寸与型式对汽车动力性能与经济性能的影响

汽车的驱动力与滚动阻力以及附着力都受轮胎的尺寸与型式的影响，故轮胎的选用与汽车的动力性和经济性的关系十分密切。

汽车的驱动力与驱动轮的半径成反比，汽车的行驶速度与驱动轮半径成正比。但一般车轮半径是根据汽车类型选定。轮胎花纹对附着性能有显著影响。因而合理选用轮胎花纹、尺寸和型式对汽车的动力性和经济性有着非常重要的意义。

（七）汽车质量对汽车动力性能与经济性能的影响

汽车在使用中，其总质量随载运货物和乘客的多少而变化。尤其是载货汽车拖带挂车时，总质量的变化更大，汽车质量对其动力性和经济性也有很大影响。汽车总质量增加时，而道路阻力和加速阻力随之增大，动力因数 D 将随之下降。故汽车的动力性和经济性将随汽车总质量的增加而变差，汽车的最高行驶速度和上坡能力也下降。

汽车的自身质量对汽车动力性和经济性影响也很大，对于具有相同额定载重量的不同车型，其自身质量较轻的总质量也较轻，因而动力性和经济性也较好。因此，对于额定载重质量一定的汽车，在保证刚度与强度足够的前提下，尽量减轻自身质量，可以提高汽车的动力性和经济性。

采用拖挂运输可以提高运输生产率,现在已被世界各国广泛采用。汽车拖带挂车或牵引车拖带半挂车组成的汽车列车,其自身质量相对较小(与同样载重质量的汽车相比),因而,其动力性与和经济性也都较好。

(八) 汽车运行条件对汽车动力性能与经济性能的影响

运行条件对汽车动力性和经济性影响的主要因素有:气候条件、高原山区、道路条件和驾驶员的操作水平。在我国南方行驶的车辆,由于气温高,发动机冷却系散热不良,容易过热和降低发动机功率。试验指出汽车长时间在高气温环境下工作后,发动机功率只能发挥30%～45%。在高原地区行驶的车辆,由于海拔较高,空气稀薄(气压和空气密度下降),使发动机充气量与气缸内压缩终点压力降低,因而使发动机功率下降。

汽车在使用过程中,道路条件不断地变化。有时行驶在坏路(雨季泥浆土路、冬季冰雪路和覆盖砂土路)和无路(松软土路、草地和灌木林等地带)的条件下,由于路面的附着系数减小和车轮滚动阻力增加,因而使汽车动力性能和经济性能大大下降。

(九) 驾驶员操作水平对汽车动力性能与经济性能的影响

在其他条件相同的情况下,驾驶技术水平不同,油耗可相差 20%～40%。驾驶员应该在汽车行驶过程中经常保持较高的功率利用率,加强对汽车的维护和检查,选择合适的行车速度。

任务2.4　车身与汽车性能

知识目标

- 能知道承载式和非承载式车身结构的差异。
- 能知道车身的功能组成结构差异。
- 能知道车身外观形状与汽车空气动力学之间的关系。

能力目标

- 能够运用所学知识讲清汽车承载式和非承载式车身的结构特点,讲清由于汽车车身功能组成结构不同所导致的车体变化,能分析车身外观形状与汽车空气动力学之间的关系,理解空气阻力系数的含义。

情境描述

我们看到的大中型货车车体结构与小型轿车是不一样的,大中型货车一般采用非承载式车身结构,而小型轿车一般采用承载式车身结构。许多越野车也采用非承载式车身结构,这样的车身结构质量大、高度高,具有较好的平稳性和安全性。

城市公共汽车外形方头方脑,而高速跑车外形一般具有很好的流线型,这主要是因为城市公共汽车速度低,空气阻力小,而高速跑车速度高,如果不采用流线车身形状,将会由于受到很大的空气阻力作用,致使汽车的最大车速降低。

任务剖析

车身造型结构是汽车的形体语言,其设计好坏将直接影响到汽车的各种使用性能。汽车车身的外观造型、油漆工艺及色彩等是汽车给人们的第一个外观印象,是人们评价汽车的最直接的要素,也是轿车的重要市场竞争因素。车身造型既是工程设计,又是美工设计。从工程设计来看,它既要满足车身结构的强度要求、整车布置的匹配要求和冲压分块的工艺要求,又要适应车身空气动力学的要求而具有最小的空气阻力系数。从美工设计来看,汽车车身外观造型同时又是一件精致的综合艺术品,应以其明晰的雕塑形体、优雅的装饰件和内部覆饰材料以及悦目的色彩使人获得美的感受,点缀人们的生活环境。它应当适应时代的特点和人们的爱好,给人以高度美感,起到美化环境的作用。

任务载体

该任务以承载式汽车结构为载体,此种车体结构只是加强了车体头部、侧围、车围、底板等部位,发动机、前后悬架、传动系统的一部分等总成部件装配在车体上设计时所规定的位置,车体负载通过悬架装置传给车轮。承载式车体除了其固有的承载功能外,还要直接承受来自路面等其他各种负荷的作用。承载式车体不论在安全性还是在稳定性方面比较非承载式车体有很大的提高,它具有质量小、高度低、装配容易等优点,目前大部分轿车采用这种车体结构。

该任务以常见的三厢车为载体,它的车身结构由三个相互封闭、用途各异的所谓"厢"组成:即前部的发动机舱、车身中部的乘员舱和后部的行李舱。

在承载式汽车结构和三厢轿车的基础上,再分析汽车的外形影响汽车空气阻力系数的各项因素。

相关知识

乘用汽车车身不仅是驾驶员的工作场所,也是容纳乘客的场所。车身包括车窗、车门、驾驶舱、乘客舱、发动机舱和行李舱等。车身的造型有厢型、鱼型、船型、流线型及楔型等几种,结构形式分单厢、两厢和三厢等类型。车身造型结构是汽车的形体语言,其设计好坏将直接影响到汽车的各种使用性能。

汽车车身应对驾驶员和乘员提供便利的工作条件和舒适的乘坐条件,保护他们免受汽车行驶时的振动、噪声、废气的侵袭以及外界恶劣气候的影响,并保证完好无损地运载行李货物且装卸方便。汽车车身上的一些结构措施和设备还应有助于安全行车和减轻事故的效果。

车身应保证汽车具有合理的外部形状,在汽车行驶时能有效地引导周围的气流,以减少空气阻力和燃料消耗。此外,车身还应有助于提高汽车行驶稳定性和改善发动机的冷却条件,并保证车身内部良好的通风。

一、汽车车身发展的历史

最初的汽车车身是马车型车身,不过是一种箱形结构加上座椅,车身上部或为敞篷或为活动布篷用来避雨挡光。这样的车身难以抵挡较强烈的风雨侵袭,对于乘坐者仍然有极大的不便(如图 2-4-1 所示)。

美国福特汽车公司在 1915 年生产出一种新型的福特 T 型车,它很像一个大箱子,箱子上部装有门窗,实际上只是在原来的马车车身上做了局部的改进,人们把装有这类车身的汽车称为箱型汽车(如图 2-4-2 所示)。

图 2-4-1 马车型汽车

图 2-4-2 箱型汽车

要想高速行驶,箱型汽车并不理想,因为它的空气阻力大大妨碍了汽车前进的速度,所以人们又开始研究一种新的车型——流线型(如图 2-4-3)。1933 年德国的波尔舍博士设计了一种类似甲壳虫外形的汽车,如图 2-4-4 所示。甲壳虫形车身迎风阻力很小,空气动力学的原理在这种车身上得到了很好的应用,也为以后在车身外形设计上运用"仿生学"开创了先河。波尔舍最大限度地发挥了甲壳虫外形的长处,使其成为同类车中之王,"甲壳虫"也成为该车的代名词,直至目前,大众公司仍在生产以这种车身形状为主要外形的乘用车。

图 2-4-3　气流牌流线型汽车外形　　　　　　图 2-4-4　甲壳虫汽车外形

　　1949 年,美国福特公司经过努力,推出具有历史意义的新型福特 V8 型汽车。这种车型改变了以往汽车造型的模式,使前翼子板和发动机罩、后翼子板和行李舱罩融于一体,大灯和散热器罩也形成一个平滑的面,车室位于车辆的中部,整个车身造型仿如几个长方体的几何形体拼成一个船形,所以人们把这类车称为船型汽车,如图 2-4-5 所示。

　　船型汽车不仅在外形上有所突破,还首先把人体工程学应用在汽车的设计上。强调以人为主体来设计便于操纵、乘坐舒服的汽车。由于船形车身使发动机前置,从而使汽车重心相对前移,而且加大了行李舱,使风压中心位于汽车重心之后,从而避免了甲壳虫形车身对横向风不稳定的问题。

　　从 20 世纪 50 年代至今,现在的轿车无论为流线形还是在前翼子板与发动机罩之间大圆角过渡或者在轿车尾部做变动,都能看到船型车身的影子。

　　船型汽车尾部过分向后伸出,形成阶梯状,在高速时会产生较强的空气涡流。为了克服这一缺陷,人们把船型车的后窗玻璃逐渐倾斜,倾斜的极限即成为斜背式。这类车被称为鱼型汽车,如图 2-4-6 所示。

　　鱼型汽车的背部和地面的角度较小,尾部较长,围绕车身的气流也比较平顺,涡流阻力较小。另外鱼型汽车基本上保留了船型汽车的长处,车室宽大,视野开阔,舒适性也好,并增大了行李舱的容积。

图 2-4-5　船型汽车外形　　　　　　　　图 2-4-6　鱼型汽车外形

　　针对鱼型车后窗玻璃倾斜太甚,对横风的不稳定性这一缺点,人们想了许多方法加以克服,例如在鱼型车的尾部安上一只翘翘的"鸭尾",以克服一部分升力,这便是鱼型鸭尾式车型。汽车背部的演变如图 2-4-7 所示。

　　为了从根本上解决鱼型汽车的升力问题,人们设想了种种方案,最后终于找到了"楔型"的理想办法,如图 2-4-8 所示,就是将车身整体向前下方倾斜,车身后部像刀切一样平直,这种造型能有效地克服升力。1963 年司蒂倍克公司第一次设计了楔型的阿本提小客车。

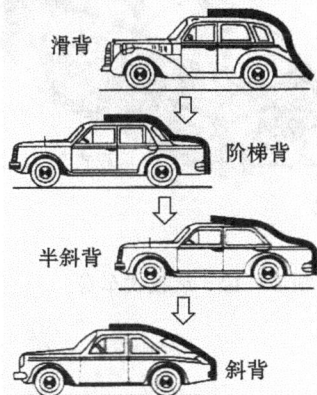

图 2-4-7　汽车背部的演变图

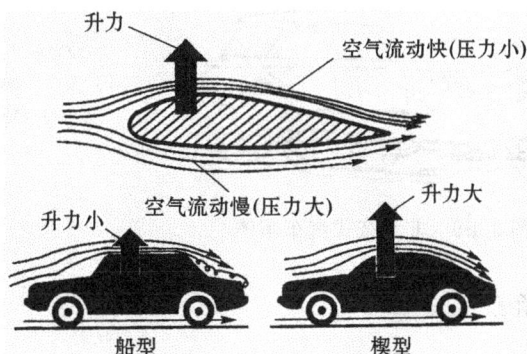

图 2-4-8　汽车外形升力示意图

楔型车身对于目前所考虑到的高速汽车,已接近理想造型。现在世界各大汽车生产国都已生产出带有楔型效果的乘用车。汽车发展到鱼型,关于空气阻力的问题已经基本解决,楔型继承了这一成果,并有效地克服了鱼型车的升力问题,使汽车的行驶稳定性有了显著的提高,当之无愧是目前最为理想的车身造型。从外表看,这种车身造型清爽利落,简洁大方,非常具有时代气息,让人看了确实有一种美的享受。

车身外形从马车型、箱型、甲壳虫型、船型、鱼型到楔型的演变经历了漫长的过程。虽然这里包含了无数设计者的心血和匠心,但和发动机、底盘、电气技术的发展比起来还相差甚远。这说明车身设计在很长一段时期内没有得到重视,车身设计在相当长时期内尚未形成一套完整、成熟的理论。各汽车制造厂家把大部分精力放到完善汽车工程机械的设计上,以提高汽车的动力性、经济性、制动可靠性、操纵稳定性等问题为主要设计方向。随着时代发展,人们文化生活水平提高,用户对汽车这个运动的物体已不单单满足于它的机械性能,对汽车车身的审美意识已提到一个很高的层次:近年来,在国内外举办的车展上,多种多样的车身外形向人们展示了一个五彩缤纷的艺术世界。不难看出,汽车车身已经成为一个单独的学科,需要更多的人去开拓。

二、乘用汽车的车体结构

乘用汽车的车体结构主要是指车体的基本构架方式。目前,乘用汽车的车体结构主要有两种,一种是非承载式车身,另一种是承载式车身。现分述如下。

(一)非承载式车体

非承载式车体的汽车车体有一刚性车架,又称底盘大梁或底盘大梁架,如图 2-4-9 所示。在非承载式车体中发动机、传动系统的一部分、车体等总成部件通过悬架固定在车架上,车架通过前后悬架装置与车轮相连接。

非承载式车体比较笨重,质量大,高度高,一般用在货车、客车和越野汽车上。由于它具有较好的平稳性和安全性,也有部分高级轿车使用这种车体。

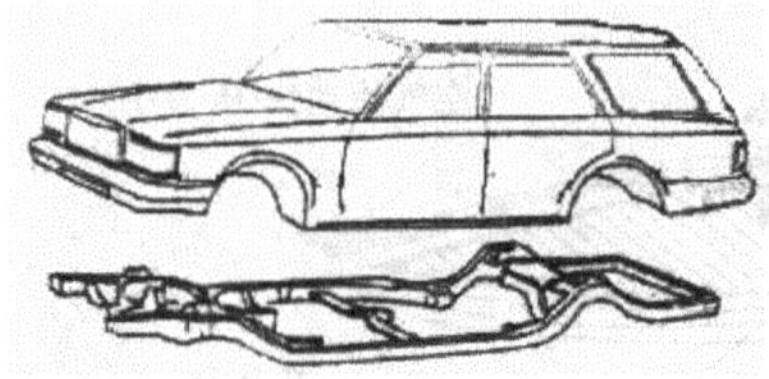

图 2-4-9　非承载式汽车车体

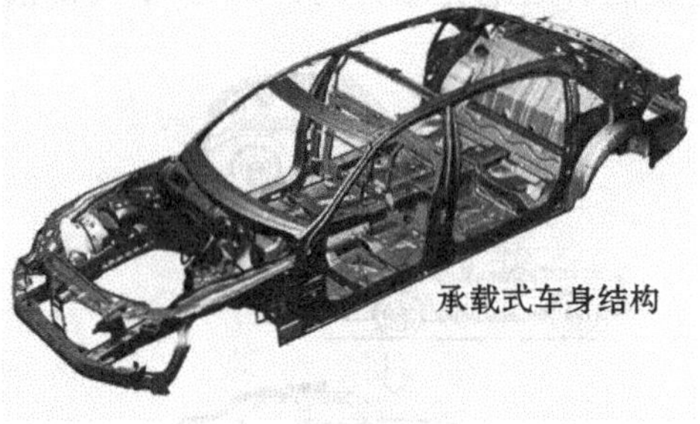

图 2-4-10　承载式车身

承载式车身结构

（二）承载式车体

承载式车体的汽车车体没有刚性车架,此种车体结构只是加强了车体头部、侧围、车围、底板等部位,发动机、前后悬架、传动系统的一部分等总成部件装配在车体上设计时所规定的位置,车体负载通过悬架装置传给车轮,如图 2-4-10 所示。承载式车体除了其固有的承载功能外,还要直接承受来自路面等其他各种负荷的作用。承载式车体不论在安全性还是在稳定性方面比较非承载式车体都有很大的提高,它具有质量小、高度低、装配容易等优点,目前大部分轿车采用这种车体结构。

三、乘用汽车的车身结构

乘用汽车的车身结构主要是指车身的功能组成结构。比如说,具备单厢、两厢或者三厢车身功能;能开启两门、四门或者五门;能布置两个、四个、五个或者七个座位等。下面,我们就乘用汽车的车身结构常用的名词术语作一些解释和说明。

（一）三厢车

现在我们常见的轿车一般是三厢车(见图 2-4-11),之所以称之为三厢车,是因为它的车身结构由三个相互封闭、用途各异的所谓"厢"组成:即前部的发动机舱、车身中部的乘员舱和后部的行李舱。

常见的三厢车很多,桑塔纳、捷达、奥迪 A6 等前面有"鼻子"(发动机舱),后面有"屁股"(后备行李舱)的轿车都是三厢车。

汽车发展早期,发动机舱只是用来安置汽车的发动机、变速器、转向、制动等重要总成,后来,发动机舱的作用越来越重要起来,现代汽车的发动机舱还肩负着被动安全性的重要使命,即当汽车发生意外的正面碰撞时,发动机舱构架会折曲变形以吸收碰撞产生的巨大能量,减少碰撞对车内外人员的猛烈冲击,起到保护车内乘员的作用。车身中部的乘员舱设计坚固、刚性大,遇到碰撞和翻滚的冲击时车厢变形小,能够防止车门在运动中自行打开甩出乘客,减小乘员因车厢变形挤压致伤的危险,并有利于车祸后乘员能顺利地打开车门逃生。后行李舱不仅要负责行李的放置,它还肩负着降低后车追尾所导致的伤害乘员的功能。

图 2-4-11　三厢轿车

图 2-4-12　两厢轿车

（二）两厢车

　　一种将驾驶室和后备厢做成同一个厢体（见图 2-4-12），而发动机舱独立的布置形式。这种布局形式能增加车内空间，因此多用于小型车和紧凑型汽车。

　　两厢车前部的发动机舱以及乘员舱的前段与三厢车没有区别，其各自的作用也是一样的。不同之处在于这种汽车将乘员舱近似等高度向后延伸，把后行李舱和乘员舱合为一体，使其仅具有发动机舱和乘员舱的所谓两"厢"车。由于两厢式汽车也有独立的前发动机舱，与三厢式汽车一样，它也具有良好的正面碰撞保护性能，不论其是标准型还是短头型的，都能满足目前的正面碰撞保护要求。如我们常见的富康、夏利和奥拓等都是两厢车，现在，各厂商也有很多新款两厢车上市。两厢车尾部有宽敞的后车门，使这种汽车具备了使用灵活、用途广泛的特点。比如，放倒或放平后排座位，就可以获得比三厢车大得多的载物空间，可用来运送许多大型物件和家庭用品。例如，富康两厢式轿车放倒后座时，它的行李厢容积就从 324L 增大到 1146L，就连奥拓的后行李厢也可以放下 29in 带包装箱的大彩电、自动洗衣机和冰柜。而同价位的三厢车如桑塔纳和捷达，行李箱容积不能变，几乎不大可能随车搭载大件物品，限制了汽车使用的方便性。虽然在我们国家还有不少人看不惯两厢轿车，觉得它不像个轿车，但随着我国国际化进程的加快以及城市的实际用车状况，这种尺寸短小、使用灵活的汽车将会越来越受欢迎。

（三）两厢半乘用车

　　两厢半车型作为一个介于两厢轿车和三厢轿车之间的车型，在功能和实用性上有着无可比拟的优越性。该车型有着车身较短、造型美观、后备空间充足的优势。但是实用的两厢半式轿车，国内还比较少见。两厢半式轿车的划分也很模糊，目前世界上公认的两厢半式轿车主要是雪铁龙的桑蒂亚，如图 2-4-13 所示。桑蒂亚的后挡风玻璃和后行李箱盖做成一体，按传统的叫法就应该称为"后门"。它的好处在于后门的开度极大，方便向车内放置一些大的物品，后座也可以折叠。但是它又与两厢车不同，因为它的后部外形上终归有一个看似独立行李舱的阶梯背，所以人们称之为"两厢半"。

　　我们可以见得到的两厢半轿车也是屈指可数的。主要有新旗云（原风云轿车）、赛纳（已停产）和新 Mazda6 5HB 轿车。其价位分别在 10 万元以下、10 万到 20 万元和 20 万元人民币以上 3 个档次。

　　受传统正直的文化教育以及传统文明思想束缚，我国许多人在选择轿车时总追求有头有尾的三厢车，但随着国外车型的纷纷国产，接受新鲜事物及外来思想的增多，两厢车、两厢半轿车以及旅行车也逐渐进入寻常百姓的家庭。

　　其实，两厢半车型在欧美十分流行，在我国，接受这种车型的人群也越来越多。随着油价上涨和车位的紧张，三厢车在人们心中的巩固位置将逐渐被两厢车以及两厢半车型所取代。

图 2-4-13　两厢半轿车——雪铁龙桑蒂亚

图 2-4-14　一厢车

（四）一厢车

　　所谓一厢车通常是指像昌河、五菱等面包车，雷诺风景、神龙毕加索以及丰田大霸王这类 MPV 车，运载旅客的大型客车等。这种车型把汽车的所有舱都合在了一起，故称一厢车（见图 2-4-14）。

四、汽车车门类型及车门数量

　　车门按其开启方式可分为以下几种：

　　顺开式车门（见图 2-4-15）：即使在汽车行驶时仍可借气流的压力关上的车门开启方式，顺开式车门相对比较安全，而且便于驾驶员在倒车时向后观察，故目前被轿车广泛采用。

　　逆开式车门（见图 2-4-16）：在汽车行驶时若关闭不严就可能被迎面气流冲开，因而用得较少，一般只是为了改善上下车方便性及适于迎宾礼仪需要的情况下才采用。

图 2-4-15　顺开式车门

图 2-4-16　逆开式车门

水平移动式车门(见图2-4-17):它的优点是车身侧壁与障碍物距离较小的情况下仍能全部开启。

掀背式车门(见图2-4-18):广泛用作轿车及轻型客车的后门,也应用于高度比较低矮的汽车。

图2-4-17　水平移动式车门

图2-4-18　掀背式车门

折叠式车门:广泛应用于大、中型客车上。

剪刀式车门(见图2-4-19):它的铰链在前挡泥板附近,因车门的开启形状好似剪刀而得名。除了天下闻名的兰博基尼V12发动机跑车外,还有Contach、Diablo和Murcielago等车型,都是剪刀式车门的代表作。而一些小型车,如20世纪90年代丰田推出的sera小跑车等,由于安装了剪刀式车门,能给人一种前卫和高档的感觉。

鸥翼式车门(见图2-4-20):因车门的开启形状好似海鸥的翅膀而得名。鸥翼式车门外观个性动感,给人以振翅欲飞的感觉,更便于乘客进出和行李的放置。这种运用在跑车车门上的个性化设计,经过多年发展它已经成为了一种古典与浪漫的标志。

图2-4-19　剪刀式车门

图2-4-20　鸥翼式车门

轿车的车门一般由门体、车门附件和内饰盖板三部分组成。

门体的组成部件包括车门内板、车门外板、车门窗框、车门加强横梁和车门加强板。

车门附件包括车门铰链、车门开度限位器、门锁机构及内外手柄、车门玻璃、玻璃升降机和密封条。

内饰盖板包括固定板、芯板、内饰蒙皮、内扶手。

车门数指的是汽车车身上含后备箱门在内的总车门数量。这项参数可作为汽车用途的标志,普通的三厢轿车一般都有四门,许多跑车是两门的,个别豪华车也有多门设计的。一般的两厢轿车和 SUV 以及 MPV 都是五门的(后门为掀起式)。还有一些运动型两厢车也设计成具有三门的情形。

五、侧门防撞杆

当汽车受到侧面撞击时,车门很容易受到冲击而变形,从而可能直接伤害到车内乘客。为了提高汽车的安全性能,不少汽车公司在汽车两侧门夹层中间安置一两根非常坚固的钢梁,这就是常说的侧门防撞杆,如图 2-4-21 所示。防撞杆的防撞作用是:当侧门受到撞击时,坚固的防撞杆能大大减轻侧门的变形程度,从而能减少汽车撞击时可能对车内乘员的伤害。

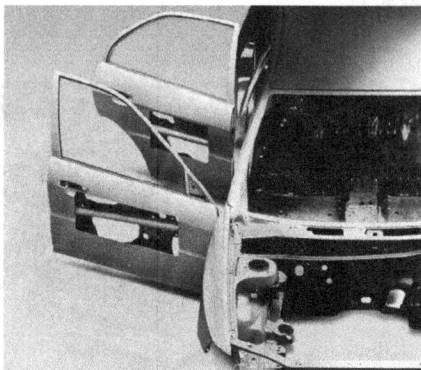

图 2-4-21　侧门防撞杆

六、乘用汽车车身形状与空气阻力

(一)汽车的空气阻力

汽车直线行驶时受到的空气作用力在行驶方向上的分力,称为空气阻力。它分为压力阻力和摩擦阻力两部分。作用在汽车外形表面上的空气压力的合力在行驶方向上的分力称为压力阻力。摩擦阻力是由于空气的黏性在车身表面产生的切向力的合力在行驶方向上的分力。压力阻力又分为四部分:形状阻力、干扰阻力、内循环阻力、诱导阻力。形状阻力与车身主体形状有关,流线型越好,形状阻力越小;干扰阻力是车身表面突起物,如后视镜、门把手、车灯等引起的阻力;发动机冷却系、车内通风等空气流经车体内部时构成的阻力,为内循环阻力;诱导阻力是空气升力在水平方向上的投影。对于一般轿车,这几部分阻力的比例大致为:形状阻力占 58%,干扰阻力占 14%,内循环阻力占 12%,诱导阻力占 7%,摩擦阻力占 9%。在以上数据中可以看到,在空气阻力中,形状阻力占的比重最大,所以,改善车身流线形状,是减小空气阻力的关键。

空气阻力与汽车的迎风面积正投影值成正比,与汽车速度的平方成正比,与空气阻力系数成正比。汽车的迎风面积正投影值减小会影响乘坐空间,汽车速度的降低影响运输效率。因此,有效减少空气阻力的最佳途径就是减小空气阻力系数。

(二)汽车的空气阻力系数

空气阻力系数是考虑车身外形形状而引起的汽车承受空气阻力的大小。不同的汽车外形,具有不同的空气阻力系数。

现代轿车为了减少空气阻力,必须要考虑降低空气阻力系数。由于汽车科研工作者的努力,下大力气改善汽车外形形状,乘用车的空气阻力系数降低得很快,从 20 世纪 50 年代到 20 世纪 70 年代初,轿车的空气阻力系数维持在 0.4~0.6 之间。70 年代能源危机后,各国为了进一步节约能源,降低油耗,都致力于降低空气阻力系数的研究。现在轿车的空气阻力系数一般在 0.28~0.4 之间。空气阻力系数值是由风洞实验测试得出来的。

笔记

有试验表明，空气阻力系数每降低 10%，汽车所耗燃油约节省 7% 左右。曾有人对两种相同质量、相同尺寸、但具有不同空气阻力系数(分别是 0.44 和 0.25)的轿车进行比较，以每小时 88 km 的时速行驶了 100 km，燃油消耗后者比前者节约了 1.7 L。

(三) 利用风洞实验测量汽车的空气阻力系数

风洞是用来产生人造气流(人造风)的管道。与汽车在道路上的行驶相反，在汽车风洞实验中，汽车静止，空气高速流动，从而模拟并测得汽车在道路行驶时所受到的空气阻力大小。在风洞中，由电动机驱动并通过风扇造成一段气流均匀流动的区域，汽车风洞实验就在这段风洞中进行。汽车风洞中用来产生强大气流的风扇是很大的，比如奔驰公司的汽车风洞，其风扇直径就达 8.5 m，驱动风扇的电动功率高达 4 000 kw，风洞内用来进行实车试验段的空气流速可达 270km/h。建造一个这样规模的汽车风洞往往需要耗资数 10 亿美元，而且每做一次汽车风洞试验的费用也是相当惊人的。

汽车风洞有模型风洞、实车风洞和气候风洞等，模型风洞较实车风洞小很多，其投资及使用成本也相对小些。在模型风洞中只能对缩小比例的车辆模型进行实验，其实验精度也相对低些。实车风洞则很大，建设费用及使用费用极高。目前世界上的实车风洞还不多，主要集中在日、美、德、法、意等国的大汽车公司。气候风洞主要是模拟气候环境，用来测定汽车的一般性能(如过隧道性能等)。国外的汽车公司在进行汽车开发时，其车身大都是先制成1∶1的汽车泥模，然后在风洞中做试验，根据试验情况对车身各部位进行细节修改，使风阻系数达到设计要求，再用三维坐标测量仪测量车身外形，绘制车身图纸，进行车身冲压模具的设计、生产等技术工作。

图 2-4-22 是通用环保型概念车雪佛兰 Volt 在风洞中的模样。轿车上面飘浮的是一股丙二醇气体。工程师们利用这种材料去研究汽车在风洞中周围的气流形态及其阻力。

世界上最大的风洞是美国国家航空航天局位于加利福尼亚州莫菲特菲尔德的艾姆斯研究中心的风洞，如图 2-4-23 所示。该风洞的尺寸为 24×36m，足可以放下一架完整的真实飞机。这个风洞最初建设于 1944 年，大小为 12×24m，总耗资约 700 万美元。1974 年 7 月，美国航空航天局决定对该风洞进行扩展。1987 年 12 月中旬，改建后的风洞正式投入使用。

图 2-4-22　雪佛兰 Volt 在风洞中的模样

图 2-4-23　艾姆斯研究中心的风洞

尽管风洞试验广为汽车工业使用，证明了流线型能减少风阻，并在高速行驶时降低油耗，但需进一步在技术和机械上进行改进，以完全发挥其潜在优点。美国建筑师和设计师富勒(Richard B. Fuller,1895～1983)于 1933～1934 年设计的"戴马克松"小汽车在这方面做了大胆尝试。"戴马克松"是一辆大型的三轮汽车,呈"泪滴"状。设计师声称它性能超群,在时速 50 英里时能节油 50%。但是对于美国汽车工业来说,富勒的设计在形式上和结构上都太离谱,不能马上用于批量生产,因为他们必须顾及公众接受创新的程度。美国三大汽车公司之一的克莱斯勒公司在这方面也提供了前车之鉴。该公司于 1934 年生产的"气流"型小汽车是由主任工程师布里尔(Carl Breer)从 1927 年开始按照空气动力学原理设计的。产品的结构和机械性能也经过精心设计,以确保可靠性和舒适性。为了获得竞争的主动性,"气流"车的造型非常激进,设计者花了大量精力以求车身的统一,发动机罩的双曲线通过后倾的挡风玻璃与机身光滑地联系起来,挡泥板和脚踏板的流畅线条加强了整体感。尽管花费了 7 年时间,采用了许多革新成果,并发起了大规模的广告宣传,但这种型号的汽车在销售上却失败了,普遍的感觉是它过于标新立异,以致消费者不能接受。

从以上两例可以看出,不顾及公众接受创新的程度而过分地讲究空气动力学设计原理,一味地去设计减小汽车空气阻力系数的做法是值得我们深思的。

（四）加装空气动力学装置减少空气阻力

为了减少轿车在高速行驶时所产生的升力,汽车设计师们除了在轿车车身外形方面做了改进,比方说,将车身整体向前下方倾斜而在前轮上产生向下的压力、将车尾改为短平、减少从车顶向后部作用的负气压而防止后轮飘浮外,还在轿车前端的保险杠下方装置向下倾斜的连接板。连接板与车身前裙板连成一体,中间开有合适的进风口加大气流度,减低车底气压,这种连接板就是导流板。在轿车行李箱盖上后端做成像鸭尾似的突出物,将从车顶冲下来的气流阻滞一下形成向下的作用力,这种突出物就是扰流板。导流板限制空气流过下部车身(使汽车下面的湍流处于最小值,并且使空气的流动阻力降低),而且使前部的车轮不致抬起。边裙引导气流离开后轮,这样可减少气流扰动和气流阻力。扰流板改变了车身后端气流的方向,减少了气流的阻力并可阻止后部车轮抬起。导流板、扰流板、边裙通常被称为汽车的空气动力学装置。

图 2-4-24　汽车尾翼

被一些人形象地称为尾翼的空气动力学装置(见图2-4-24)是安装在汽车后方的一种扰流板,为了有效地减少并克服汽车高速行驶时空气阻力的影响,人们设计使用了汽车尾翼,尾翼的形状类似于飞机的机翼,只不过其在汽车上的安装方向与在飞机上机翼的安装方向相反。其目的是使空气对汽车产生更大的地面附着力而不是升力。因为由于尾翼的作用抵消了一部分汽车升力,控制汽车上浮,减小风阻影响,使汽车能紧贴着道路行驶,从而提高行驶的稳定性。汽车尾翼形状尺寸是经过设计师精确计算而确定的,不宜过大也不宜过小,不然反而会增加轿车的行车阻力或起不到应有的作用。主要作用是可以有效地减少轿车在高速行驶时的空气阻力和节省燃料,并使汽车高速行驶时更加稳定。

<<<< --

任务2.5　电器与汽车性能

知识目标

● 能知道汽车电源及其特点。

● 能初步掌握汽车灯光及其信号工作的基本设置和作用。

● 能了解汽车电子控制的基本常识。

能力目标

● 能够运用所学知识判断汽车电源和汽车灯光及其信号工作状况,说清汽车电子控制系统的基本作用。

情境描述

夜间行车开灯光,雨天行车开雨刮,转弯行驶打转向灯,倒车行驶响蜂鸣,还有电动玻璃窗、电动车门、行车喇叭、夏天要开空调,冷天要开暖气等。所有这些都需要电器系统来完成,同时,汽车电气系统必须可靠和安全。

任务剖析

汽车电器系统的共同特点主要有如下几点:

(1) 单线制电源到用电设备只有一根导线用汽车的金属机体作为公共导线回路这种电路连接方式称为单线制。

(2) 负极搭铁蓄电池负极接公共导线用电器负极也接公共导线。

(3) 两个电源蓄电池、发电机。

(4) 低压直流供电目前有12V、24V两种电源。

(5) 各用电器并联。

任务载体

对于汽车电器,很多初学者会觉得很难学,学习它,需要较扎实的电工理论基础。其实,从使用者的角度来学习汽车电器,不仅不难,而且非常有趣。我们通过几个例子来体会一下:

例1:汽车具有前照灯、小灯、雾灯、示宽灯、牌照灯、工作灯、顶棚灯等照明灯。其中,前照灯用作夜间行车用,当两车交会时,需要由远光变为近光。夜间在城市道路行驶时,只能开近光灯。

例2:汽车具有转向灯、倒车灯、刹车灯、危险警告灯等信号灯,其中危险警告灯开关打开时,汽车外部四个转向灯同时亮起并闪烁,表示该车出现故障,处于危险境地,其他车辆应规避。

　　例3：目前的汽车具有越来越好的舒适系统和安全系统，这些舒适系统和安全系统绝大部分通过汽车电器控制来达到效果，比如：电控悬架系统、智能空调系统、汽车巡航系统等。

相关知识

一、汽车电源

　　汽车上一般备有两个电源，一个是蓄电池，另一个是发电机。

　　蓄电池是一种既能将化学能转化为电能，也能将电能转换为化学能的可逆低压直流电源。蓄电池在发动机起动时供电，在发动机停止或急速时也由蓄电池供电，每当出现供电需求超出发电机输出时，蓄电池也参与供电。因此，蓄电池有缓和电气系统中的冲击电压的作用。

　　汽车上的发电机为交流发电机，交流发电机由转子、定子、整流器、端盖与电刷总成等部分组成。交流发电机的转子为一旋转磁场，磁力线与定子绕组之间产生相对运动，产生交流电动势，然后通过三相桥式整流电路，把交流电转化为直流电，供给汽车上的用电设备。交流发电机转子转速及负载在很大范围内变化，均可引起发电机的输出电压发生较大变化，因此交流发电机必须配备电压调节器，使其输出电压保持稳定。

二、汽车照明及信号装置

　　汽车照明系统由电源、照明灯具、控制装置等组成。车外照明灯有：前照灯、雾灯、牌照灯等。车内照明灯有：顶灯、仪表灯、阅读灯等。工作灯有：发动机罩灯、行李箱灯、外接工作灯插座等。

（一）汽车前照灯

　　前照灯主要用于夜间行车道路照明，有些车型也兼作超车信号灯。灯光为白色，有两灯制和四灯制两种配置方式，功率一般为 40～60 W。前照灯有较特殊的光学结构，因为它既要保证夜间车前道路 100m 以上有明亮而均匀的照明，又要具有防炫目装置。避免夜间两车交会时造成对方驾驶员炫目而发生事故。

　　前照灯主要由灯泡、反射镜和配光镜三部分组成。

　　灯泡有充气灯泡、卤钨灯泡和新型高压放电氙灯等几种类型，充气灯泡是从玻璃泡抽出空气，再充以氩和氮的混合惰性气体制成的，可以减少钨的蒸发，延长灯泡的使用寿命。卤钨灯泡是在充入的惰性气体中渗入某种卤族元素。新型高压放电氙灯由弧光灯组件、电子控制器和升压器三大部件组成，光色和日光灯非常相似，灯泡里没有灯丝、取而代之的是装在石英管内的两个电极，管内充有氙气及微量金属。亮度是目前卤素灯泡的 3 倍左右，克服了传统钨灯的缺陷，完全满足汽车夜间高速行驶的需要。

　　反射镜是抛物型，内表面镀银、铝或铬，再抛光。远光灯丝安装在抛物面的焦点上，灯光经反射镜聚合，光度增强几百倍。近光灯丝安装在抛物面的焦点上方或前方，灯光经反射镜后,照亮车前50m路面。

配光镜(又称散光玻璃)它由透镜和棱镜组合而成,外形一般为圆形或方形。其作用是使光线折射向较宽的路面。

前照灯的类型分为可拆式、半可拆式、全封闭式三种。可拆式由于密封性差,易进入灰尘,影响反射镜的反射能力,从而降低照明亮度,故已被淘汰。半可拆式的散光玻璃与反射镜用齿形结构紧固结合为一整体,构成泡体,灯泡从泡体后端拆装,维修方便,是目前汽车上前照灯应用最为广泛的一种。

(二) 雾灯

采用波长较长的黄色、橙色或红色。其穿透能力强,用来在雨雾天气行车时道路的照明和发出警示。雾灯有前雾灯和后雾灯两种。前雾灯装于汽车前部比前照灯稍低的位置,左右各一个。后雾灯装于汽车尾部,有些车辆只一个后雾灯。

(三) 其他照明灯

1. 牌照灯

用于夜间照亮汽车牌照,并作为汽车尾部的灯光标志,装于汽车尾部的牌照上方。由车灯开关控制。

2. 顶灯

用于车内照明,有些车型,此灯兼门灯警告灯,当门关闭不严时灯亮,提醒驾驶员注意,装于驾驶室或车厢顶部。由顶灯开关和门控开关控制。

3. 仪表灯

用于仪表照明,装于汽车仪表板上。由车灯开关控制。

4. 行李箱灯

用于夜间行李箱打开时照明,由车灯开关和行李箱门控开关控制。

(四) 汽车信号装置

汽车信号装置包括灯光信号装置和声音信号装置两部分。

汽车信号装置主要作用是通过声、光信号向环境(如人、其他车辆)发出警告、示意信号,以引起有关人员或车辆注意,确保车辆行驶的安全。

1. 危险报警灯

当车辆出现故障停在路面上时,按下危险警报开关,全部转向灯同时闪亮,危险报警灯与转向信号灯共用。

2. 示宽灯(前小灯)

装于汽车前后两侧边缘,白色,用于标示汽车夜间行驶或停车时的宽度轮廓。

3. 尾灯

装于汽车尾部,左右各一只,红色。用于提示后面的车辆或向行人提供位置信息。

4. 制动灯

装于汽车后面,用于当汽车制动或减速停车时,向车后发出灯光信号,以警示随后车辆及行人。

5. 倒车灯

装于汽车尾部,左右各一只,白色。用于照亮车后路面,并警告车后的车辆和行人,该车正在倒车。

6. 汽车转向灯

转向信号装置由转向信号灯、闪光继电器和转向开关等组成。用于显示车辆行驶方向。前转向灯为橙色,后转向灯为橙色或红色。转向信号灯的闪光频率国标中规定 60~120 次/min,日本转向闪光灯规定(85±10)次/min,而且亮暗时间比(通电率)在 3∶2 为佳。转向信号灯由转向开关控制,其闪光频率由闪光器控制。

7. 制动与倒车信号装置

刹车灯,一般安装在车辆尾部,主体颜色为红色的灯,以便后面行驶的车辆易于发现前方车辆刹车,起到防止追尾事故发生的目的。

8. 喇叭和喇叭继电器

汽车上一般采用电喇叭,它具有结构简单、使用维修方便、体积小、声音悦耳等优点。电喇叭有普通电喇叭和电子电喇叭两种。普通电喇叭在中小型汽车上多采用盆形电喇叭。

三、汽车电控系统

1. 发动机电控系统

发动机电控系统主要有发动机电控燃油喷射系统、发动机电控点火正时系统、发动机电控怠速控制系统、发动机电控废气再循环控制系统等。任何一个控制系统都是由传感器、控制电脑和执行器来完成各项工作,大大提高了发动机的运行性能。

2. 汽车安全气囊电控系统

汽车安全气囊电控系统主要由碰撞传感器、SRS 控制电脑、SRS 指示灯和气囊组件四个部分组成。当发生碰撞时,能够瞬间膨开气囊,隔开人体与车内构件使其变成弹性碰撞,达到保护人体的目的。

3. 自动变速器电控系统

自动变速器电控系统主要包括换档控制系统、油压控制系统、锁止控制系统、超越离合器控制系统,根据传感器和工况信息通过电脑控制电磁阀线圈通断改变油路,实现自动换档变速的目的。

4. 制动防抱死系统

制动防抱死系统简称 ABS。它是汽车上的一种主动安全装置,是在常规制动系统的基础上加装一套防抱死装置而组成的。在防抱死制动系统失效时,常规制动系统能正常发挥制动效能。ABS 的作用就是能最大地利用地面制动力,提高汽车制动过程中的方向稳定性、转向控制能力和缩短制动距离,使汽车制动更为安全有效。

5. 汽车驱动防滑系统

汽车驱动防滑系统是电子控制技术在汽车上最有突出成就的一项应用,它的主要作用是防止汽车起步和在冰霜泥泞路面行驶时驱动轮打滑。ASR 是 ABS 的完善和补充,ASR

可独立设立,但大多数与 ABS 组合在一起,常用 ABS/ASR 表示。

6. 电控悬架系统

电控悬架系统由弹簧刚度控制、减振器阻尼控制、车高控制等装置组成。它实现了车身和车轮之间的弹性支持,缓解了车身与车轮的动载和振动,从而保证汽车行驶的平顺性和操纵的稳定性。

7. 汽车巡航定速控制系统

汽车巡航定速控制系统实质上就是为减轻驾驶员劳动强度,提高行驶舒适性、保证汽车和发动机都能在有利速度范围内运行的自动控制装置。

8. ESP 系统

ESP 系统实际是一种牵引力控制系统,与其他牵引力控制系统比较,ESP 不但控制驱动轮,而且可控制从动轮。

9. 汽车电子控制动力转向系统

汽车电子控制动力转向系统主要由转矩传感器、车速传感器、电子控制器(ECU)、电动机和电磁离合器等组成。

🔍 任务回顾

(1) 要使汽车行驶,必须具备两个基本行驶条件:驱动条件和附着条件。

(2) 发动机是汽车动力的核心总成。燃料在气缸内燃烧,使燃料的化学能转化成热能,最终转变为机械能并输出。

(3) 汽车底盘的作用是支承、安装汽车发动机及其各部件、总成,形成汽车的整体造型,并接受发动机的动力,使汽车产生运动并按驾驶员的操控而正常行驶的部件。

(4) 汽车电器主要由电源、启动、仪表、点火、照明、信号、电气设备线路等组成。近年发展起来的汽车各种电控系统,进一步拓展了电器在汽车上的应用空间。

(5) 汽车车身为装在汽车底盘上的用来运送人员或货物的建筑性结构。作为运送人员或货物的建筑性结构,其内部应当有便于驾驶员的操作和载人(或货物)的良好环境,具备隔绝振动、噪声,抵抗恶劣气候影响的能力,还必须在外形上具备建筑物的艺术风格和特点。

⬇ 实操训练任务实施步骤

1. 完成实操训练任务

笔 记

实操项目 1:汽车发动机结构原理认识

班级		成绩	
姓名		指导教师签名	
日期			

1. **实训目标**

　　(1) 了解汽车发动机结构和原理。

　　(2) 熟悉汽车发动机在汽车上的装配位置。

　　(3) 了解汽车发动机的作用。

2. **仪器和设备**

　　汽车整车、发动机总成、发动机教学挂图等。

3. **操作并填写**

　　(1) 为什么说汽车发动机实现了把化学能转变为热能,再把热能转变为机械能的能量转换?

_____

_____

_____

　　(2) 发动机由 _____ 大机构 _____ 大系统组成。

_____

_____

　　(3) 为什么说采用电控发动机的汽车能够环保节能?

_____

_____

_____

_____

　　(4) 世界先进发动机主要采用了哪些新技术?

_____

_____

_____

实操项目 2:汽车底盘结构原理认识

班级		成绩	
姓名		指导教师签名	
日期			

1. **实训目标**

　　(1) 了解汽车底盘结构和原理。

　　(2) 熟悉汽车底盘各部件在汽车上的装配位置。

　　(3) 了解汽车底盘的作用。

2. **仪器和设备**

　　汽车整车、底盘总成、底盘教学挂图等。

3. **操作并填写**

　　(1) 汽车发动机的动力是通过哪些部件传递到汽车车轮上的?

_____

_____

_____

　　(2) 汽车底盘由哪几大系统组成?

_____

_____

_____

　　(3) 汽车制动系有何重要性?

_____

_____

_____

_____

_____

　　(4) 汽车转向系有什么作用?

_____

_____

_____

_____

　　(5) 汽车悬架是什么?

_____

_____

_____

实操项目3：汽车车身结构认识

班级		成绩	
姓名		指导教师签名	
日期			

1. **实训目标**

　　（1）了解汽车车身结构。

　　（2）熟悉汽车车身与其他系统装配位置关系。

　　（3）了解汽车车身的作用。

2. **仪器和设备**

　　汽车整车、车身总成、车身教学挂图等。

3. **操作并填写**

　　（1）从汽车结构上说明为什么承载式汽车车身在性能上要优于非承载式汽车车身？

_____

_____

_____

　　（2）观察并说明汽车车身与底盘的连接方式。

_____

_____

_____

　　（3）观察并说明汽车车身与发动机的连接方式。

_____

_____

_____

_____

　　（4）查阅互联网，说说当今世界有哪些先进和安全的车身结构形式？

_____

_____

_____

_____

_____

_____

实操项目 4:汽车电器结构原理认识

班级		成绩	
姓名		指导教师签名	
日期			

1. 实训目标

(1) 了解汽车电器结构和原理。

(2) 熟悉汽车电器在汽车上的不同装配位置。

(3) 了解汽车电器的作用。

2. 仪器和设备

汽车整车、汽车电器各总成、汽车电器教学挂图等。

3. 操作并填写

(1) 汽车上一共有几个电源? 它们之间怎样配合工作?

_____

_____

_____

(2) 汽车上哪些灯光用于照明? 哪些灯光用作信号?

_____

_____

_____

(3) 哪些汽车电器增加了汽车的使用舒适性?

_____

_____

_____

_____

(4) 汽车上的哪些底盘部件和总成实现了电控?

_____

_____

_____

_____

_____

笔记

2. 考核与评估

1）检查训练任务：真实、完整、有效；

2）按各学习活动进行自评或互评。

评价指标	考核说明	考核记录
基本知识点考核	汽车发动机结构和原理 汽车底盘结构和原理 汽车车身的作用 汽车电器的作用和原理 汽车的行驶原理	

评价内容	检验指标	权重	自评	互评	总评
检查任务 完成情况	1. 完成任务过程情况				
	2. 任务完成质量				
	3. 在小组完成任务过程中所起的作用				
专业知识	1. 能描述发动机的结构和工作原理				
	2. 能描述汽车底盘的构造和工作原理				
	3. 能描述汽车车身的结构和作用				
	4. 能描述汽车电器的构造和工作原理				
	5. 会理解汽车电控相关知识				
职业素养	1. 学习态度：积极主动参与学习				
	2. 团队合作：与小组成员一起分工合作，不影响学习进度				
	3. 现场管理：服从工位安排、执行实训室"5S"管理规定				
综合评议 与建议					

思考与训练

1）汽车发动机由哪两大机构和五大系统组成？

2）汽车底盘由哪四大系统组成？

3）汽车上共有几个电源？哪些灯光是作为照明用的？哪些灯光是作为信号用的？

4）汽车经济性有哪些主要的评价指标？

5）简述汽车车门的类型。

6）发动机最大功率和转矩数值对汽车的动力性和经济性产生什么样的影响？

7）FSI技术发动机是哪个品牌的特有技术？FSI技术代表什么含义？

8）涡轮增压技术有几种增压方式？

9）变速器档位数对汽车的动力性和经济性产生什么样的影响？

10）DSG 双离合器变速器有什么优点？

11）四轮驱动和两驱汽车比较，动力性和经济性哪个更好？

12）汽车质量大小怎样影响汽车的动力性和经济性？

13）什么是 VVT-i 发动机？有何优点？

14）什么是 VTEC 技术发动机？

15）汽车运行条件怎样影响汽车的动力性和经济性？

16）为什么高档豪华汽车的动力性较好，而其经济性却比较差？

拓展提高

学生在认识汽车四大组成部分及各总成部件时，注意汽车四大组成部分及各总成部件之间的连接关系，以备后续课程的学习。

项目三　汽车整车特征参数信息

? 学习目标

通过本项目任务的学习,掌握汽车整车身份特征、参数特征、外观特征以及表征汽车主要总成结构性能的各种商业描述等基本知识,掌握汽车各种特征参数对汽车主要性能的影响。

☆ **期待效果**

通过对汽车整车特征参数信息的学习,能通过辨识汽车的整车身份特征、参数特征、外观特征以及表征汽车主要总成结构性能的描述,判知汽车生产国籍、品牌车型、外观特点、整车基本性能。

项目理解

任务 3.1:目前世界各国汽车公司生产的汽车大部分使用 VIN(Vehicle Identification Number)车辆识别代号编码,共由 17 位字母和数字组成,其中包括了汽车的生产国别、制造公司或生产厂家、车的类型、品牌名称、车型系列、车身形式、发动机型号、车型年款、安全防护装置型号、检验数字、装配工厂名称和出厂顺序号码等信息。怎样辨认汽车 VIN 车辆识别代号编码是我们这一任务要解决的主要问题。

任务 3.2:汽车的主要尺寸参数、质量参数和体积参数包括轴距、轮距、总长、总宽、总高、前悬、后悬、整备总质量、行李箱容积等。这些主要外观特征参数不仅决定了汽车的整车表面形状协调、流畅美观,同时,还决定了汽车的舒适、安全、操控、方便等多项性能。

任务 3.3:人们站在一辆轿车前面,看到的前照灯是汽车的两只眼睛,保险杠下方的进风口就是汽车的嘴巴,保险杠上方的进气格栅便是汽车用来呼吸的鼻口,发动机盖是汽车的前额和脑门,而左右两边的后视镜就是汽车的耳朵。

轿车的前脸源自汽车设计师的创意。轿车脸谱,尤其是最能代表个性的进气格栅,已成为某些汽车厂家的"家庭脸谱"。

我们通常仅仅只通过观察汽车的某些外观特征就可以知道汽车的品牌和车型。

任务 3.4:汽车的各个性能是通过不同的评价指标来反映的,是通过决定各个性能的相关总成的结构原理来实现的。一般来说,汽车生产厂家和销售门店(4S)在宣传资料和用户使用手册上提供了一些有关汽车各种性能的基本参数、指标和总成装备,我们应当怎样通过这些参数指标和总成装备来判断汽车性能的好坏? 是该任务所要解决的主要问题。

笔记

任务3.1 辨识汽车身份特征

知识目标

- 能辨识和收集各车系汽车 VIN 码。
- 能熟悉常见车辆生产国家或地区代码。
- 能知道部分国产车厂商 VIN 前 3 位。

能力目标

- 能够运用所学知识,辨识部分国产车厂商和部分常见汽车的 VIN 码,并据此指出汽车生产国别、制造公司或生产厂家、车的类型、品牌名称、车型系列、车身形式、发动机型号、车型年款、安全防护装置型号、检验数字、装配工厂名称和出厂顺序号码等信息。

情境描述

汽车二手车市场,某些不法商贩对原车外观进行修饰、改装,篡改车辆铭牌和证件资料,使得原车面目全非,但他们不能修改汽车 VIN 码。你如果运用所学知识能辨识常见汽车的 VIN 码,并据此指出汽车生产国别、制造公司或生产厂家、车的类型、品牌名称、车型系列、车身形式、发动机型号、车型年款、安全防护装置型号、检验数字、装配工厂名称和出厂顺序号码等信息,你就能识破那些不法商家的欺诈行为。

任务剖析

车辆识别代号由 3 个部分组成:第一部分(前 3 位),世界制造厂识别代号(WMI);第二部分(第 4～9 位),车辆说明部分(VDS);第三部分(第 10～17 位),车辆指示部分(VIS)。我们在进行车辆识别时,先看清汽车的原始制造工厂,再看明白关于车辆结构的说明,最后,了解车辆的出厂年份和流水号等。

任务载体

对于汽车 VIN 码的含义对很多初学者来说是比较困难的。我们通过几个例子来体会一下:

例 1:奔驰、宝马等汽车在全世界有许多的生产工厂,我们同样买一辆奔驰车,这辆车到底原始生产工厂在哪里呢? 对这个问题,我们应当查看汽车 VIN 码的第一部分(前 3 位)——世界制造厂识别代号(WMI)。

例 2:我们需要一辆奔驰 SUV,产地要求德国原产。我们得到的到底是 SUV 还是 MPV? 这时候,我们应当查看汽车 VIN 码的第二部分(第 4～9 位),车辆说明部分(VDS)。

例 3:我们需要一辆 2012 年产奔驰 SUV 车,产地要求德国原产,经查看汽车 VIN 码的

第一部分和第二部分都得到了验证。但是,究竟该车是哪一年产的? 这时候,我们应当查看汽车 VIN 码的第三部分(第 10~17 位),车辆指示部分(VIS)。

相关知识

一、车辆识别代码(VIN)

目前世界各国汽车公司生产的汽车大部分使用 VIN(Vehicle Identification Number)车辆识别代号编码,共由 17 位字母和数字组成,其中包括了汽车的生产国别、制造公司或生产厂家、车的类型、品牌名称、车型系列、车身形式、发动机型号、车型年款、安全防护装置型号、检验数字、装配工厂名称和出厂顺序号码等信息。

(一)行业对车辆识别代码的基本要求

(1) 每一辆汽车、挂车、摩托车和轻便摩托车都必须具有车辆识别代号。

(2) 在 30 年内生产的任何车辆的识别代号不得相同。

(3) 车辆识别代号应尽量位于车辆的前半部分,易于看到且能防止磨损或替换的部位。

(4) 9 人座或 9 人座以下的车辆和最大总质量小于或等于 3.5 t 的载货汽车的车辆识别代号应位于仪表板上,在白天日光照射下,观察者不需移动任何一部件从车外即可分辨出车辆识别代号。

(5) 车辆识别代号的字码在任何情况下都应是字迹清楚、坚固耐久和不易替换的。车辆识别代号的字码高度:若直接打印在汽车和挂车(车架、车身等部件)上,至少应为 7mm 高;其他情况至少应为 4 mm 高。

(6) 车辆识别代号仅能采用下列阿拉伯数字和大写字母:1、2、3、4、5、6、7、8、9、0、A、B、C、D、E、F、G、H、J、K、L、M、N、P、R、S、T、U、V、W、X、Y、Z。

(7) 车辆识别代号在文件上表示时应写成一行,且不要空格,打印在车辆或车辆标牌上也应标示成一行。 特殊情况下,由于技术上的原因必须标示在两行上时,两行之间不应有间隙,每行的开始与终止处应选用一个分隙符表示。分隙符必须是不同于车辆识别代号所用的任何字码,且为不易与车辆识别代号中的字码混淆的其他符号。

(二)车辆识别代码的基本内容

车辆识别代号由 3 个部分组成:第一部分(前 3 位),世界制造厂识别代号(WMI);第二部分(第 4~9 位),车辆说明部分(VDS);第三部分(第 10~17 位),车辆指示部分(VIS),如图 3-1-1 所示。

第一部分:世界制造厂识别代号,必须经过申请、批准和备案后方能使用。

世界制造厂识别代号的第一位字码是标明一个地理区域的字母或数字,第二位字码是标明一个特定地区内的一个国家的字母或数字,第三位字码是标明某个特定的制造厂的字母或数字。第一、第二位字码的组合将能保证国家识别标志的唯一性,前三位的字码组合能保证制造厂识别标志的唯一性。

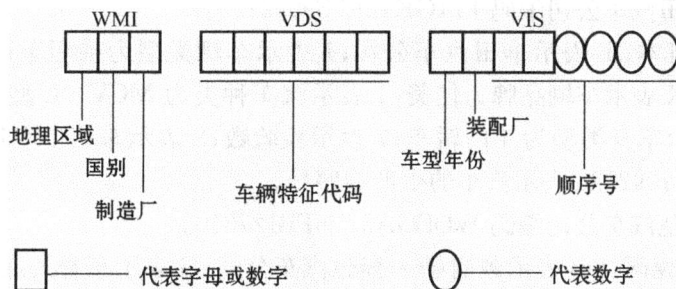

图 3-1-1 车辆识别代号组成

对于年产量大于等于 500 辆的制造厂,世界制造识别代号由以上所述的三位字码组成。对于年产量小于 500 辆的制造厂,世界制造厂识别代号的第三位字码为数字 9。此时车辆指示部分的第三、四、五位字码将与第一部分的三位字码作为世界制造厂识别代号。

第二部分:车辆说明部分,由六位字码组成,如果制造厂不用其中的一位或几位字码,应在该位置填入制造厂选定的字母或数字占位。此部分应能识别车辆的一般特性,其代号顺序由制造厂决定。

第三部分:车辆指示部分,由八位字码组成,其最后四位字码应是数字。第一位字码指示年份,年份代码按表 3-1-1 所列规定使用,该模式每 30 年重复一次。第二位字码可用来指示装配厂,若无装配厂,制造厂可规定其他的内容。

如果制造厂生产的某种类型的车辆年产量大于等于 500 辆,第三位至第八位字码表示生产顺序号。如果制造厂的年产量小于 500 辆,则此部分的第三、四、五位字码应与第一部分的三位字码一起来表示一个车辆制造厂。

表 3-1-1 车辆识别代号年份代码

年份	代码	年份	代码	年份	代码	年份	代码
1971	A	1990	L	1991	M	2001	1
1972	9	1989	K	1992	N	2002	2
1973	8	1988	J	1993	P	2003	3
1974	7	1987	H	1994	R	2004	4
1975	6	1986	G	1995	S	2005	5
1976	5	1985	F	1996	T	2006	6
1977	4	1984	E	1997	V	2007	7
1978	3	1983	D	1998	W	2008	8
1979	2	1982	C	1999	X	2009	9
1980	1	1981	B	2000	Y	2010	A

例1：日本丰田汽车公司编码 JT1GK12E7S9092125。

其中：J 表示日本；T 表示丰田汽车公司；1 表示车辆类型为乘用车；G 表示发动机为 1MZ-FE3.0LV6；K 表示车辆品牌为佳美；1 表示汽车种类为 MCV10L 型；2 表示汽车系列为 LE 系列；E 表示车身类型为 4 门轿车；7 表示检验数；S 表示车型生产年份为 1995 年；9 表示装配厂为日本；092125 表示汽车的生产顺序号。

例2：德国奔驰汽车公司编码 WDBGA57B6PB127810。

其中：W 表示德国；DB 表示戴姆勒·奔驰汽车公司；G 表示车身及底盘系列为 140 系列；A 表示发动机类型为汽油发动机；57 表示车型为 600SEL 四门轿车 5.0 L；B 表示乘员安全保护装置为三点式安全带及防撞安全气囊；6 表示检验数；P 表示车型年款为 1993 年；B 表示总装工厂代码；127810 表示汽车的出厂顺序号。

二、我国常见汽车车辆识别代码编码

我国机械工业部于 1996 年 12 月 25 日发布了《车辆识别代号（VIN）管理规则》，规定 1999 年 1 月 1 日后，我国新生产的汽车都必须使用车辆识别代号（VIN）。因此，作为汽车行业工作者，正确解读 VIN 码，对于我们正确地识别车型，以致进行正确地诊断和维修都是十分重要的。

（一）常见车辆生产国家或地区代码

表 3-1-2 列出了世界常见车辆生产国家或地区代码。

表 3-1-2　常见车辆生产国家或地区代码

生产国家或地区	生产国家或地区代码	生产国家或地区	生产国家或地区代码
美国	1	中国	L
加拿大	2	英国	S
墨西哥	3	捷克	T
美国	4	罗马尼亚	U
美国	5	法国	V
澳大利亚	6	德国	W
阿根廷	8	俄国	X
巴西	9	瑞典	Y
日本	J	意大利	Z
韩国	K	台湾	R

（二）部分国产车厂商 VIN 前 3 位

表 3-1-3 列出了部分国产车厂商 VIN 前 3 位。

表 3-1-3 部分国产车厂商 VIN 前 3 位

VIN 前 3 位	国产车厂商
LVV	奇瑞汽车有限公司
LG1	荣成华泰汽车有限公司
LSV	上海大众汽车有限公司
LJU	上海华普汽车有限公司
LSJ	上海汽车股份有限公司
LSG	上海通用汽车有限公司
LZW	上汽通用五菱汽车股份有限公司
LDC	神龙汽车有限公司
LSY	沈阳华晨金杯汽车有限公司
LFM、LTV	天津一汽丰田汽车有限公司
LFP、LTJ	天津一汽夏利汽车股份有限公司
LFV	一汽-大众汽车有限公司
LH1	一汽海马汽车有限公司
LNP	跃进汽车集团公司
LB3	浙江豪情汽车制造有限公司
L6T	浙江吉利汽车有限公司
LFP	中国第一汽车集团公司
LS5	重庆长安铃木汽车有限公司
LS5	重庆长安汽车股份有限公司
LLV	重庆力帆乘用车有限公司
LJ1	安徽江淮汽车集团有限公司
LE4	北京奔驰-戴姆勒·克莱斯勒汽车有限公司
LBE	北京现代汽车有限公司
LGX	比亚迪汽车有限公司
LVS	长安福特马自达汽车有限公司
LHA	大迪汽车集团有限公司
LVH	东风本田汽车有限公司
LGD	东风汽车股份有限公司
LGB	东风汽车有限公司

笔记

VIN 前 3 位	国产车厂商
LJD	东风悦达起亚汽车有限公司
LDN、LTN	东南（福建）汽车工业有限公司
LHG	广州本田汽车有限公司
LVG	广州丰田汽车有限公司
LKH	哈飞汽车股份有限公司
LTA	河北中兴汽车制造有限公司
LBV	华晨宝马汽车有限公司
LJX	江铃汽车股份有限公司
LVF	江西昌河铃木汽车有限责任公司

（三）部分进口车厂商使用 VIN 前 3 位组合代码表示特定的品牌

表 3-1-4 列出了部分进口车厂商使用 VIN 前 3 位组合代码表示特定的品牌。

表 3-1-4　部分进口车厂商使用 VIN 前 3 位组合代码表示特定品牌

VIN 前 3 位	进口车厂商
TRU/WAU	奥迪（Audi）
1YV/JM1	马自达（Mazda）
4US/WBA/WBS	宝马（BMW）
WDB	梅赛德斯-奔驰（Mercedes Benz）
2HM/KMH	现代（Hyundai）
VF3	标致（Peugeot）
SAJ	捷豹（Jaguar）
WP0	保时捷（Porsche）
SAL	路虎（Land Rover）
YK1/YS3	萨博（Saab）
YV1	沃尔沃（Volvo）

任务 3.2　辨识汽车参数特征

知识目标

● 能收集汽车整车主要尺寸参数。

● 能收集汽车主要体积参数。

● 能收集汽车主要质量参数。

能力目标

● 能够运用所学知识和相关汽车手册,查阅汽车整车主要尺寸参数、整车主要体积参数、整车主要质量参数。

情境描述

我们在日常生活中,经常会看到这样的情况:一辆很长的加长林肯轿车在很宽的公路上调头的时候往往很困难,要经过反复的倒档操作;而一辆轻巧的奇瑞 QQ 却能在很窄的公路上轻松调头行驶。从这个例子可以看出,汽车整车主要尺寸参数,影响了汽车的行驶性能。

任务剖析

汽车的主要外观特征参数和特征不仅决定了汽车的整车表面形状协调、流畅美观,同时,还决定了汽车的舒适、安全、操控、方便等多项性能。

任务载体

汽车的外观特征参数和体积参数的含义大家都比较容易理解。我们也通过几个例子来体会一下:

例1:汽车的长度越长,乘坐空间越大,乘员会感到越舒适。所以一些汽车纷纷走加长路线,如奥迪 A8L(L 指加长汽车的长度)等。

例2:行李箱容积大,乘用车携带物品更方便。油箱容积大,装有的备用油就更多,每箱燃油所跑的路程更远。但汽车的总质量就会越大。

例3:汽车总质量越重,油耗就会越大。

相关知识

一、汽车整车主要尺寸参数

(1) 汽车长——垂直于车辆纵向对称平面并分别抵靠在汽车前、后最外端突出部位的两垂面之间的距离。简单地说,就是沿着汽车前进的方向,最前端到最后端的距离。如图

3-2-1所示的车长为5 076mm。

（2）汽车宽——平行于车辆纵向对称平面并分别抵靠车辆两侧固定突出部位的两平面之间的距离。简单地说，就是汽车最左端到最右端的距离。其中所说的"两侧固定突出部位"并不包括后视镜、侧面标志灯、示位灯、转向指示灯、挠性挡泥板、防滑链以及轮胎与地面接触部分的变形。如图3-2-1所示的车宽为1 871mm。

（3）汽车高——车辆支承平面与车辆最高突出部位相抵靠的水平面之间的距离。简单地说，是从地面到汽车最高点的距离。汽车高通常是指汽车在空载，但可运行（加满燃料和冷却液）的情况下的高度。如图3-2-1所示的车高为1 473mm。

（4）汽车轴距——通过车辆同一侧相邻两车轮的中点，并垂直于车辆纵向对称平面的二垂线之间的距离。简单地说，就是汽车前轴中心到后轴中心的距离。对于三轴以上的汽车，其轴距用从前到后的相邻两车轮之间的轴距分别表示，总轴距为各轴距之和。如图3-2-1所示的汽车轴距为3 035mm。

汽车长、宽、高对汽车的使用与可观赏性的影响是显而易见的，在此，我们不再讨论。轴距是一个很重要的参数，它与汽车的许多性能息息相关。轴距决定了汽车重心的位置。因此汽车轴距一旦改变，传动系和车身部分的尺寸、悬架系统中的弹簧刚度及减震器阻尼系数、转向系中的转向梯形拉杆尺寸等参数都必须重新调整，因此，就必须重新进行总布置设计。同时轴距的改变还会引起前、后桥轴荷分配的变化，从而必须要考虑这些因素对汽车制动性、操纵性及平顺性的影响。

从实际使用看，轴距的长短直接影响汽车的长度，进而影响汽车的内部使用空间。

汽车的轴距短，汽车长度就短，质量就小，最小转弯半径和纵向通过半径也小，汽车的机动性就好。但如果轴距过短，车厢长度就会不足，后悬（车辆后轴中心线与汽车最后端的距离）也会过长，会造成行驶时纵向摆动大及制动、加速或上坡时质量转移大，其操纵性和稳定性就会变坏。如果轴距过长，就会使得车身长度增加，不仅使汽车的最小转向半径变大，而且汽车后部倒车盲区也会偏大。

（5）汽车的前悬（mm）——汽车最前端至前轴中心的距离。如图3-2-1所示的汽车前悬为868mm。

（6）汽车的后悬（mm）——汽车最后端至后轴中心的距离。如图3-2-1所示的汽车后悬为1 173mm 。

（7）汽车的轮距——是车轮在车辆支承平面（一般就是地面）上行驶时留下的运行轨迹中心线之间的距离。如果车轴的两端是双车轮时，轮距则是双车轮两个中心平面之间的距离，如图3-2-1所示的汽车的前轮距为1 600mm、后轮距为1 606mm。

汽车的轮距有前轮距和后轮距之分，前轮距是前面两个车轮中心平面之间的距离，后轮距是后面两个车轮中心平面之间的距离，两者可以相同，也可以有所差别。

一般来说，轮距越宽，驾驶舒适性越高，但是，过宽的前轮距会影响汽车的转向轻便性，因此，不装备转向助力装置的转向系统会显得转向很"沉重"，影响驾驶的舒适性。

此外，轮距还对汽车的总宽、总重、横向稳定性和安全性有影响。

一般说来，轮距越大，对操纵平稳性越有利，同时对车身造型布置和车厢的内部宽敞程度也有利，横向稳定性越好。但轮距宽了，汽车的总宽和总重一般也会加大，而且容易产生向车身侧面甩泥的问题。如果轮距过宽还会影响汽车的安全性,因此,轮距大小应与车身宽度相适应。

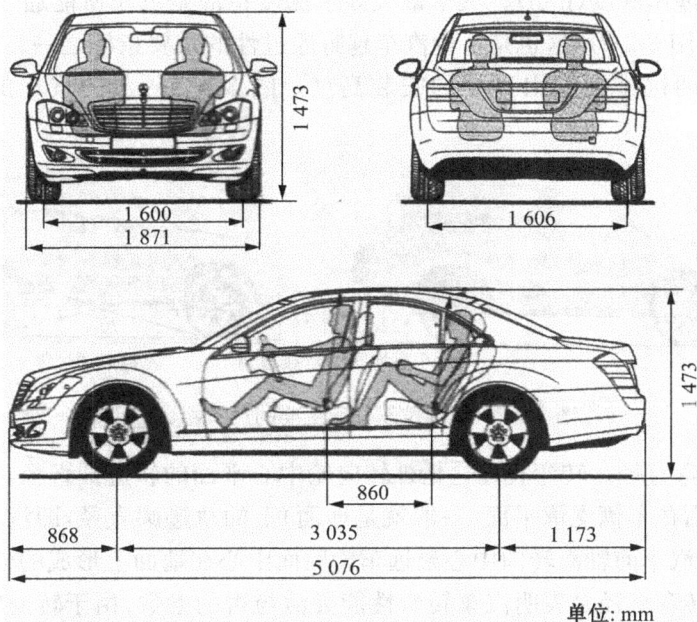

单位:mm

图 3-2-1   乘用汽车整车主要的尺寸参数一

(8)汽车的离去角(°)。离去角(见图 3-2-2),是指汽车满载、静止时,自车身后端突出点向后车轮引切线与水平面之间的夹角,即是水平面与切于车辆最后车轮轮胎外缘(静载)的平面之间的最大夹角,位于最后车轮后面的任何固定在车辆上的刚性部件不得在此平面的下方。它表征了汽车离开障碍物(如小丘、沟洼地等)时,不发生碰撞的能力。离去角越大,汽车的下坡通过性越好。如图 3-2-2 所示的汽车离去角为 27°。车辆在下坡时,当前轮已经行驶到平地上,后轮还在坡道上时,后保险杠等汽车后部刚性部件应不会卡在坡道上。离去角越大,车辆就可以由越陡的坡道上驶下。

(9)汽车的接近角(°)。接近角(见图 3-2-2)是指在汽车满载、静止时,汽车前端突出点向前轮所引切线与水平面的夹角。即水平面与切于前轮轮胎外缘(静载)的平面之间的最大夹角。设计上要求前轴前面任何固定在车辆上的刚性部件不得在此平面的下方。如图3-2-2所示的汽车接近角为 32°。接近角越大,汽车的上坡通过性越好。当车辆前轮上坡,后轮还处于平地上,前保险杠等汽车前部刚性部件不应卡在坡道上。接近角越大,车辆就可以爬上更大的坡度而不与路面相抵触。

(10)汽车的最小离地间隙(mm)。汽车的最小离地间隙(见图 3-2-2),就是在地平面上汽车底盘的最低点与车辆支承平面之间的间距,通常单位为毫米(mm),离地间距越大,车辆的凹凸路面通过性能就越好。通常,越野车的离地间隙要比普通轿车要大。如图 3-2-2 所示,汽车的空车最小离地间隙为 220mm、满载时的最小离地间隙为 215mm。

(11)汽车的纵向通过角(°)。纵向通过角(见图 3-2-2),是指在汽车满载、静止时,在汽车侧视图上分别通过前、后车轮外缘做切线交于车体下部较低部位所形成的最小锐角 。它

笔记

表征汽车可以无碰撞地通过小丘、拱桥等障碍物的轮廓尺寸的能力。纵向通过角越大，汽车的纵向通过性能越好。如图 3-2-2 所示的汽车的纵向通过角为 20°。

（12）汽车的涉水深度（mm）。汽车最大涉水深度指的是汽车所能通过的最深水域，通常单位为毫米（见图 3-2-2），这也是评价汽车越野通过性的重要指标之一。一般汽车的最大涉水深度等于发动机排气管出口处的安装高度。图 3-2-2 所示的汽车的最大涉水深度为 700mm。

图 3-2-2　乘用汽车整车主要的尺寸参数二

（13）最小转弯直径。转弯直径是指外转向轮中心平面的轨迹圆直径，它是指汽车的外转向轮的中心平面在车辆支承平面（一般就是地面）上的轨迹圆直径，即汽车前轮处于最大转角状态行驶时，汽车前轴离转向中心最远车轮胎面中心在地面上形成的轨迹圆直径，通常单位为米。最小转弯直径是表明汽车转弯性能灵活与否的参数，由于转向轮的左右极限转角一般有所不同，因此有左转弯直径和右转弯直径的区别。

二、乘用汽车整车主要体积参数

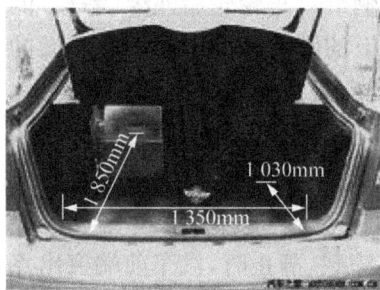

图 3-2-3　乘用汽车整车主要
体积参数（行李箱）

（1）行李箱容积。行李箱也叫后备箱，如图 3-2-3 所示。行李箱容积的大小衡量一款车携带行李或其他备用物品多少的能力，其单位通常为升。

依照车型的大小以及各车型所突出的使用特性，其行李箱容积也因此有所不同，一般来说，型号越大的车辆行李箱容积也越大。越野车和商务车行李箱都比较大，而跑车一般由于造型设计原因，行李箱则比较小。

（2）油箱容积。油箱容积是指一辆车能够携带燃油的体积，通常单位为升。一般油箱容积与该车的油耗及每箱燃油的行驶里程具有非常直接的关系，一般来说，一辆车一箱油都必须能行驶 500km 左右，比如说，百公里 10L 的车，油箱容积都在 60L 左右。每个车型的油箱容积是不同的，同类车型不同品牌的车油箱容积也不相同，由各生产厂家设计制造而决定的。

三、乘用汽车整车主要质量参数

（1）座位数。座位数指的是汽车内包含驾驶员座位在内的总座位数，乘用车座位数的多少必须与该车的最大承载质量相配套。目前，大多数乘用轿车为五座，即前排座椅是两个独立的座椅，后排座椅一般是三人长条座椅。

某些豪华轿车后排则是两个独立的坐椅,所以总座位数为四座。

某些跑车则只有前排座椅,其总座位数为两座。

商务车和部分越野车则配有第三排座椅,其总座位数为六座或七座。

(2)空车质量。空车质量指的是汽车按出厂技术条件装备完整(如备胎、工具等安装齐备),各种油水添满后的整车质量,也称整车整备质量。单位为千克。

(3)允许总质量。允许总质量指的是汽车在正常条件下准备行驶时,包括的载人(包括驾驶员)、载物时允许的总质量,单位为千克。

允许总质量减去空车质量则即为车辆的最大承载质量,即该车最大允许承载质量。

(4)汽车的前后轴荷。前后配重指的是车身前轴与车身后轴各自所承担重量的比例。汽车的配重,一般是在 50%:50% 是最平均的,宝马最引以为豪的就是 50:50 的前后配重比。

但现实生活中我们经常遇到过弯、加速等情况,从力学上来看,比例稍小于 50% 的前轴质量与比例稍大于 50% 的后轴质量的汽车前后轴荷如 48:53～40:60 之间的前后配重对付弯道加速会比较灵活,但爬坡能力相对会稍差一些。相反,当前轴轴荷大于后轴轴荷时,转弯就会比较迟钝一些。

任务3.3　辨识汽车外观特征

知识目标

● 能收集汽车六方位(前后、上下、左右)主要车型特征。

● 能辨识不同汽车的前脸。

● 能知道不同汽车的进气格栅、汽车灯光造型和汽车腰身的特点。

能力目标

● 能够运用所学知识对不同汽车的前脸、进气格栅、汽车灯光造型和汽车腰身以及六方位(前后、上下、左右)主要车型特征进行区分。

情境描述

宝马的"双肾"、奔驰的"数横一竖"、劳斯莱斯的"宫殿立柱"、吉普的"七竖孔"、阿尔法的"盾牌"、道奇的"田字"、奥迪的"大嘴"、别克君越直瀑式进气格栅等,它们已成为这些汽车家族的象征标志。爱车人士只要一看它们的脸部,不用看车标车名,就知道它们出自哪个汽车家族。

任务剖析

汽车前脸是汽车外观形状中最引人注目的汽车造型。

许多世界名车都有自己固定的脸谱,而且一旦确定并流传下来,就相当于拥有了汽车的肖像权,其他厂家在设计前脸时不仅不会去效仿,而且会尽力避免与其雷同,否则会被认为是抄袭。要形成大伙公认的汽车脸谱并不容易,除了欧洲老牌车厂外,一些后起之秀们还真不容易找到自己的"脸谱",日本、韩国、甚至于美国的一些车型到现在还没有找到适当的前脸风格。

任务载体

对于汽车外观特征含义和作用对很多初学者来说是比较困难的。我们通过几个例子来体会一下:

例1:福特新蒙迪欧致胜模样凶狠的前脸,X状线条勾勒出的正面轮廓散发出几分霸气,车头造型饱满圆润,梯形上、下双镀铬进气格栅更显张力。发动机罩饱满浑圆与进气格栅一气呵成,两条隆起的折线充满了肌肉感和力量感,在进气格栅下银色涂装的梯形包裹着的蜂窝状进气口,显得冲劲十足。世界经典的"X"前脸,曾经迷倒多少汽车粉丝!

例2:车灯的形状是整车外观造型中极为重要的部分。一款汽车前脸所带有的表情和风韵,很大程度上是由车灯形状设计表现出来的。很多消费者都是被车辆美观靓丽的外形所吸引而购买汽车的,而在这靓丽的外形中,汽车大灯的造型设计往往成为画龙点睛之笔,惊鸿一瞥,摄人心魄。出自优秀设计师之手的成功的车灯造型,犹如汽车的眼睛,灵动美丽的眼神,令人魂牵梦萦。

例3:腰线是现代汽车中最重要的特征线之一,它和车顶弧线、发动机盖线和尾箱线共同构建一台汽车的大体轮廓线。所以说从汽车的腰线特征就可以窥见汽车的外形设计风格。

在腰线造型设计中,汽车的前灯与尾灯要求有统一的风格、统一的设计元素和统一的形面结合方式。车身腰线与前后灯的衔接方式,以及前后灯在整体形面上的切割方式都必须保持一致。因此,腰线设计是汽车外观特征的关键要素。

相关知识

一、汽车前脸

(一)汽车前脸的概念

汽车前脸是汽车业界对汽车前部的一种拟人化称谓。

人们站在一辆轿车前面,看到的前照灯是汽车的两只眼睛,保险杠下方的进风口就是汽车的嘴巴,保险杠上方的进气格栅便是汽车用来呼吸的鼻口,发动机盖是汽车的前额和脑门,而左右两边的后视镜就是汽车的耳朵。

轿车的前脸源自汽车设计师的创意。轿车脸谱,尤其是最能代表个性的进气格栅,已成为某些汽车厂家的"家庭脸谱",如宝马的"双肾"(见图3-3-1)、奔驰的"数横一竖"(见图3-3-2)、劳斯莱斯的"宫殿立柱"(见图3-3-3)、吉普的"七竖孔"(见图3-3-4)、阿尔法的"盾牌"(见图3-3-5)、道奇的"田字"(见图3-3-6)、奥迪的"大嘴"(见图3-3-7)、别克君越直瀑式进气格栅(见图3-3-8)等,它们已成为这些汽车家族的象征标志。爱车人士只要一看它们的脸部,不用看车标车名,就知道它们出自哪个汽车家族。

图3-3-1　宝马的"双肾"进气格栅 　　　　图3-3-2　奔驰的"数横一竖"进气格栅

图 3-3-3　劳斯莱斯的"宫殿立柱"进气格栅

图 3-3-4　吉普的"七竖孔"进气格栅

图 3-3-5　阿尔法的"盾牌"进气格栅

图 3-3-6　道奇的"田字"进气格栅

图 3-3-7　奥迪的"大嘴"进气格栅

图 3-3-8　别克君威直瀑式进气格栅

　　许多世界名车都有自己固定的脸谱,而且一旦确定并流传下来,就相当于拥有了汽车的肖像权,其他厂家在设计前脸时不仅不会去效仿,而且会尽力避免与其雷同,否则会被认为是抄袭。要形成大伙公认的汽车脸谱并不容易,除了欧洲老牌车厂外,一些后起之秀们还真不容易找到自己的"脸谱",日本、韩国、甚至于美国的一些车型到现在还没有找到适当的前脸风格。

（二）汽车前脸的类型

　　目前,汽车市场富有个性前脸的汽车不少,风格也是多种多样,归纳起来,主要有如下几类。

1. 活泼可爱型汽车前脸

这一类型的汽车前脸看起来活泼可爱、娇小柔美,大多是家庭用小型轿车,而且主要是面向女性的,如大众新甲壳虫、宝马的迷你、斯玛特等车型。除此之外,还有如图 3-3-9 所示的灵动可爱的菲亚特 500 汽车前脸、如图 3-3-10 所示的吉利熊猫汽车前脸。如图 3-3-11 所示的奇瑞五娃汽车前脸、如图 3-3-12 所示的比亚迪 F1 汽车前脸,拥有此类前脸的汽车能给人以非常亲切的感受。

图 3-3-9　灵动可爱的菲亚特 500 汽车前脸

图 3-3-10　吉利熊猫汽车前脸

图 3-3-11　奇瑞五娃之福娃汽车前脸

图 3-3-12　比亚迪 F1 的笑脸

2. 面相凶猛、剽悍强劲、具有攻击性的汽车前脸

这一类型的汽车前脸看起来面相凶猛、剽悍强劲,显得非常具有攻击性,如法拉利、兰博基尼等动力潮湃的跑车多属于此类,拥有此类前脸的汽车能给人以过目难忘的印象。

普通乘用车中属于此类前脸的汽车如图 3-3-13 为福特新蒙迪欧致胜模样凶狠的前脸,X 状线条勾勒出的正面轮廓散发出几分霸气,车头造型饱满圆润,梯形上、下双镀铬进气格栅更显张力。发动机罩饱满浑圆与进气格栅一气呵成,两条隆起的折线充满了肌肉感和力量感,在进气格栅下银色涂装的梯形包裹着蜂窝状进气口,显得冲劲十足。

图 3-3-14 所示为克莱斯勒 300C 汽车前脸,从图中可以看出,它具有典型的美国汽车风格,宽大而又厚重,彰显着那种异常浓烈的美式激情,尤其是那极富辨识性的渔网大嘴,如同深海中形体庞大的巨兽,让人触目惊心。300C 的这种前脸,虽然另类得有些曲高和寡,但其

笔记

图 3-3-13　福特新蒙迪欧致胜凶狠的前脸

霸气十足。实际上,在很多人眼中,300C 就像是公路上的美式坦克,凶猛而霸道。

　　图 3-3-15 为双龙汽车 08 个性款爱腾车型,那如大海中所向披靡的鲨鱼嘴、冷峻的前脸格栅、锐利的鹰眼大灯,都在彰显着这款车型的粗犷和原始野性。双龙汽车的前脸造型一直颇受争议,喜欢的人赞它是引领潮流、超越时代的前卫先锋,不欣赏的人说它怪异得没一点美感,但就是因为它大胆前卫的前脸设计,使它在车市中独树一帜。

图 3-3-14　克莱斯勒 300C 汽车前脸

图 3-3-15　双龙汽车 08 个性款爱腾汽车前脸

　　图 3-3-16 为 2009 年上市的上汽荣威 750,发动机为 1.8T,前脸设计有大小嘴两种。大嘴版的荣威 750 是一个绅士和野兽的综合体。如果侧看车身,典雅又富有尊贵感的车身线

图 3-3-16　荣威 750 2009 款汽车前脸

条和镀铬装饰突显的就是一位有着英伦气质的绅士,不过正视荣威750那血口大张的怪兽大嘴,就如同面对一只正想要饿扑上来的雄狮猎豹般凶猛,其前脸攻击性之强不言而喻,这样一款同时拥有优雅线条和猛兽前脸的中高级轿车,同样让人们产生深刻的印象。

这一类型的汽车前脸很多,图3-3-17～图3-3-20分别为阿斯顿马丁概念车前脸、三菱EVO"鲨鱼式"汽车前脸、吉利GT的老虎前脸、标致汽车的狮子前脸。

图 3-3-17 鲸鱼式凶悍的阿斯顿马丁概念车前脸

图 3-3-18 三菱 EVO"鲨鱼式"前脸

图 3-3-19 吉利 GT 的老虎脸

图 3-3-20 标致汽车的狮子脸

3. 充满阳刚之气的汽车前脸

这一类型的汽车前脸看起来面部棱角分明、方头方脑,充满阳刚之气,大多数越野车属于此类,如三菱"帕杰罗"、吉普"切诺基"、悍马、路虎、牧马人、猎豹等,如图 3-3-21～图 3-3-24所示。拥有此类前脸的汽车能给人以巨大力量的感觉。

图 3-3-21 路虎汽车前脸

图 3-3-22 三菱"帕杰罗"汽车前脸

图 3-3-23　悍马汽车前脸

图 3-3-24　猎豹汽车前脸

4. 高贵典雅、端庄大方型汽车前脸

这一类型的汽车前脸看起来面相高贵典雅、气度非凡、端庄大方,大多数高级豪华轿车,如劳斯莱斯、奔驰、宝马、宾利、VOLVO、大众等车型属于此类,拥有此类前脸的汽车能给人以体面和高雅的印象,如图 3-3-25 和图 3-3-26 所示。

图 3-3-25　VOLVO 汽车温文儒雅的笑脸

图 3-3-26　大众汽车庄重的 U 型前脸

5. "邪恶化"的汽车前脸

这一类型的汽车前脸看起来容颜奇特夸张、面相前卫超前,或充满未来味道,或给人难以置信的"酷感"。

随着电动汽车和新能源汽车的发展,以电力等动力代替了内燃机热力驱动,所以汽车前脸的一些功能性区域如给散热器冷却的进气栅格等的造型设计可以随意发挥,这种变化在一些概念车上可以看得更为清楚。随着时间的推移,一些更为先进的技术会逐渐地应用于车身设计上。在这方面,宝马再次走在了世界的前列,2008 年,宝马推出了 GINA 概念车如图 3-3-27 所示。GINA Light Visionary 车型拥有无缝的车身蒙皮———一种可以沿着可移动式下部结构展开的弹性织物,其前脸还可以根据需要产生变形,从而使汽车前脸成为了一个可以活动的雕塑。不过就当今汽车设计的大趋势来看,总的来说,汽车的前脸表情有"邪恶化"的趋势,新近设计的如图 3-3-28 所示的太空生物"邪恶化"汽车前脸就可以证明这一点。人们逐渐喜欢夸张的线条和形式,或许是因为现代社会的人们倡导个性、喜欢独树一帜、宣泄自己感情的缘故吧。

图 3-3-27　宝马 GINA 概念车"邪恶化"前脸　　　图 3-3-28　太空生物"邪恶化"汽车前脸

二、汽车前照灯组合造型

(一) 汽车前照灯组合造型的概念

车灯的形状是整车外观造型中极为重要的部分。一款汽车前脸所带有的表情和风韵,很大程度上是由车灯形状设计表现出来的。很多消费者都是被车辆美观靓丽的外形所吸引而购买汽车的,而在这靓丽的外形中,汽车大灯的造型设计往往成为画龙点睛之笔,惊鸿一瞥,摄人心魄。出自优秀设计师之手的成功的车灯造型,犹如汽车的眼睛,灵动美丽的眼神,令人魂牵梦萦。

(二) 汽车前照灯组合造型的风格

目前,汽车大灯的造型设计流行三种潮流。

1. 复古派

从某种意义上来说,复古代表着向经典靠近,而汽车早期的大灯以圆形居多,所以复古的车灯都设计成圆形或类圆形,这也是很保险的设计方法。如捷豹(见图 3-3-29),像个英国老绅士,圆圆的大灯搭配上向后延伸的腰线,像支雪茄烟卷。保时捷(见图 3-3-30),历次更换车灯造型都没有摆脱圆形的复古造型,这从另一个侧面也诠释了德国人制造适合驾驭的超级跑车的经典理念。吉普,不管是二战名车还是劳拉战车,永远都是七孔格栅、圆形大灯。从这些车上我们可以看出,圆形大灯是汽车童年时代的经典代表,现代车灯的复古造型往往

图 3-3-29　捷豹汽车的圆形大灯　　　　　图 3-3-30　保时捷的青蛙眼大灯

意味着保守、严谨。当然,圆形大灯用到诸如甲壳虫、MINI、POLO、QQ上,则表达了一种可爱的或者是老顽童式的造型。

2. 现代派

目前,现代派造型在大灯造型中居于主流,设计师往往会大胆发挥,形成不同的流派。但是,大胆发挥并不意味着可以随意发挥,一旦某个著名品牌汽车大灯换了一种造型,往往会招致车评人士或车迷们措辞激烈的评论。比较有代表性的是奔驰C系列车型,有人评价两个跳动相连的圆形花生豆式车灯给人一种灵动的感觉,而持反对意见保守人士却并不认同,他们认为"8"字形圆形花生豆式车灯破坏了奔驰C系列车型的体面与高雅。

现代派大灯造型讲究眼神的魅力,图3-3-31为中华骏捷FRV凌厉的眼神,这个黑腔鹰眼大灯打破常规的不规则设计,正面看上去像是有人正对我们"怒目而视",配上酷酷的黑色外观,凌厉的目光让人心生敬畏之情。

图3-3-31　中华骏捷FRV大灯酷似人类凌厉的眼神

图3-3-32为东风日产骐达汽车的车灯,人称妩媚的眼神。车灯后面温润宽厚,而前部颇有些丹凤眼的味道,百媚丛生。而骐达的真实车主多数都是时尚的年轻女性,她们热爱生活,更追求生活的品位。

图3-3-33为上海荣威550汽车绅士的眼神,这双眼睛谦和、温润,同时又充满不羁、个性,它低调而不着痕迹地显示着英伦血统和谦谦君子的风范,配上大气的进气格栅,只一眼便可以在茫茫人海中认出它来。

图3-3-32　骐达大灯酷似人类丹凤妩媚的眼神

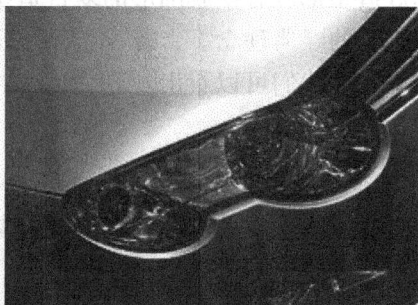

图3-3-33　荣威550汽车的绅士眼神

图3-3-34为法拉利F430,著名的法拉利F430是一款出手不凡的跑车,该车的眼神具有极大的挑衅性,别的汽车大灯设计眼神都是横置的,它却偏偏要竖着设计眼神,当然,这样的

设计理念给人带来的感观是非常不一样的,F430 车灯看上去就好像一个人被激怒而吊起双眼,正发着大脾气,这与 F430 车型强大的发动机功率和极其漂亮的经典车身造型相匹配,拟人化地夸张了 F430 那份独有的矜持与高傲。

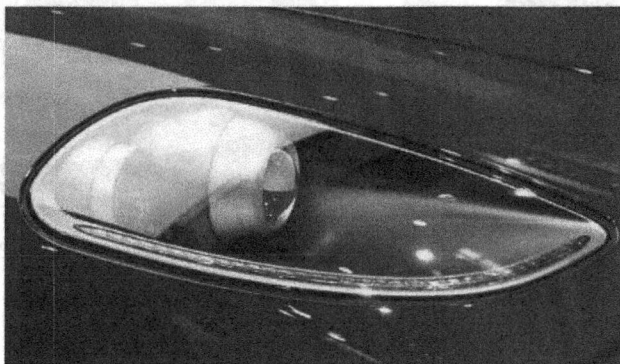

图 3-3-34 法拉利 F430 大灯极像人类挑衅的眼神

现代派造型在大灯造型还衍生出了许许多多的生物学造型理念,从汽车大灯造型上把人类对眼睛的理解诠释得淋漓尽致,图 3-3-35～图 3-3-52 是现代派目前所流行的汽车大灯造型经典车型。

图 3-3-35 奔驰上揭式的前照灯

图 3-3-36 宝马"8"字形前照灯

图 3-3-37 凯迪拉克竖立大灯造型

图 3-3-38 法拉利独立气泡式大灯

笔 记

图 3-3-39　宝马 5 系的"细眉鹰眼"大灯

图 3-3-40　奇瑞 A520 杏眼大灯

图 3-3-41　标致 206 的水滴形大灯

图 3-3-42　三角形立体多炮筒式大灯

图 3-3-43　花生豆式的前照灯

图 3-3-44　飘带式前照灯

图 3-3-45　夜鹰眼大灯

图 3-3-46　不规则四边形前照灯

图 3-3-47　四边形立体双炮筒式大灯

图 3-3-48　圆角四边形大灯

图 3-3-49　兰博基尼盖拉多竖式
四边形立体多炮筒大灯

图 3-3-50　兰博基尼蝙蝠不规则
四边形立体多炮筒大灯

图 3-3-51　宝马的天使眼大灯

图 3-3-52　奥迪的四边形鬼魅飞翼大灯

笔记

笔记

3. 未来派

未来派的汽车大灯造型则完全突破了传统造型的桎梏,主要在一些概念车上表现出来。图 3-3-53 为奥迪 RSQ 概念车前照灯,该车前格栅与前照灯、前照灯和尾灯的结合方式,车身腰线与前后灯的衔接方式,以及前后灯在整体形面上的切割方式都保持了高度一致,真可谓至酷至胜。

完全由女性设计师打造的沃尔沃 YCC 概念车前照灯则如图 3-3-54 所示。该车型利用最新的氙气灯和 LED 灯技术实现了更加宽泛的设计组合方式,彻底打破车灯造型的传统思路,这种刻意的炫耀化设计,将"邪恶"而美丽的装饰发挥得淋漓尽致。

图 3-3-53 奥迪 RSQ 概念车大灯

图 3-3-54 沃尔沃 YCC 概念车大灯

三、乘用汽车的腰线造型

(一)乘用汽车的腰线造型概述

腰线是现代汽车中最重要的特征线之一,它和车顶弧线、发动机盖线和尾箱线共同构建一台汽车的大体轮廓线。所以说从汽车的腰线特征就可以窥见汽车的外形设计风格。

在腰线造型设计中,汽车的前灯与尾灯要求有统一的风格、统一的设计元素和统一的形面结合方式。车身腰线与前后灯的衔接方式,以及前后灯在整体形面上的切割方式都必须保持一致。因此,腰线设计是汽车外观特征的关键要素。

(二)乘用汽车的腰线造型类型

汽车腰线的设计大致有如下几个种类。

1. 门后上挑型腰线

该种类型的腰线以意大利跑车(主要是法拉利、阿尔法罗密欧)和英国跑车(主要是阿斯顿马丁和捷豹)等规模车厂以及美国的肌肉跑车的后续作品为代表,如图 3-3-55 所示。其实英国的众多小规模跑车厂出品的跑车,诸如 TVR、MACRO TSO 等都是这种类型的腰线设计取向。这种类型的腰线设计是由其总体布置决定的。意大利的跑车,尤其是法拉利跑车,由于是中后置的发动机布置,相对于低矮的车身来说,发动机比较高,为了屈就这一点,车身的车门往后一段就要往上耸起,而为了车身前后的平滑过渡,这种类型的腰线就产生了。而美国的肌肉车发动机以前置为主,但是为了营造肌肉车的观感,而有意模仿了意大利跑车风格的腰线设计。人们对这种腰线造型汽车的总体印象是,功率大,注重在直道强大的加速能力,缺点是不太讲求转弯时的操控能力。图 3-3-56 为具有这种腰线的 Chevrolet Camaro 汽车(雪佛兰)车身腰线图。

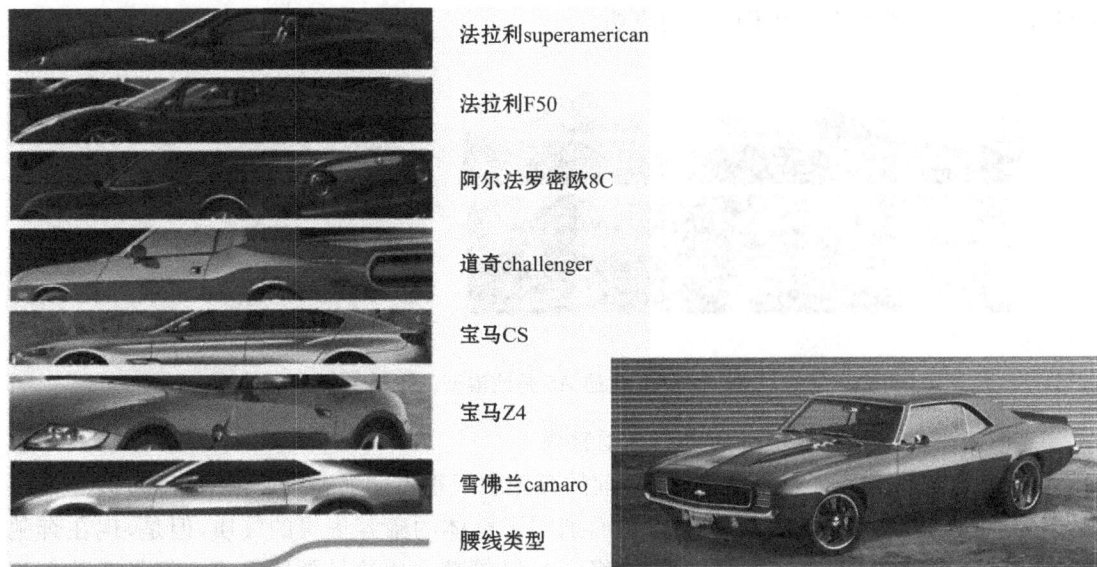

法拉利superamerican

法拉利F50

阿尔法罗密欧8C

道奇challenger

宝马CS

宝马Z4

雪佛兰camaro

腰线类型

图 3-3-55　门后上挑型腰线　　　　图 3-3-56　Chevrolet Camaro(雪佛兰)汽车腰线

2. 大圆弧型腰线

大圆弧型腰线形式(见图 3-3-57)以奥迪汽车为代表,是直线略带一定弧度的腰线,奥迪的腰线设计是比较高的,虽谈不上很锐利,但是很清晰明显也很连贯,连贯之意是说其腰线从前照灯引出一直到尾灯的尖角结束,中间经过前后翼子板,腰线的深度不受突起的翼子板的影响。

奥迪A4 DTM纪念版

奥迪A8

奥迪新A4

奥迪新TT

腰线类型

图 3-3-57　大圆弧型腰线

　　奥迪 A5 的腰线是这种类型的成功运用，A5 的腰线是波浪型的，和现代汽车中只有一个波峰的弧线的腰线设计风格相悖，但正是由于这一新颖的设计，使 A5 车型脱颖而出，人们称赞 A5 简洁的车身设计加上波浪形的腰线造型造就的是简中显力的观感（见图 3-3-58），从销量显示，A5 车型产品获得了巨大的成功。

图 3-3-58　奥迪 A5 是波浪型的腰线

3. 侧面曲度过渡非常平滑的不明显型腰线

　　这类汽车腰线以奔驰汽车为代表，以前的奔驰腰线很不明显，它的侧面曲度过渡非常平滑，因为这样才能够避免过于锋利的感觉而削弱了整体的雍容华贵的气质，但是，现在奔驰车的腰线设计越来越明朗，新 C 级、CLS 级、CL 级等都采用这种腰线造型。但是奔驰在豪华车型定位时仍然坚持保守的腰线造型风格，使用较为平和的腰线，如图 3-3-59 所示。

图 3-3-59　侧面曲度过渡非常平滑的不明显型腰线

笔记

4. 超级跑车型的腰线

超级跑车都具有超凡的外表,车身特质特别突出,外观元素也明显区别于其他一般跑车。由于超级跑车车体比一般普通汽车要宽(这主要是超宽的轮胎决定的),腰线线条设计就比较灵活。

超级跑车为了给发动机散热的进气口预留空间,侧面设计往往不可能平整,通常车门部分内凹,而前后叶子板部分外凸。法拉利、帕加尼跑车腰线就是这种灵活线条运用的典型代表。而另一些跑车,比如说,兰博基尼,则是靠整体造型出彩,它并没有具有像法拉利这样飘逸的线条,其主要的冲击力在于楔型车体,前低后高的造型感很明显,造就的是一副向前俯冲的体态,进攻趋向很明显。

在汽车腰线的设计方面,其实捷豹是个经典。因为,正是这条优雅而不失绅士风度的腰线构成了捷豹雪茄型的俊逸车身,赋予捷豹英国绅士般优雅、忧郁的双重性格,如图 3-3-60 所示。

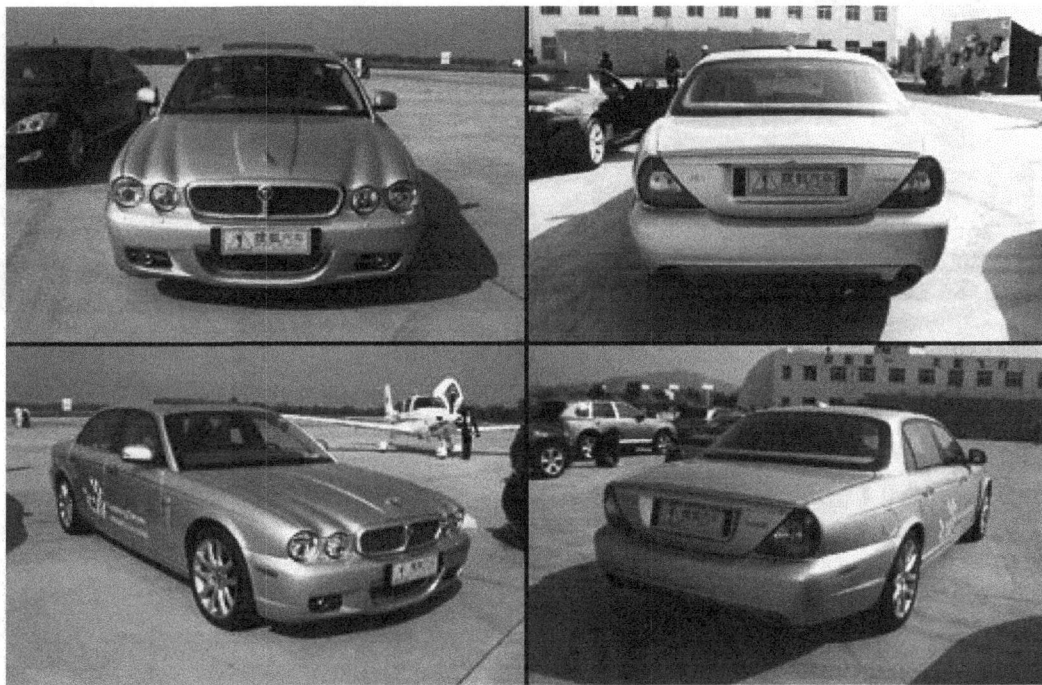

图 3-3-60 捷豹汽车雪茄型腰线和车身

在新世纪的新锐设计风格中,凯迪拉克 Sixteen 是最突出的一个,它的车身设计本身就是锋利的边线搭配,腰线反而显得不那么突出了,因为这个车型光靠其车身的线条就已经把它的外形风格表达得淋漓尽致了,如图 3-3-61 所示。

现在,汽车腰线设计正在接受日益挑剔的用户的严重挑战,SUV 汽车的腰线要求讲究动感和肌肉美,女性用户喜欢汽车的腰线圆滑细腻,力量型用户希望汽车的腰线筋骨外露、棱角分明,还有人钟情汽车的腰线婀娜清秀等,图 3-3-62～图 3-3-65 为几种具有极度美感的汽车腰线与车身造型。

图 3-3-61　凯迪拉克 Sixteen 腰线与车身

图 3-3-62　腰线筋骨外露的法拉利

图 3-3-63　宝马 Z4 像铁锹一样挖掉一腰线

图 3-3-64　圆滑细腻的奥迪 TT

图 3-3-65　日产动感十足的 SUV 汽车腰线

当然,不管是哪种汽车腰线设计,首先应该考虑到空气动力学布局,其次才是搭配汽车整体设计,提升整车的美感。

四、乘用汽车的 A、B、C 柱

汽车的 A 柱是前挡风玻璃两边的斜柱,B 柱是前后车门中间的竖梁,C 柱是汽车侧面紧挨后门附近的立柱。在有些豪华车或商务车上,由于后座比较长,需要安装侧窗,这样,还会出现 D 柱,如图 3-3-66 所示。

这些不可或缺的 A、B、C 柱对汽车乘员室构成伞状支撑,极好地保护着驾乘人员的生命安全。但这些支柱往往和汽车的其他性能具有冲突,如 A 柱的大小影响驾驶员的视野;B 柱的大小会降低上下车的便利性;C 柱的位置会与车身的密封性发生矛盾。

大多数汽车都能够清晰地看出 ABC 柱的位置,但是由于现代汽车造型越来越时尚前卫,跑车、舱背车、单厢车、多功能车等各种造型的车辆有时会使人看不到 ABC 柱的明显区分,如一些敞篷跑车,在保留 A 柱的同时,BC 柱都用高于座位的防滚杠来代替,这种防滚杠能够在汽车发生碰撞后的几毫秒之内弹出,从而起到保护驾乘人员的作用。

图 3-3-66　乘用汽车的 A、B、C 柱

五、乘用汽车的尾部造型

(一)乘用汽车的尾部造型概述

所谓汽车的尾部造型,就是指汽车的尾部正面造型,汽车尾部包含后组合尾灯、行李箱盖、后保险杠、导流板、扰流板、天线等部件。

汽车尾部造型一直令汽车设计师们感到非常棘手,因为,汽车尾部的可观赏性是个非常难以处理的问题,我们可以看看那些经典名车,在一个张扬的前脸和挺拔的车身后面,往往托带着非常平庸的尾部造型。

在这方面,一些小型车对车尾造型处理,得到了全世界消费者一致的称赞,比如雪铁龙家族的 C3(见图 3-3-67),从侧面看去,尾部可以分为三个过渡区域,从后窗到保险杠,前发动机盖延伸过来的弧线得到了很好的贯彻与延续,扰流板和保险杠的凸起,为圆滑的曲线平添

图 3-3-67　雪铁龙 C3

笔记

几分起伏感,让尾部从平淡的曲线中得以解脱。大众甲壳虫车尾的简洁厚重(见图 3-3-68)、宝马 MINI 车尾的朴实典雅(见图 3-3-69)、戴克 Smart 车尾的时尚前卫,我们不能不感叹,这些大师级车尾设计者的鬼斧神功。

图 3-3-68　大众甲壳虫

图 3-3-69　宝马 MINI

(二)乘用汽车的尾部造型风格

美是多角度的,自古有"回眸一笑百媚生"之说。汽车的尾部造型设计是彰显整车气质的重要组成部分,虽然构成汽车尾部造型的元素类似,但是存在着多元化的造型设计风格。目前比较流行的汽车尾部造型风格主要有下面几种。

1. 沉稳式车尾

欧洲的豪华汽车偏爱下沉式的车尾设计,比如奔驰、大众捷达(见图 3-3-70)和捷豹,这样的设计会使车身显得比较稳重。这种形式汽车尾部的经典之作当属沃尔沃汽车的传统刀削型车尾造型,见图 3-3-71 所示,显著的"V"型尾箱盖,是 Volvo 长久以来保持不变的经典设计。锋利的刀削式车尾造型一直是 Volvo 传承的经典,尾箱盖及发动机舱盖一样设计成"V"字型开口,前后呼应。

图 3-3-70　新捷达车尾

图 3-3-71　沃尔沃 C70 刀削式车尾造型

2. 运动式车尾

标致 307 采用"前高后低"尾部造型的设计就属于运动式车尾,标致 307 这种尾部造型是为了针对中国市场需求特别加上的,这样的设计加强了车身的厚度感和运动感,现在,我国轿车市场许多运动型的轿车都选择这样的尾部造型风格,如图 3-3-72 所示。

3. 简约式车尾

简约的车尾可使汽车增加神秘感和科技感,如 Seat Tribu(见图 3-3-73)这款小型越野车简约式车尾曾在法兰克福车展上引起轰动。全车整体设计风格新颖,体积虽然小巧,但从侧面看,线条非常流畅。其后尾部是整体的大露背挡风玻璃,一直贯穿到保险杠的位置,占用了整个行李箱的面积。风窗两边线条与侧窗玻璃的线条趋势遥相呼应。Tribu 的后尾灯看上去就像是时装衣领上的金边或者饰品上的亮条装饰,配合金色的车身色彩,非常漂亮。

图 3-3-72　标致 307 车尾

图 3-3-73　Seat Tribu

(三) 乘用汽车尾部尾灯造型

尾车灯是车尾造型的一个重要组成部分。目前,现代派的汽车尾灯造型精彩纷呈,有的车型选择将后车灯与行李箱隔离开来,如帕萨特领驭,如图 3-3-74 所示;有的车型则将车灯的面积延续到行李箱以内的位置,如奥迪 A4,如图 3-3-75 所示,这种车灯的制造工艺要求较复杂,因为汽车的各零部件是独立制造,车灯分离制造则要求尺寸计算精准,否则车灯中间留下缝隙会让外形大打折扣;图 3-3-76 为爱丽舍车尾的设计则沿袭了富康 988 的经典造型,宽阔的行李箱和精致的尾灯与车身整体风格浑然融为一体,晶莹剔透的水晶外观造型后组合尾灯与水晶前照灯遥相呼应,设计效果非常协调,具有很好的视觉效果;图 3-3-77 为高尔夫尾部行李箱盖与车身连接处的线条棱角分明,突出了高尔夫汽车车身个性硬朗的特征,其尾灯采用横向平行布置,菱形的设计与整车风格非常吻合。

图 3-3-74　帕萨特领驭车尾

图 3-3-75　新奥迪 A4 车尾

图 3-3-76　爱丽舍车尾

图 3-3-77　高尔夫车尾

特别值得欣赏的是奥迪 TT 圆润的车尾(见图3-3-78),人们称赞它就像一位白雪公主美丽的臀线,尾灯的设置进一步修饰了臀线的整体美,整个尾部与车身浑然成为一体,形成了性感的车头、流畅的线条、丰满的腰围、圆润的车尾这一汽车外观造型绝唱。

图 3-3-78　奥迪 TT 车尾

(四)乘用汽车尾部造型的发展趋势

现在,尾部的设计在车身主线条以及腰线新的造型趋势影响下,出现了很多新的造型特征,但百变不离其宗,乘用汽车尾部造型还是应满足车身设计的总体要求,汽车车身的创新设计决定了汽车尾部造型的变化趋势。

1. 尾部设计具有优良的空气动力学形状

随着汽车空气动力学的发展,汽车研发过程中对于减少空气阻力提出了更进一步的要求。很多车型的车身斜背倾角加大,使得车身尾部向上提升,将后挡风玻璃压窄,整体车身比例趋势向跑车式的姿态靠近,这种流线型作为优良的车身造型基因,在车尾造型设计中得到进一步发展,并已成为当前造型时尚的主流特征,奥迪 Q7 汽车车尾就是这样(见图3-3-79)。

图 3-3-79　奥迪 Q7 车尾

图 3-3-80　大众 Up 汽车尾部

2. 尾部设计简约

很多新发布的小型概念车,尾部的挡风玻璃都走了又"大"又"透"的路线。整体的大露背,光滑的玻璃几乎开到了后保险杠的位置。侧窗玻璃越来越窄的趋势下,大后挡风玻璃充分增加了车内空间的进光量。被挡风玻璃"隐去"了的尾灯则从玻璃后面透出来,增加了一种科技化的神秘感。大众 Up 尾部(见图 3-3-80)整体看去简单到由一个大方块和一个小长方形组成。尾灯和 LOGO 在需要时从玻璃后面透出来,既不破坏工程结构,又增加了摩登的荧光效果。

　　3. 尾部设计的适当装饰

　　LED 灯技术的发展,使得各种图案灯饰得以普遍应用,为尾灯的设计装饰化提供了优越的技术条件,使得汽车设计师可以把汽车尾部塑造成任何所需要的美丽画卷。

六、乘用汽车的顶部

　　乘用汽车的顶部主要设置有行李架和天窗,有些汽车还设置有天线。

　　汽车天窗安装于车顶,能够有效地使车内空气流通,增加新鲜空气进入量,为车主带来健康、舒适的享受。同时汽车车窗也可以开阔视野,还可用于移动摄影、摄像的拍摄需求。汽车天窗可大致分为:外滑式、内藏式和内藏外翻式、全景式、窗帘式等。主要安装于商用 SUV、轿车等车型上。

　　值得注意的是,有些乘用汽车的顶部是敞篷的,但是它可以通过伸展出内置的事先折叠的硬顶或软顶,变成硬顶或软顶汽车,即所谓的多段折叠的硬顶汽车或软顶汽车。由于软顶汽车通常采用帆布或其他材料形成敞篷汽车的顶部,因此,硬顶汽车的设计在隔音效果、车内温度控制、安全性、耐用性上均优于软顶车(见图 3-3-81)。

图 3-3-81　沃尔沃 C70 的三段折叠硬顶汽车

七、乘用汽车的底部

　　我们已经知道,汽车表面突出的零件,如保险杠、后视镜、前牌照、排水槽以及底盘传动

笔记

机构等引起气流互相干扰产生的阻力,约占整个空气阻力的14%,空气相对车身流动的摩擦力,约占整个空气阻力的9%。为了减少空气流过汽车底部时所引起的气流阻力,在汽车底部的适当位置应该安装导流板或扰流板。同时,为了防止泥土和沙石撞击、破坏汽车底盘底部零部件,在汽车的底部通常设置各种护板对汽车的底部予以保护。

目前,在汽车底部设置护板的方式有如下几种类型:

(1)仅仅设置发动机护板。

(2)设置发动机护板和后桥护板(半包)。

(3)设置全车底部护板(全包)。

汽车底部设置护板的优点是能减少流过汽车底部的气流阻力,防止泥土和沙石撞击、破坏汽车底盘底部零部件。缺点是增加了汽车总质量、易产生泥沙淤积、不利于散热。

笔记

任务 3.4 辨识表征汽车主要总成结构性能的描述

知识目标

● 能知道汽车动力性、经济性、操控性、舒适性、安全性、环保性等主要性能。

● 能知道影响汽车动力性、经济性、操控性、舒适性、安全性、环保性的主要总成及其结构。

● 能分析汽车宣传资料对汽车各种性能的描述。

能力目标

● 能够运用所学知识,分析影响汽车动力性、经济性、操控性、舒适性、安全性、环保性的主要总成及其结构,能够比较和分析汽车宣传资料对汽车各种性能的描述。

情境描述

一般来说,汽车生产厂家和销售门店在宣传资料和用户使用手册上都提供了有关汽车的各种性能基本参数、指标和装备,对这些参数和指标,我们应该学会分析,特别应该能够分析各项参数和指标对汽车性能的影响趋势。

任务剖析

汽车的各个性能是通过不同的评价指标来反映的,是通过决定各个性能的相关总成的结构原理来实现的。一般来说,汽车生产厂家和销售门店(4S)在宣传资料和用户使用手册上提供了一些有关汽车各种性能的基本参数、指标和总成装备,我们应当怎样通过这些参数指标和总成装备来判断汽车性能的好坏? 这是本任务所要解决的主要问题。

任务载体

对于汽车各种性能基本参数、指标和相关总成装备对这些参数和指标等汽车性能的影响的理解,很多初学者来说是比较困难的。我们通过几个例子来体会一下:

例1:汽车的动力性是汽车各种性能中最基本的、最重要的性能。汽车发动机和底盘传动系对汽车的动力性影响最大。

例2:汽车经济性是汽车的一种使用性能,是汽车为完成单位运输量所支付最少费用的能力。是评价汽车运输企业经营经济效果的综合性指标。汽车发动机和汽车自重、外观形状对汽车的经济性影响最大 。

例3:汽车的操控性,其实是汽车的一种综合表现,主要指汽车在行驶过程中所表现出来的稳定性、灵活性、准确性和可控性。汽车底盘的悬架、转向系对汽车的操控性影响最大。

相关知识

一、描述汽车动力性能与经济性能装备及参数指标

（一）汽车动力性和汽车经济性

汽车动力性系是指汽车在良好路面上直线行驶时，由汽车受到的纵向外力决定的所能达到的平均行驶速度。汽车是一种高效率的运输工具，运输效率之高低在很大程度上取决于汽车的动力性。所以，动力性是汽车各种性能中最基本的、最重要的性能。

汽车经济性是一种使用性能，是汽车为完成单位运输量所支付最少费用的能力，是评价汽车运输企业经营经济效果的综合性指标。

一般来说，汽车生产厂家和销售门店在宣传资料和用户使用手册上所提供的有关汽车动力性能基本参数、指标和经济性能装备参数、指标如表 3-4-1 所示。

表 3-4-1　汽车动力性能与经济性能的装备和指标

汽车动力性能与经济性能的装备和指标			
1	发动机最大功率（kW/r/min）	12	整备质量
2	最大转矩（N·m/r/min）	13	排气量（cc）
3	变速器形式	14	增压方式
4	变速器档位数	15	压缩比
5	最高车速（km/h）	16	气缸排列形式
6	气缸数	17	每缸气门数（个）
7	凸轮轴形式	18	发动机厂家型号
8	发动机特有技术	19	缸体材料
9	缸盖材料	20	驱动方式
10	0～100Km/h 加速时间（s）	21	风阻系数
11	最大爬坡度（%）	22	燃油品种
		23	综合油耗（L）

（二）指标优劣判别

一般来说，汽车生产厂家和销售门店在宣传资料和用户使用手册上所提供的有关汽车动力性能的装备与经济性能装备参数与指标是比较全面的，也是比较详细的。表 3-4-2 列出了以上各项参数和指标对汽车动力性能和经济性能的影响趋势。

表 3-4-2　各项参数和指标对汽车动力性能和经济性能的影响分析

序号	指标与参数	对汽车动力性能的影响	对汽车经济性能的影响
1	发动机最大功率（kW/r/min）	最大功率越大，动力性能越好	最大功率过大，会使正常工况的经济性能下降
2	最大转矩（N·m/r/min）	最大转矩越大，动力性能越好	最大转矩大，经济性能好
3	变速器档位数	变速器档位数越多，动力性能越好	变速器档位数越多，经济性能越好
4	最高车速（km/h）	最高车速越高，动力性能越好	—
5	气缸数	气缸数多，动力性能好	气缸数多，经济性能差
6	凸轮轴形式	顶置凸轮轴形式使动力性能趋好	顶置凸轮轴形式使经济性能趋好
7	缸盖、缸体材料	材料密度越小，动力性能越好	材料密度越小，经济性能越好
8	0～100Km/h 加速时间（s）	0～100Km/h 加速时间越短，动力性能越好	—
9	最大爬坡度（%）	最大爬坡度越大，动力性能越好	—
10	整备质量	汽车质量越大，动力性能越差	汽车质量越大，经济性能越差
11	排气量（cc）	排气量越大，动力性能越好	排气量越大，经济性能越差
12	增压	各种增压均能提高汽车动力性能	废气涡轮增压能提高汽车经济性能
13	压缩比	压缩比大，动力性能好	压缩比大，经济性能好
14	每缸气门数（个）	适当多的气门数能提高汽车动力性能	适当多的气门数能提高汽车经济性能
15	风阻系数	风阻系数越小，动力性能越好	风阻系数越小，经济性能越好
16	燃油品种	—	柴油比汽油的经济性好
17	综合油耗（L）	—	综合油耗越低，经济性越好
18	VCM 可变气缸管理系统技术		经济性好
19	缸内直喷技术	动力性能好	经济性能好
20	VTEC 技术、VVT-i 技术	动力性能好	经济性能好
21	柴油机共轨直喷技术	动力性能好	经济性能好
22	可变排量技术（VDE）	—	经济性能好
23	可变压缩比技术（SVC）	动力性能好	经济性能好
24	轮胎	轮胎尺寸大，动力性能好	子午线轮胎，经济性能好

笔记

二、描述汽车操控性能与舒适性能装备及参数指标

（一）汽车操控性能与舒适性能

我们通常所说的汽车的操控性，其实是汽车的一种综合表现，主要指汽车在行驶过程中所表现出来的稳定性、灵活性、准确性和可控性。汽车的操控性主要由 6 个方面的因素决定：

（1）底盘。汽车底盘是否扎实表现在车辆在弯道、高速、坑凹路面时汽车对于路况的适应能力，扎实的底盘可以帮助汽车实现对不良路面的征服，从而帮助汽车实现良好的驾驶。而较为轻软的底盘表现就截然不同。它可能会在高速行驶的时候出现发飘的现象，它也可能会在弯道让驾驶者感觉失去了重心。

（2）转向。在拥有扎实底盘的基础上，拥有一个转向精准、力度适中、回馈良好的转向系统也很关键。而如果转向系统出现转向不足、过度或者回正较差，或者方向过轻、过重都将使汽车的稳定性、灵活性、准确性以及可控性大打折扣。

（3）发动机。其实拥有出色操控并不一定要拥有大排量和强劲的动力，发动机的好坏与排量关系不大。发动机的动力输出是否稳定、平顺，较大扭距和功率的维持是否恒定，以及是否节油，这才是评价一款发动机对操控性能影响的标准。

（4）变速器。当然，只是拥有出色的动力系统还是不行，还必须拥有出色的动力分配系统，也就是变速器。一般来说，档位区分越细，动力的分配就越合理，汽车的动力表现就越好，也就越省油。比如大众的 DSG 变速器不仅换档速度堪比 F1 赛车，而且已经发展到 7 个前进档，是目前最为先进的变速器之一。此外，变速器的好坏还体现在档位区间是否清晰、换档是否平顺。

（5）自重。车辆的自重不仅与油耗有关，同样与汽车的操控性能息息相关。过重的车容易产生"小马拉大车"的感觉。而过轻的车则会使你在高速时产生要"起飞"的感觉，在转弯时感觉"无根"。因此，适度的自重与动力搭配非常重要。

（6）主动安全技术。ESP（欧洲）、ABS、EBD、DSC（丰田）、VSA（本田）、CBC、MSR、MASR 这些主动安全技术，其实并不仅仅与安全有关，而且与汽车的行驶性能息息相关，它能够有效地纠正车辆的不良行驶状态，极大地提高车辆的行驶性能。

汽车舒适性是指为乘员提供舒适、愉快的乘坐环境、货物的安全运输和方便安全的操作条件的性能。汽车舒适性包括：汽车平顺性、汽车噪声、汽车空气调节性能、汽车乘坐环境及驾驶操作性能等，它是现代高速、高效汽车的一个主要性能。

汽车生产厂家和销售门店在宣传资料和用户使用手册上所提供的有关汽车操控性能与舒适性能装备参数与指标如表 3-4-3 所示。

笔记

表 3-4-3 汽车操控性能与舒适性能装备参数与指标

	汽车操控性能的装备与指标		
1	轴距(mm)	7	整备质量
2	前后轮距	8	前后悬挂形式
3	驱动方式	9	前后轮胎规格
4	备胎规格	10	动力随速转向
5	主动转向系统	11	胎压监测装置
6	胎压监测装置	12	零胎压继续行驶

	汽车舒适性能的装备与指标		
1	转向盘上下调节	24	多功能转向盘
2	转向盘换档	25	后排座椅整体放倒
3	前、后座中央扶手	26	定速巡航
4	车内中控锁	27	多功能显示屏
5	无钥匙启动系统	28	真皮座椅
6	长/宽/高尺寸(mm)	29	运动座椅
7	座位数(个)	30	座椅高低调节
8	天窗	31	腰部支撑调节
9	真皮转向盘	32	前排座椅电动调节
10	左脚休息踏板	33	电动座椅记忆
11	车载冰箱	34	座椅加热
12	车内空气调节	35	手动空调、自动空调
13	温度分区控制	36	遮阳板化妆镜
14	后排侧遮阳帘	37	前、后排杯架
15	电动后遮阳帘	38	后排座椅按比例放倒
16	手动后遮阳帘	39	音响系统
17	防夹手功能	40	扬声器个数
18	前、后电动车窗	41	GPS 导航系统
19	MP3 支持	42	DVD 语言电子导航系统
20	后排液晶屏	43	多媒体控制系统
21	中控台液晶屏	44	蓝牙系统
22	车载电话	45	车载电视
23	转向盘前后调节	46	大灯清洗装置

（二）指标与装备优劣判别

对上表所列的各项参数和指标我们应该进行分析,分析它们对汽车操控性能和舒适性能所带来的不同影响。表3-4-4列出了以上各项参数和指标对汽车操控性能和舒适性能的影响趋势。

表3-4-4　各项参数和指标对汽车操控性能和舒适性能的影响趋势

序号	指标与参数	对汽车操控性能的影响	对汽车舒适性能的影响
1	轴距	轴距越大、操控性能越差	轴距越大、舒适性能越好
2	前、后左右轮距	轮距越大、操控性能越好	轮距越大、舒适性能越好
3	驱动方式	中置发动机具有较好的操控性能	—
4	轮胎规格	轮胎越扁平、操控性能越好	轮胎越扁平、舒适性能越好
5	主动转向系统	操控性能好	舒适性能好
6	胎压监测装置	操控性能好	舒适性能好
7	整备质量	整备质量过大或过小,操控性能差	—
8	前后悬挂形式	主动悬架具有较好的操控性能	—
9	动力助力转向	操控性能好	舒适性能好
10	具备转向盘调节功能及具备换档等多功能转向盘	—	舒适性能好
11	具备座椅调节功能及具备送风、送暖、记忆、按摩、放倒等多功能座椅	—	舒适性能好
12	具备多扬声器立体声、多碟循环播放功能的音响系统、MP3	—	舒适性能好
13	前后座配置电视、免提电话等	—	舒适性能好
14	具备遮阳及化妆装置	—	舒适性能好
15	左脚休息踏板	—	舒适性能好
16	前后水杯架、休息扶手、冰箱	—	舒适性能好
17	前、后电动车窗及防夹手功能	—	舒适性能好
18	半、全景电动天窗及防夹手功能	—	舒适性能好
19	车内各种手动、自动、分区、红外线测温等空调	—	舒适性能好
20	车内各种先进装饰材料及工艺	—	舒适性能好
21	无钥匙启动系统		舒适性能好
22	车内空:长/宽/高尺寸(mm)	—	舒适性能好

（三）常见汽车操控性能与环舒适能参数及装备举例

1. 操控性能之王——宝马 7 系 760Li 汽车与奥迪 A8 6.0 W12 quattro 百年纪念汽车有关操控性能装备参数和配置

BMW 760Li 配备双涡轮增压 V12 发动机，最大输出功率 400kW（544HP），峰值转矩为 750 牛米，搭载 8 速手自一体变速器，从静止加速到 100km/h 需时 4.6 秒。BMW 760Li 拥有同级别中最长的轴距和最宽大的内部空间，集成了先进的豪华操控装备和高标准的舒适性。奥迪 A8L 配备了顶级 W12 发动机，排量 6.3L。全新的 W12 发动机输出最大功率达 368kW（500HP）。奥迪 A8L W12 quattro 从静止加速到 100km/h 需时 4.9s，平均油耗仅 12.0L/100km。表 3-4-5 列出了它们的操控性能装备参数和指标，根据本章所介绍的有关汽车操控性能知识，不难看出两者之间操控性能差异与优劣。

表 3-4-5　宝马 7 系 760Li 汽车与奥迪 A8 6.0 W12 quattro
百年纪念汽车有关操控性能装备参数和配置比较表

	车型名称	宝马 7 系 760Li	奥迪 A86.0 W12 quattro 百年纪念汽车
基本参数	厂商指导价/元（人民币）	251.80 万	254.00 万
	厂商	宝马（进口）	奥迪（进口）
	级别	豪华车	豪华车
	发动机	6.0T 544HP V12	6.0L 450HP W12
	发动机排量/L	6.0	6.3
	变速器	自动变速器（AT）	自动变速器（AT）
	长×宽×高/mm	5 212×1 902×1 484	5 192×1 894×1 455
	车身结构	4 门 5 座三厢车	4 门 4 座三厢车
	车体结构	承载式车身	承载式
	最高车速/km/h	250	250
	官方 0~100 加速/s	4.6	5.2
	工信部综合油耗/L	15.2	14
	环保标准	欧 V	欧 IV＋OBD
	整车质保	两年不限公里	两年不限公里

笔 记

影响操控性能的主要参数和指标	轴距/mm	3 210	3 074
	前轮距/mm	1 611	—
	后轮距/mm	1 650	—
	最大功率/(kW)/R/MIN	400/5 650	331/6 200
	最大转矩/(N·m)/R/MIN	750/1 500	580/4 000
	发动机特有技术	Double VANOS	—
	变速器档位个数	8	6
	驱动方式	前置后驱	前置四驱
	前悬挂结构	轻质双球节弹簧减震支柱前桥	空气悬架
	后悬挂结构	整体铝质后桥	空气悬架
	转向助力类型	电动助力转向	电动助力转向
	前轮胎规格	245/45 R19	255/40 R19
	后轮胎规格	275/40 R19	255/40 R19
	可调悬挂	配备	配备
	主动转向系统	配备	不配备
	人机交互系统	配备	不配备

2. 舒适性能之帝——奔驰 S 级 S 600L 汽车与玛莎拉蒂总裁 4.7 运动版有关舒适性能装备参数和配置

奔驰车的舒适性向来是有口皆碑。S 系列是奔驰旗舰大轿车系列,融合了威望、舒适及成就的优点。奔驰 S600 又是 S 系列的顶级车型,装备了新型 V12 发动机,运用了许多独有的更深层次标准创新技术。

玛莎拉蒂总裁拥有者大多都是名人、影星和政府高级官员。玛莎拉蒂总裁作为世界顶级房车,拥有它,全身心将充满奢华感受。

在表 3-4-6 中,列出了奔驰 S 级 2010 款 S 600L 汽车与玛莎拉蒂总裁 4.7 运动版有关舒适性能装备参数和配置。

表 3-4-6　奔驰 S 级 S 600L 汽车与玛莎拉蒂总裁 4.7 运动版
有关舒适性能装备参数和配置比较表

	车型名称	奔驰 S 级 S 600L	玛莎拉蒂总裁 4.7 运动版
基本参数	厂商指导价/元(人民币)	259.80 万	253.80 万
	厂商	奔驰(进口)	玛莎拉蒂
	级别	豪华车	豪华车
	发动机	5.5T 517HP V12	4.7L 431HP V8
	发动机排量/L	5.5	4.7
	变速器	5 档手自一体	6 档自动
	长×宽×高/mm	5 230×1 871×1 485	5 097×1 895×1 438
	车身结构	4 门 5 座三厢车	4 门 5 座三厢车
	车体结构	承载式	承载式
	最高车速/km/h	250	280
	官方 0~100 加速/s	4.6	5.4
	工信部综合油耗/L	14.5	14.6
	环保标准	欧Ⅳ	欧Ⅳ
	整车质保	两年不限公里	两年不限公里
影响舒适性能的主要参数和配置	电动天窗	配备	配备
	全景天窗	配备	不配备
	电动吸合门	配备	不配备
	真皮转向盘	配备	配备
	转向盘上下调节	配备	配备
	转向盘前后调节	配备	配备
	转向盘电动调节	配备	不配备
	多功能转向盘	配备	配备
	转向盘换档	配备	配备
	定速巡航	配备	配备
	泊车辅助	配备	配备
	倒车视频影像	配备	不配备
	行车电脑显示屏	配备	配备
	HUD 抬头数字显示	配备	不配备
	真皮座椅	配备	配备
	座椅高低调节	配备	配备
	腰部支撑调节	配备	配备

笔 记

影响舒适性能的主要参数和配置	前排座椅电动调节	配备	配备
	第二排座椅移动	配备	不配备
	后排座椅电动调节	配备	不配备
	电动座椅记忆	配备	配备
	前排座椅加热	配备	不配备
	后排座椅加热	配备	不配备
	座椅通风	配备	不配备
	座椅按摩	配备	不配备
	前座中央扶手	配备	配备
	后座中央扶手	配备	配备
	后排杯架	配备	配备
	电动后备箱	配备	不配备
	GPS 导航系统	配备	配备
	中控台彩色大屏	配备	配备
	人机交互系统	配备	不配备
	蓝牙/车载电话	配备	配备
	车载电视	配备	不配备
	后排液晶屏	配备	不配备
	外接音源接口（AUX/USB/iPod 等）：	配备	配备
	CD 支持 MP3/WMA	配备	配备
	多碟 DVD 系统	配备	不配备
	≥8 喇叭扬声器系统	配备	配备
	氙气大灯	配备	配备
	日间行车灯	配备	配备
	自动头灯	配备	配备
	转向头灯（辅助灯）	配备	不配备
	前雾灯	配备	配备
	大灯高度可调	配备	配备
	大灯清洗装置	配备	配备
	车内氛围灯	配备	不配备
	前电动车窗	配备	配备
	后电动车窗	配备	配备
	车窗防夹手功能	配备	配备

（续表）

影响舒适性能的主要参数和配置	防紫外线/隔热玻璃	配备	不配备
	后视镜电动调节	配备	配备
	后视镜加热	配备	配备
	后视镜自动防炫目	配备	配备
	后视镜电动折叠	配备	配备
	后视镜记忆	配备	不配备
	后风挡遮阳帘	配备	配备
	后排侧遮阳帘	配备	不配备
	遮阳板化妆镜	配备	配备
	感应雨刷	配备	配备
	自动空调	配备	配备
	后排独立空调	配备	不配备
	后座出风口	配备	配备
	温度分区控制	配备	配备
	空气调节/花粉过滤	配备	配备
	车载冰箱	配备	不配备
	变线辅助	配备	不配备
	夜视系统	配备	不配备
	中控液晶屏分屏显示	配备	不配备

3. 沃尔沃 S80L 加长版、宝马 530Li 和 AUDI A6L 的车型尺寸、车内空间与内饰配备

1）沃尔沃 S80L 加长版的主要卖点：

沃尔沃 S80L 加长版是沃尔沃汽车公司为中国豪华车用户度身打造的一款全新车型。它秉承了沃尔沃 S80 旗舰豪华轿车的设计精髓和领先技术，并在此基础上将车身加长，且针对中国市场用户的需求，对外观和内饰进行了全面升级设计。S80L 加长版不仅为乘客提供了更宽敞舒适的乘坐空间，而且丰富的配置和强劲的动力让消费者享受到更加豪华、酣畅的驾乘乐趣。沃尔沃汽车最新的领先安全科技也在全新沃尔沃 S80L 加长版上得以应用，使S80L 加长版成为同级豪华轿车中最安全的车型之一。沃尔沃 S80L 加长版的主要卖点可概括为：①超越星级的安全保护；②超越寻常的尊贵气度；③超越速度的动力体验；④超越经典的设计理念；⑤超越时间的服务品质。

2) 宝马 530Li 的主要卖点:

目前,国产宝马 5 系属于第五代车型,2003 年 4 月全球首度亮相,随后不到一年,就引入华晨宝马工厂生产,国产宝马 5 系上市后,遇到了定价过高,品牌推进缓慢、部分配置引起争议等问题。

宝马 5 系加长版于 2006 年 10 月掀开面纱,与老宝马 5 系相比,内饰和技术上都做了较全面的升级,在安全性和舒适性方面也达到了更高的标准,其车型定位直指奥迪 A6L,华晨宝马亮出新 5 系的 6 大卖点:

(1) 有"容"乃悦。后座娱乐视听设备:在前排座椅背面装备了两个 8in 彩色显示屏,包括后座中央控制台和一体式 DVD 及遥控,后区空调单独控制。

(2) "氧"育众生。直列六缸发动机采用 Valvetronic 电子气门,使得驾控更精准,油耗力更低,提速更顺畅。

(3) 与"镁"。发动机采用镁合金轻质材料,配合 Valvetronic 电子气门控制系及 Double-VANOS 双凸轴可变气门正时系统,造就更轻更强的直列六缸发动机。

(4) "铝"建奇功。采用铝合金智能底盘,在保证底盘强度的同时,有效降低了整车的重量,展现出色的加速性和灵活性。

(5) 驰之以"衡"。前后轴 50:50 重量分配,前后轴实现理想的均衡负载,令操控、转向更为精准。

(6) 专心至"智"。采用诸如随动控制大灯,i-Drive,驻车距离警报器,电子选档杆等装备,彰显了智慧和科技。

3) AUDI A6L 的主要卖点:

1990 年一汽大众奥迪品牌投产,并于 1999 年引进生产的奥迪 A6L,是当时国内生产技术先进、国情适应性较强的车型之一;奥迪 A6L 升级车型以 06 款奥迪 A6L 为基础升级了 12 处外观、8 项内饰及 3 项主动安全,搭载了一款全新 3.0TFSI 机械增压燃油直喷发动机。通过 LED 车灯、镀铬装饰以及动力系统的升级可以看出,奥迪 A6L 的定位更加时尚与动感。一汽大众亮出新 A6L 的四大卖点:

(1) 更加动感的车身设计。在设计上,新奥迪 A6L 进行了一系列大胆的改变,"优雅的运动"设计风格再次得到诠释。标配的 LED 尾灯也被赋予新的外观;贯穿整个车身的铝装饰条突出其时尚、动感的轮廓。

(2) 更加舒适的驾乘体验。新 A6L 最大的变化在于后排座椅更加舒适,同时车内噪音水平也大幅度削减,为驾乘者营造静谧的空间。选用 Milano 和 Valcona 真皮面料,其精致优雅的内饰搭配,完美的装饰工艺展现出高档汽车的品质。镀铬件的大量使用突出产品特有的高贵和优雅。

(3) 更具安全保障的行驶能力。最新一代 quattroR 全时四轮驱动系统为 A6L 提供非凡的抓地能力和卓越的安全性能。标配的 ESP8.0,带 EBV 的 ABS、EDS、ASR 和两级释放全尺寸安全气囊,使产品具有无与伦比的优越操控性能和安全性能。

(4) 更加强劲环保的动力。全新推出的 3.0TFSL 发动机,将低油耗,低排放和动力强劲的优点完美结合是其最大特征。tiptronicR 自动/手动一体变速器和 quattroR 搭配能使新 A6L 从静止加速到 100km/h 仅需 6.6s。

在价格上来看,在目前三种车型的最高配置款型中,沃尔沃 S80L 加长版 T6 AWD 智尊版 67.86 万元人民币,奥迪 A6L3.0TFSI 69.6 万元人民币,宝马 5 系加长版豪华型 71.26 万元人民币,相互之间呈现约 2 万元人民币的递增差价。

从以上三种车型卖点比较,我们可以得到这样的结论:沃尔沃 S80L 加长版安全性突出,奥迪 A6L3.0TFSI 环保性能强,宝马 5 系加长版豪华型车内空间大,科技含量较高。

表 3-4-7 列出了各竞争品牌车型的尺寸,在车型尺寸比较说明中对各车型的比较结论进行了初步的分析和点评。

表 3-4-7　各品牌车型的尺寸及比较

	S80L T6	A6L 3.0TFSI	宝马 530Li	比较说明
车长/mm	4 911	5 035	4 981	加长的车辆长度能使后面座位宽敞,乘坐舒适。但也会失去一定的操控性。如果车辆长度大,操控性又通过其他技术途径予以保证,车辆看起来会很大气
车宽/mm	1 861	1 855	1 846	必要的车辆宽度能保证行驶稳定性
车高/mm	1 490	1 485	1 477	车辆的高度在某种程度上制约了乘员的头部空间大小
轴距/mm	2 975	2 945	3 028	一般而言,轴距越大,车厢长度越大,乘员乘坐的座位空间也越宽敞,抗俯仰和横摆性能越好。但过长的轴距在提高直路巡航稳定性的同时,转向灵活性下降、转弯半径增大,汽车的机动性也越差
轮圈与轮胎	245/45 R17	245/45 R17	225/50/R17	较宽和较扁平的轮胎具有更好的行驶稳定性和抓地能力
整备质量/kg	1882	1900	1645	相同或相近车型条件下,配备相同的条件下,设计方法优化,生产水平优越,工业化水平高,则整备质量就会小,性能也越好

4) 沃尔沃 S80L 加长版与宝马 530Li 后排空间与内饰配备举例。

表 3-4-8 列出了沃尔沃 S80L 加长版与宝马 530Li 后排空间与内饰配备,在比较说明中,对各车型的比较结论也进行了初步的分析和点评。

表 3-4-8　各竞争品牌车型的后排空间与内饰配备及比较

	S80L T6	宝马 530Li	比较说明
后排头部空间/mm	950	967	530Li 高度空间好
后排肩部空间/mm	1520	1495	530Li 横向空间好
后排腿部空间/mm	900～1 080	720～960	S80L 的腿部空间好,坐在后排,可以翘二郎腿
后排冰箱	配备	配备	配置大致相当
8in 显示屏	配备	配备	配置大致相当
音响品牌	丹拿	LOGIC	配置大致相当,都是豪华车的典范
后窗电动遮阳帘/侧窗遮阳帘	配备	配备	配置大致相当
后座人体工程学设计	配备	—	配置各有特色
后座折叠桌	—	配备	
前排座椅后背凹陷	配备柔软皮质感	配备硬塑料质感	S80L 前排座椅质感好

三、描述汽车安全性能与环保性能装备及参数指标

(一) 汽车安全性能与环保性能

汽车安全性一般分为主动安全性、被动安全性。

汽车主动安全性,主要是指汽车防止或减少道路交通事故发生的性能。汽车被动安全性,是指交通事故发生后,汽车减轻人员伤害程度或货物损失的能力。

汽车的环保性能主要指汽车对自然环境的影响能力,汽车环保性能评价主要包括对汽车的尾气排放进行评价与对汽车的噪声进行评价。

一般来说,汽车生产厂家和销售门店在宣传资料和用户使用手册上所提供的有关汽车安全性能的装备参数、指标和环保性能装备参数、指标如表 3-4-9 所示。

表 3-4-9　汽车安全性能和环保性能的装备参数及指标

汽车安全性能的装备与指标

1	前、后制动器类型	24	备胎规格
2	100Km/h-0 制动距离（m）	25	前、后轮胎规格
3	前、后轮毂规格	26	涉水深度（m）
4	驾驶座安全气囊	27	副驾驶安全气囊
5	前排头部气囊（气帘）	28	后排头部气囊（气帘）
6	前排侧气囊	29	后排侧气囊
7	膝部气囊	30	ABS 防抱死
8	制动力分配（EBD）	31	牵引力控制（ASR/ASR/TRC/ATC）
9	制动辅助（EBA/BAS）	32	车身稳定控制（ESP/DSC/VSC）
10	升降（空气）悬挂	33	胎压监测装置
11	动力随速转向	34	零胎压继续行驶
12	主动转向系统	35	同色后视镜
13	同色防擦条	36	铝合金轮毂
14	泊车辅助	37	GPS 导航系统
15	氙气大灯	38	自动头灯
16	转向头灯	39	前、后雾灯
17	大灯高度可调	40	大灯清洗装置
18	防夹手功能	41	电动后视镜
19	后视镜加热	42	后视镜电动折叠
20	后视镜防炫目	43	感应雨刷
21	车身特别防撞技术	44	Euro—NCAP 碰撞等级
22	主动制动/主动安全系统	45	并线辅助
23	自动驻车/上坡辅助	46	随动转向大灯

笔记

（续表）

汽车环保性能的装备与指标

1	欧标等级	7	国标等级
2	催化式热排气净化器	8	PCV 阀
3	二次空气喷射系统	9	EGR 系统
4	电动汽车技术	10	混合动力汽车
5	燃气汽车	11	柴油共轨技术
6	氢气汽车		

（二）指标优劣判别

汽车生产厂家和销售门店,在宣传资料和用户使用手册上所提供的有关汽车安全性能和环保性能的参数及指标比较多,也比较详细。对上表所列的各项参数和指标我们应该学会分析,分析它们对汽车安全性能和环保性能的不同影响。表 3-4-10 列出了以上各项参数和指标对汽车安全性能和环保性能的影响趋势。

表 3-4-10　各项参数和指标对汽车安全性能和环保性能的不同影响

序号	指标与参数	对汽车安全性能的影响	对汽车环保性能的影响
1	前、后制动器类型	盘式制动恒定性好,鼓式制动效能好	—
2	100km/h-0 制动距离(m)	越短越好	—
3	前、后轮胎规格	轮胎直径大,制动力大。轮胎越扁平,安全性能越好。子午线、真空胎安全性能好	—
4	ABS 防抱死装置	安全性能好	—
5	ABS 防抱死装置＋制动力分配(EBD)	安全性能更好	—
6	牵引力控制（ASR/ASR/TRC/ATC)	安全性能更好	—
7	制动辅助(EBA/BAS)	安全性能更好	—
8	车身稳定控制(ESP/DSC/VSC)	安全性能更好	—
9	动力随速转向(主动转向系统)	安全性能更好	—

（续表）

序号	指标与参数	对汽车安全性能的影响	对汽车环保性能的影响
10	胎压监测装置（零胎压继续行驶）	安全性能好	—
11	泊车辅助	安全性能好	—
12	随动转向大灯	安全性能更好	—
13	GPS 导航系统	安全性能好	—
14	并线辅助系统	安全性能好	—
15	安全气囊	安全气囊越多，安全性能越好	—
16	车身特别防撞技术	安全性能好	—
17	主动制动/主动安全系统	安全性能好	—
18	大灯清洗装置	安全性能好	—
19	后视镜防炫目/加热	安全性能好	—
20	汽车环保性能欧标等级	—	等级越高越好
21	汽车环保性能国标等级	—	等级越高越好
22	电动汽车	—	很好的环保性能
23	混合动力	—	较好的环保性能
24	氢气汽车	—	很好的环保性能
25	燃气汽车	—	较好的环保性能
26	二次空气喷射系统	—	较好的环保性能
27	柴油共轨技术	—	较好的环保性能
28	PCV 阀	—	较好的环保性能
29	静音指标	—	噪声级别越低越好

（三）常见汽车安全性能与环保性能参数及装备举例

1. 沃尔沃 S80L 加长版与宝马 530Li、AUDI（奥迪）A6L 的主动和被动安全配置比较

表 3-4-11 列出了上述各竞争品牌车型的主动和被动安全配置比较，在比较说明中对各车型的比较结论进行了初步的分析和点评。

从表中可以看出，各竞争品牌车型的主动和被动安全配置大体相当，都是豪华车的典范。除此之外，沃尔沃 S80L 加长版传承了世界名车沃尔沃安全永远是放在首位的设计理

念,在主动安全性方面,还配备了如下一些宝马 530Li、奥迪 A6L 所没有配备的安全设施。

(1) BLIS 盲点信息系统。能很容易控测到两侧"盲区"内的其他车辆,让驾车者驾驶时无视觉"盲区"。

(2) OHB 优化液压制动。能自动补偿制动伺服器中较低的真空度,产生更大的制动助力。

(3) RAB 预备警觉制动。RAB 是一个可以"预测"紧急制动的系统。例如,驾驶员突然松开节气门、轻踩刹车踏板,该系统就会自动启动,将制动片尽可能移向制动盘。据统计,装用 RAB 系统的汽车,可减少大约 1m 的制动距离,这在紧急时可能有决定性的意义。

(4) FBS 衰减制动辅助。能够补偿制动衰退,避免长时间剧烈制动时会出现制动效能下降的缺陷。

表 3-4-11　各竞争品牌车型的主动安全和被动安全配置

	S80L T6	宝马 530Li	AUDI A6L	比较说明
主驾驶安全气囊	标配	标配	标配	配置大致相当
副驾驶安全气囊	标配	标配	标配	配置大致相当
自动防抱死制动系统（ABS）	标配	标配	标配	配置大致相当
电子制动力分配系统(EBD、EBV)	标配	标配	标配	配置大致相当
电子稳定程序(ESP)	无	标配	标配	
电子(紧急)辅助制动系统（EBA）	标配	标配	标配	配置大致相当
定速巡航控制系统	标配	标配	标配	配置大致相当
倒车雷达	标配	标配	标配	配置大致相当
导航系统(GPS)	标配	标配	标配	配置大致相当
头颈保护系统	标配	标配	无	
安全带形式	三点式	三点式	三点式	配置大致相当
后排安全带	标配	标配	标配	配置大致相当
儿童座椅固定装置	标配	标配	标配	配置大致相当
BLIS 盲点信息系统	配备	无	无	
OHB 优化液压制动	配备	无	无	
RAB 预备警觉制动	配备	无	无	
FBS 衰减制动辅助	配备	无	无	

2. 环保性能之星——雷克萨斯款 LEXUS RX400h 汽车的环保性能装备与配置解析

雷克萨斯 LEXUS RX400h 是一款带有油、电混合动力的 SUV 车型,在 RX400h 中,对于电动机、发动机及其他部件有选择性的利用,能兼顾到优秀的燃油效率和低排放,能发挥出强劲动力并且具有顺畅的驾驶感受。"双动力源"的协同工作是 LEXUS 雷克萨斯混合动力系统最强大的优势所在,正是它,赋予了 RX400h 超越同级别的 V6 发动机,甚至是媲美 V8 发动机 SUV 的突出的性能表现。

作为 SUV 车型的主要动力来源,RX400h 装配的是一台 3.3L24 气门顶置双凸轮轴 V6 发动机,带智能可变气门控制系统(VVT-i),为汽车提供源源不断的动力。作为大多数雷克萨斯车型标准配置的 VVT-i,能持续监视发动机的转速及负荷,并在不同状况下优化发动机的动力输出,在大多数情况下能提升转矩。同时还可以减少废气的排放。

除发动机外,在 LEXUS 雷克萨斯混合动力驱动系统中扮演重要角色的还有一个发电机和两个电动机(一个前电动机和一个后电动机)。它们可以各自独立工作,在需要的时候对车辆提供驱动力,而这种驱动力的形成则是利用电动机在电流通过它的一瞬间就立即产生强大转矩的特点。在电动机的帮助下,发动机低速状态下的汽车动力系统也同样能提供汽车行驶时各种工况下所需要的足够动力,避免了发动机低速运行时汽车动力性不足的缺陷。

为了实现高功率电动机的优势,在 LEXUS 雷克萨斯混合动力系统中装备有一个镍氢电池组,它为电动机提供电力保证。金属外壳的镍氢电池模块无论在散热能力上还是在体积尺寸上都得到了大幅改善。电池的充电、放电状态在行驶过程中能得到了很好的控制,以保持一个稳定的电池电量。并且,通过新开发的动力控制单元,电池中的输出电压被大幅提升,不仅降低了电能的损失,也使电动机工作效率得到了提高,从而最终提升了整个动力系统的动力输出(图 3-4-1)。

在 RX400h 中,"400"的意义是指该混合动力系统的动力性能表现相当于一个同类型的排气量约为 4.0 升的

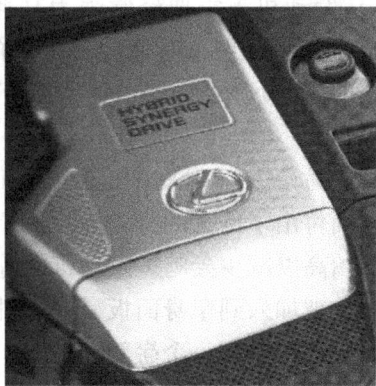

图 3-4-1　混合动力系统

V8 发动机的动力性能表现,这一特征在 RX400h 中最直接的表现就是高达 200 千瓦的系统总功率。

RX400h 在环保性能方面最主要的优点是:

1) 超低的尾气排放。

提供终极的动力并不是 RX400h 的唯一目标,RX400h 的最终设计目地是带给驾驶者更多不同凡响的体验,同时带来最小的环境污染。在提供优异性能的时候,RX400h 亦尽一切可能在效率、环境保护等方面作出最大的努力。比如,怠速或缓慢行驶时,汽车发动机通常会停止工作,这意味着在这些时候燃油的消耗几乎为零。由于发动机经常处于停止工作状态,转向泵、水泵、空调压缩机等通常由发动机带动工作的设备现在都转为利用电动机驱动,这也进一步提升了燃油使用的效率,减少了尾气排放。

再生制动能力是该混合动力系统一项独有的优势,在 RX400h 处于巡航状态或是减速

状态时，电动机转变角色担当起发电机功能，将那些在传统汽车制动过程中以热量形式损失掉的动能回收成电能形式，存储到蓄电池中以备需要时使用，这种电能的收集从另外一个角度减少了燃油的消耗和尾气的排放。

另外，一套专为 LEXUS 雷克萨斯 RX400h 混合动力系统设计的电子无级变速系统（ECVT）通过巧妙的行星齿轮组的配合调整发动机的运转，使它在一个比较窄的转速范围内运行，从而更精确地控制燃油消耗的效率，对废气的排放控制也起到一定作用。

与发动机经常停止工作正好相反，LEXUS 雷克萨斯混合动力系统中的电动机经常处于工作状态，它们或是独立驱动，或是辅助发动机提供驱动力，使得超低的排放甚至是零排放成为 RX400h 的典型特征。根据美国权威机构的检测，RX400h 油电混合动力的结合相对于传统发动机的废气排放上有大幅减少，而 RX400h 也因此成为豪华 SUV 中寥寥可数的"超低排放汽车"（SULEV）。同时，RX400h 混合动力车对汽油箱盖、油箱系统等设备进行了革新，将燃油挥发的危害进行了有效扼制。

2）完美的静谧性。

在噪声处理方面，一方面，当发动机处于怠速或低速状态时，车辆仅由蓄电池提供动力来源，发动机的噪声得到相应减少。同时，由于电动机在低转速时就能提供超强转矩，发动机不需要经常强力高速运转，将不会产生发动机突然大负荷运转时所出现的噪声。电子无级变速器（ECVT）的导入减少了齿轮转动副数量，降低了齿轮传动噪声。同时，电动助力转向系统（EPS）的采用亦改善了液压助力转向时机械部件所带来的噪声。

另一方面，RX400h 秉承了 LEXUS 雷克萨斯在静谧性方面的一贯作风，在车身的减噪方面付出了巨大的努力，使得 RX400h 中的降噪水平更加优秀。RX400h 发动机的安装被适当抬高以减少轰鸣。发动机的进气口系统则为了降低风噪而重新进行了设计。新的隔音材料也被加入到车身面板、轮胎护板，还采用了防风噪挡风玻璃。这一切的努力，都将 RX400h 静谧性提升到一个崭新的高度。

🔍 任务回顾

（1）车辆识别代号编码共由 17 位字母和数字组成，包括了汽车的生产国别、制造公司或生产厂家、车的类型、品牌名称、车型年款、装配工厂名称和出厂顺序号码等信息。

（2）汽车的主要尺寸参数、质量参数和体积参数等主要外观特征参数不仅决定了汽车的整车表面形状协调、流畅美观，同时，还决定了汽车的舒适、安全、操控、方便等多项性能。

（3）我们通常仅仅只通过观察汽车的某些外观特征就可以知道汽车的品牌和车型。

（4）汽车的各个性能是通过不同的评价指标来反映的，是通过决定各个性能的相关总成的结构原理来实现的。

◀◀◀◀

实操训练任务实施步骤

1. 完成实操训练任务

实操项目 1:实车查找汽车的 VIN 码

班级		成绩	
姓名		指导教师签名	
日期			

1. 实训目标

(1) 掌握汽车 VIN 码的构成规律。

(2) 熟悉常见汽车的 VIN 码。

(3) 了解汽车的生产国别、制造公司或生产厂家、车的类型、品牌名称、车型系列、车身型式、发动机型号、车型年款、安全防护装置型号、检验数字、装配工厂名称和出厂顺序号码等信息。

2. 仪器和设备

汽车整车、汽车用户使用说明书、汽车维修手册等。

3. 操作并填写

(1) 汽车 VIN 码由多少位字母和数字组成?

_____

_____

_____

(2) 为什么车辆识别代号的字码在任何情况下都应是字迹清楚、坚固耐久和不易替换的?

_____

_____

_____

(3) 汽车 VIN 码车辆识别代号基本内容有哪些?

_____

_____

_____

_____

(4) 写出你在实训中所观察的车辆的 VIN 码,并说明该车生产国别、制造公司或生产厂家、车的类型、品牌名称、车型系列、发动机型号、车型年款、安全防护装置型号、检验数字、装配工厂名称和出厂顺序号码等信息。

_____

_____

_____

_____

_____

实操项目 2：实车测量汽车的轴距

班级		成绩	
姓名		指导教师签名	
日期			

1. **实训目标**

（1）掌握测量汽车主要尺寸参数的方法。

（2）了解车辆轴距长短与汽车操控性与汽车机动性的关系。

（3）了解小型车、紧凑型车、中型车轴距长短的差别。

2. **仪器和设备**

汽车整车、卷尺、汽车用户使用说明书、汽车维修手册等。

3. **操作并填写**

（1）使用卷尺测量汽车左右两边的轴距，看看汽车左右两边的轴距是否相等？

_____

_____

_____

（2）使用卷尺测量某汽车的轴距，与该车汽车使用说明书上所标明的轴距是否相等？

_____

_____

_____

（3）在汽车使用说明书上查到空车的质心位置，看看空车的质心位置在整个汽车长度方向上是偏前方还是偏后方？

_____

_____

_____

_____

（4）车辆轴距长短是怎样影响汽车操控性的？

_____

_____

_____

_____

_____

实操项目 3：观察汽车前脸特征

班级		成绩	
姓名		指导教师签名	
日期			

1. **实训目标**

   (1) 掌握汽车前脸概念。

   (2) 熟悉常见汽车前脸特征。

   (3) 了解汽车前脸流行趋势。

2. **仪器和设备**

   汽车整车、汽车用户使用说明书等。

3. **操作并填写**

   (1) 画出实训汽车的进气格栅样式。

   _____

   _____

   _____

   (2) 画出实训汽车的前照灯样式。

   _____

   _____

   _____

   (3) 说说实训汽车的前照灯与进气格栅相互之间的配合情况，你认为还有什么需要改进的地方？

   _____

   _____

   _____

   _____

   (4) 一些汽车的倒车镜加上了雨眉，对此你有何看法？

   _____

   _____

   _____

   _____

   _____

   _____

实操项目 4：观察汽车驾乘舱

班级		成绩	
姓名		指导教师签名	
日期			

1. 实训目标

（1）掌握汽车内装饰概念。

（2）熟悉汽车常见操作装置。

（3）了解安全带、儿童锁、安全气囊、电动座椅、电动门、电动玻璃升降装置、电动调节方向盘等汽车舒适装备和安全装备的使用。

2. 仪器和设备

汽车整车、汽车用户使用说明书等。

3. 操作并填写

（1）辨识汽车方向盘、仪表台、中控台、座椅扶手等部件上是否使用了木材饰件，如果有木材饰件，请说出或查出饰件的木材材质。

_____

_____

_____

（2）辨识汽车方向盘、仪表台、中控台、座椅扶手等部件上是否使用了皮质饰件，如果有皮质饰件，请说出或查出饰件的皮质。

_____

_____

_____

（3）操作并使用安全带、儿童锁、电动座椅、电动门、电动玻璃升降装置、电动调节方向盘等装置，体验使用汽车的舒适性装备。

_____

_____

_____

（4）你认为汽车上还应该添加哪些舒适性装置，才能使驾乘人员更加方便？

_____

_____

_____

_____

_____

笔记

2. 考核与评估

1) 检查训练任务:真实、完整、有效;

2) 按各学习活动进行自评或互评。

评价指标	考核说明	考核记录
基本知识点考核	汽车 VIN 码的组成内容 汽车主要尺寸参数和体积、质量参数 汽车前脸、腰线、尾部特征 汽车主要基本性能 影响汽车主要基本性能的总成、指标、参数	

评价内容	检验指标	权重	自评	互评	总评
检查任务 完成情况	1. 完成任务过程情况				
	2. 任务完成质量				
	3. 在小组完成任务过程中所起的作用				
专业知识	1. 能描述汽车 VIN 码的组成和内容				
	2. 能知道汽车主要尺寸参数和体积、质量参数				
	3. 掌握汽车前脸、腰线、尾部的概念与特征				
	4. 会使用汽车用户使用说明书、卷尺等工具				
	5. 会描述影响汽车主要基本性能的总成、指标、参数				
职业素养	1. 学习态度:积极主动参与学习				
	2. 团队合作:与小组成员一起分工合作,不影响学习进度				
	3. 现场管理:服从工位安排、执行实训室"5S"管理规定				
综合评议 与建议					

思考与训练

1) 乘用汽车整车有哪些主要的尺寸、体积和质量参数?

2) 汽车前脸有哪些类型?

3) 汽车前照灯组合造型有哪些风格?

4) 乘用汽车的腰线造型有哪些种类?

5) 乘用汽车尾部造型有哪些基本要求?

6) 汽车车身颜色与行车安全有什么关系?

7) 汽车轴距长短对汽车操控性有什么影响?

8) 什么是汽车的舒适性?

9) 汽车质量大小怎样影响汽车的动力性和经济性?

笔记

拓展提高

　　有一些汽车的前轮距与后轮距不相等。还有许多汽车的两个前轮或两个后轮不平行。对于这些情况,我们要测量汽车的轮距应该怎么办?

项目四 汽车文化

❓ 学习目标

通过本单元任务的学习,你将掌握汽车文化的相关基本知识,主要熟悉汽车赛车运动、汽车时尚和有关汽车色彩等汽车文化内容。

☆ **期待效果**

通过对汽车文化基本知识的学习,能够了解汽车文化的精髓,理解汽车文化是现代人类文明不可缺少的组成部分。在了解汽车文化之后,学生应该担负传播和发展汽车文化的重任,让汽车能够给人类带来更多的精神乐趣。

📖 项目理解

任务 4.1:高水平的汽车比赛能够吸引数以亿计的观众,国际汽联(FIA)每年举办的世界一级方程式汽车大奖赛都能吸引几百万的现场观众及 10 多亿的电视观众,这是汽车制造商、比赛赞助商的最佳宣传时机。因此,除了汽车厂商每年热衷于投入大量的资金参与汽车运动之外,各种与汽车无关的企业也愿意投资赞助汽车运动,通过汽车比赛来提高自己企业的知名度。

任务 4.2:人们对汽车的需求与企盼不仅推动了汽车生产,同时推动汽车后服务市场的发展,为了满足车主不断提升的服务需求,汽车俱乐部扮演了汽车后服务市场提供服务的主角,他们把热爱汽车的人们聚集在一起,切磋驾驶技术、交流爱车心得、结伴驾车出行、讨论修理技术、寻觅配品备件、互相救助救援。这种实践的凝聚力催生了汽车俱乐部。汽车俱乐部的本质是:在特定的人群中,互助合作办事情,会员制是其必然的结果。

汽车展览会即集合各国家汽车制造公司的新型汽车,所举办的展览会场。消费者可经由汽车展览会场所展示的汽车或汽车相关产品,端详汽车制造工业的发展动向。展览会多数以一年或两年一次的方式举办。

任务 4.3:汽车色彩对城市道路的美化、对人们的精神感染力已成为不容忽视的问题。研究驾驶员的色觉从而为他们提供舒适安全的操作环境也十分重要。现在,汽车车身颜色已告别单一,走向多元。汽车外观在一片姹紫嫣红中已逐渐失去了它的钢铁本色。

任务 4.1 欣赏赛车运动

知识目标

● 能收集汽车各种赛车运动相关信息。

- 能知道汽车各种赛车运动的相关规则。
- 能对赛车场馆、赛车选手等相关信息进行正确描述。

能力目标

- 能够运用所学知识理解汽车各种赛车运动及其作用,并能向客户介绍汽车各种赛车运动的历史渊源、发展历程和规则以及主要热点人物。

情境描述

世界一级方程式赛车锦标赛,简称为 F1,是当今世界最高水平的赛车比赛。与奥运会、世界杯足球赛并称为"世界三大体育"节目,年收视率高达 600 亿人次。我们今天欣赏的 F1 比赛可以说是高科技、团队精神、车手智慧与勇气的集合体。F1 是赛车中的顶级赛事,全年的统筹安排,每站比赛的赛事组织、车队工作、电视转播等各个方面都井井有条。

任务剖析

F1 赛车是世界上最昂贵、速度最快、科技含量最高的运动,是商业价值最高、魅力最大、最吸引人观看的体育赛事。汽车的许多新技术,包含以空气动力学为主,加上无线电通讯、电气工程等世界上最先进的技术、很多新的科技都是在 F1 上得以最初实践的。

任务载体

对于汽车各种赛车运动,由于各种媒体的报道,大家都比较熟悉。

例 1:从 1998 年开始,中国便积极争取举办 F1 汽车赛,尽管有着九年计划,珠海赛车场却无法达到举办 F1 汽车赛的标准。经过这次重大的挫折后,中国赛委会决定由马来西亚雪邦赛道的设计者——大名鼎鼎的德国赛道设计专家 Hermann Tilke 负责设计上海国际赛车场。上海也因此取得了 2010 年的中国 F1 主办权。

例 2:勒芒 24h 耐力赛在世界公众中的影响力仅次于 F1,从纯粹的技术角度来看,勒芒 24h 耐力赛甚至比 F1 更加刺激。由于不像 F1 大奖赛对涡轮增压等技术进行限制,勒芒耐力赛在 2/3 的路段上赛车平均时速约为 370 km,在直道上赛车时速则可高达 390 km,而且超车镜头屡见不鲜。

勒芒汽车大赛通过 114 家电视台向 80 多个国家和地区直播,现场观众达 20 多万人。现场观众最多的一次是 1971 年的比赛,人数达到了 30 万。

例 3:卡丁车运动已培养出 45 位世界著名的方程式大赛车手,他们中有曾经久占魁首的法国名将普罗斯特、独领风骚的德国车手舒马赫、英国麦克拉伦车队的芬兰车手哈基宁、法国雷诺车队的阿莱西等,他们无一不是前卡丁车欧洲锦标赛、世界锦标赛的冠亚军。十分有趣的是,尽管这些著名车手今天已是方程式赛车的顶尖高手,但仍舍不得离开他们的摇篮和学步车,每年的 12 月都要抽空聚集巴黎参加一次特殊的卡丁车锦标赛,在超级 A 级方程式卡丁车赛中一争高低。

相关知识

汽车赛车的历史要追溯到 19 世纪 80 年代后期。1887 年 4 月 20 日由法国《汽车》杂志社举办的汽车比赛,路线从巴黎的桑·贾姆沿塞纳河到努伊伊,参赛者只有乔尔基·布顿一人,他驾驶一辆蒸汽四轮车跑完全程,这是世界上有纪录的第一场汽车比赛。第二年《汽车》杂志社又举办了一次比赛,路线从努伊伊到贝尔塞,全程 20 km,有两人参加,布顿超过对手胜出,获得冠军。此后,汽车赛车运动伴随着汽车的发展,由初期的低速度、小规模、形式单一型发展成为现在的高速度、大规模、多种多样的汽车赛事。特别是一级方程式(F1)汽车比赛,已经成为可以与世界杯足球赛相媲美的运动,吸引着无数的车迷参与其中,每一站的比赛都有成千上万的新闻记者进行报道。现代汽车比赛发源于欧洲,至今也是以欧洲国家为重点。

高水平的汽车比赛能够吸引数以亿计的观众,国际汽联(FIA)每年举办的世界一级方程式汽车大奖赛都能吸引几百万的现场观众及 10 多亿的电视观众,这是汽车制造商、比赛赞助商的最佳宣传时机。因此,除了汽车厂商每年热衷于投入大量的资金参与汽车运动之外,各种与汽车无关的企业也愿意投资赞助汽车运动,通过汽车比赛来提高自己企业的知名度。除了职业的汽车比赛之外,世界各地的汽车爱好者还自行组织了一些小型的汽车比赛,这对汽车工业的发展也很有意义,因为许许多多的汽车俱乐部维系着千千万万的汽车运动爱好者,其广泛性和群众性是汽车大赛无法比拟的,是汽车大赛的有益补充。这些地方汽车俱乐部组织的汽车赛吸引了大量的汽车爱好者,传播了汽车文化,扩大了汽车爱好者的队伍,培育了潜在的汽车人才及汽车市场。

一、一级方程式(F1)汽车赛

(一)F1 汽车赛的由来

在早期的汽车比赛中,人们对赛车几乎没有任何规定,比赛的胜负主要取决于赛车发动机功率的大小。为了比赛的胜利,人们都竭力加大发动机的功率,这在一定程度上促进了汽车技术的发展,但对汽车比赛本身来说并不公平。到了 20 世纪 20 年代,人们开始对参赛车的发动机类型、排量、功率等都作出了规定,使汽车比赛趋于公平合理,于是就有了方程式的概念,这就是一级方程式汽车赛的由来。

根据国际汽车运动联合会(FIA)的规定,方程式汽车赛一共有三个级别,按发动机排量和功率的不同来划分:

三级方程式(F3),排量 2 L,功率 125 kW;

二级方程式(F2),排量 3 L,功率 345 kW;

一级方程式(F1),排量 3.5 L,功率 478 kW;1992 年改为排量 3.5 L,功率 573 kW;1995 年又改为排量 3 L,功率 478~515 kW。

F1 汽车赛是最高级别的方程式汽车赛,现在每年都举办一次 F1 汽车大奖赛。世界上第一场 F1 汽车赛于 1950 年 5 月 13 日在英国银石赛车场举行。

（二）F1赛车队

车队是参加汽车比赛的集体，要想参加F1汽车大奖赛，就必须先注册成立一支专业赛车队。从1950年到1995年，世界上总共有过97支F1赛车队，欧洲占多数，其中英国34支，意大利22支，德国11支。车队人数30～200人不等。有些F1赛车队实力雄厚，拥有自己的F1赛车设计制造中心，如法拉利车队、威廉姆斯车队等，它们能独立制造F1赛车所需的90%以上的零件。当然，也不是每个车队都有能力自己设计制造赛车，一些规模较小的赛车队只是负责汽车比赛的一些事项，赛车都是由那些实力雄厚的汽车制造商负责制造的。

成立和运作一支F1赛车队所需费用非常惊人：建厂约300万美元，比赛的4辆赛车造价约460万美元，运送赛车的挂车约30万美元，车队宿营车约30万美元，员工工资每年约600万美元（不包括星级赛车手的工资，像舒马赫年薪最高时达2 400万美元），而出国参赛的运输费、人员差旅费也不少。但名次较前的车队，每年得到的企业赞助和广告收入也是惊人的。

（三）F1赛车

方程式赛车队在比赛中的成败很大程度上取决于赛车的性能，因此各赛车队和有关赛车制造公司都不惜花费巨资和大量的精力，采用现代最先进的技术和质量轻、强度大的航空材料来制造赛车。

根据FIA的规定，赛车的高度从车架的最低处算起不得超过950 mm，全车最大宽度不得超过2 m，车长没有规定（一般在4 m左右），离地间隙可调，一般为50～76 mm。赛车的重量与比赛的胜负有很大的关系，因此FIA规定赛车的总重不得小于505 kg。F1赛车比赛速度极快，为了有较小的空气阻力和行驶的稳定性，F1赛车的外形与普通汽车有较大的区别。显然F1赛车并不像人们日常生活中的汽车那样。扁平的车身，尖尖的锥形车头，车头前下方、车尾后上方均装有一块叶子板，四个宽大的轮胎暴露在车身外，外形特别抢眼。

为什么F1赛车会是这种古怪的样子呢？这是与其独特的使用条件分不开的，也正是其特殊的使用决定了它的造型。其中最主要的原因是赛车的车速极高，这就使得作用在赛车上的空气阻力及空气升力都非常大，设计上稍有不当都会引起不堪设想的严重后果，因此F1赛车要有良好的空气动力性能，这就使赛车具有了这种怪异的外形。

锥形的车头，可以使赛车产生向下的压力，减少空气阻力，并且可将高速气流引导到后翼，而扁平的形状，不仅可以减少空气阻力，提高其车速，还可以使赛车的重心得到降低，增加赛车的稳定性，使它在高速转弯时也不易倾覆。车头、车尾的两块扁平叶子板，则使高速行驶的赛车产生巨大的向下压力。

我们知道，飞机就是靠高速气流流过飞机翼时产生向上的升力而飞行的，赛车的两块叶子板的作用与机翼相似，只是把机翼反过来装罢了，因为赛车需要的是向下的压力而不是向上的升力。如果没有这两块叶子板，赛车高速行驶时就会出现前轮发飘，转向失灵，甚至出现后轮腾空的趋势，使赛车抓地性变差，驱动力大幅度下降，影响赛车的加速性能，而且一旦遇到侧向风，赛车的稳定性就比较差，会使赛车迅速偏离行驶路线，这种情况下再出色的车手也控制不了赛车，难免出现严重事故。

1. 车身

车身采用碳素纤维材料,中间夹有高强度的铝材。驾驶舱位于车身中部,后面是发动机舱。座椅是按照车手的身体轮廓用碳素纤维板制造而成的,没有座垫。在座椅的后上方还有一个粗大的防翻滚杆,它是用来保护车手在发生翻车事故时不被压伤。

2. 发动机

发动机是赛车的心脏。在 20 世纪 80 年代,许多 F1 赛车的发动机都采用涡轮增压技术来提高发动机的输出功率,那时的法拉利、宝马、雷诺等发动机功率都高达 882 kW 以上。1989 年国际汽联出于安全考虑,规定禁止使用涡轮增压发动机,缸数不得超过 12 个;1995 年规定汽车最大排量限制在 3 L,最大功率限制在 478~515 kW。F1 赛车使用的发动机几乎都为 V 型发动机,缸数从 6 到 12 个不等。

20 世纪 60 年代到 80 年代初,大部分的 F1 赛车都使用 V8 发动机,而到了 1989 年,由于不允许使用涡轮增压发动机而恢复采用了自然吸气式的发动机,各车队纷纷采用了 10 缸以上的发动机,比如雷诺采用了 V10 发动机,法拉利采用了 V12 发动机等。

3. 变速器

国际汽联规定,F1 赛车的变速器应有不超过 7 个前进档和 1 个倒档。由于目前汽车自动变速器的传动效率不高,功率损耗大,对赛车的速度有影响,因而 F1 赛车不采用这种变速器。早期的赛车都采用手动变速器,手动变速器传动效率高,转速不会损失,但操作费时。1989 年,有人设计了一种半自动变速器并应用在 F1 赛车上,使车手在比赛过程中双手完全不用离开方向盘,只要轻松地拨一下方向盘侧边的开关就可完成换档动作,而它又没有那种自动变速器的传动效率低、速度损失大的缺点,非常适合在 F1 赛车上使用。目前,所有的 F1 赛车都是采用这种半自动变速器。

4. 轮胎

F1 赛车的轮胎比普通汽车的轮胎要宽很多,前轮宽为 300 mm,后轮宽为 400~450 mm。由于赛车的速度极高,时速经常达到 300 多公里,而轮胎要经受很高的温度和严重的磨损,所以它们一般采用特殊的橡胶制造,其配方和工艺更是严加保密。当然,每条轮胎的价格也不菲,高达 2 000 多美元。目前 F1 赛车仅采用普利斯通和米其林两种轮胎。

赛车的轮胎有干地轮胎和湿地轮胎两种,根据天气情况的不同,晴天使用干地轮胎,雨天采用湿地轮胎。干地轮胎胎面无花纹,以增加它与地面的接触面积,有利于汽车的高速行驶。湿地轮胎则有质地柔软的特点,胎面上有排水花纹,能在高速时以 26 L/s 的排量将胎面与地面之间的水排出,以保证车轮对地面有良好的附着效果。1998 年,国际汽联修改规则,要求干地轮胎同样也要有花纹,以降低赛车的速度,强化比赛的安全性。

(四)F1 赛车手

在 F1 汽车比赛中,赛车手起着举足轻重的作用,在赛车基本相同的条件下,赛车手的技术与体能往往起着决定成败的关键作用。在比赛过程中,车手要消耗大量的体力,承受因加速、减速和转弯离心力所引起的巨大作用力,一个赛车手在 2h 的比赛中要消耗 3 kg 的体重。

F1 汽车赛是一项很危险的汽车运动,比赛时不可避免地会发生翻车、撞车、起火等事故,因此,为了保护车手的人身安全,FIA 规定 F1 车手比赛时必须穿戴经其批准的专用服饰。头盔必须是带面罩的全脸头盔,衣服和手套也是用一种特殊材料缝制而成的防火服装,比赛用鞋为皮革制成,里面还衬以泡沫塑料,表面覆盖一层防火材料。按照国际汽联的标准,一个装备齐全的车手必须在 700℃ 的火焰中呆上 12 s 而不会被烧伤。此外,车手在比赛时还必须佩戴耳塞,以保护车手的耳膜不被发动机的轰鸣声伤害。

要成为 F1 赛车手绝不是一件容易的事。这些赛车手都要经过多年的磨练,通过无数次的筛选,最后还必须接受 FIA 的考核,在取得“世界超级驾驶员执照”后才有资格参加 F1 汽车大赛。目前,各车队的 F1 赛车手主要来自欧洲国家。据统计,自 1950 年以来,参加大奖赛的 31 个国家的 564 名车手中有一半来自英国、意大利和法国。到 1995 年为止,英国是获得 F1 大奖赛冠军次数最多的国家,共有 16 位车手取得 164 次冠军。

目前在车手榜上最著名的是德国人舒马赫,他从 1991 年开始进入 F1 车坛,先后效力于乔丹、贝纳通、法拉利车队,于 1994 年首夺世界冠军,其后在 1995 年以及 2000～2004 年夺冠,总共夺得七个世界冠军。舒马赫拥有无数的 F1 比赛纪录,他现在是赢得大奖赛冠军次数最多的纪录保持者,超过了阿兰·普罗斯特的 51 次,以及胡安·曼纽尔·范吉奥的五个世界冠军的纪录,成为当之无愧的车王。

(五) F1 赛车的规则

FIA 规定每个赛季举行 16 场比赛,分别在 16 个分站举行(1995 年增至 17 场),原则上每个国家在一年内只能举办一次分站赛,每站只限 26 辆赛车,比赛全程为 300～320 km,时间限定为 2 h。

F1 的正式比赛安排在星期日举行,比赛前有两次自由练习和排位赛。自由练习定在比赛前的星期五和星期六上午,每次练习时间为 45 min,每次限跑 23 圈。排位赛定为星期六下午,每次跑 1 圈,每人两次,以成绩的快慢来决定正式比赛时的排位次序。

在 F1 汽车赛过程中,赛场工作人员主要靠旗语与车手联系:白旗表示跑道上有缓行的车辆;黑旗表示指定赛车在下次通过修理站时要停车;绿旗表示全程畅通;红旗表示停止此赛;蓝旗表示有车手要超车;黑底黄心旗表示赛车有机械故障;黄旗表示危险;黄底红竖条旗表示跑道滑;黑白方格旗表示比赛结束。

F1 汽车赛的计分是每站比赛只计前六名赛车的成绩,有车手得分和车队得分。车手与车队计分方法相同,如表 4-1-1:

表 4-1-1　车手与车队计分方法

名次	第一名	第二名	第三名	第四名	第五名	第六名
分数	10	6	4	3	2	1

车手在每站的得分之和为总积分,分数最高的为本届大奖赛冠军车手。车队总积分是每站两名车手的积分之和,积分最高的车队就是本届大奖赛的冠军车队。按照国际汽联规定,每位车手和每个车队都必须参加当年 8 站以上的比赛才能取得当年世界冠军称号的资格。

（六）F1 赛车的成本

据粗略统计，一辆可以参赛的 F1 赛车价格约在 750 万元左右，而这个价格仅仅只能组装出一辆可以开动的赛车。如果去参加比赛，一次比赛还需要更换大量的配件。

（七）F1 赛车场

F1 汽车赛必须在专用赛车场进行，对专用赛场的长度、宽度、路面情况、安全措施等均有极为严格的要求。一般说来，专用赛场为环形，每圈长 3～7 km，赛道总长度为 305～320 km。为安全起见，赛道两旁一般铺设宽阔的草地或沙地，以便将观众与赛道隔开。如今在正式比赛的赛场中，摩洛哥赛场的赛道最短，为 3.328 km；比利时的斯帕赛场的赛道最长，为 6.94 km。FIA 规定赛场不允许有过多过长的直道，目的在于限制高速，以免发生危险。

一般对于一个标准的 F1 赛场来说，以下设备是必不可少的：

赛道：宽 7～11 m，长 3～7 km；为避免车速过高，必须设置众多弯道。

起步与终点直道：宽 12 m，长 25 m；可以并排安置两辆赛车，但又不能过于拥挤。

看台：需用铁丝网和 1.2 m 高的栏杆与赛道隔开。

摄像机与电视塔：用于电视转播。

大屏幕电视：置于看台对面，便于看台上的观众了解全部比赛情况。

安全人员观察站：位于相对危险的地段，以供安全人员保持跑道畅通，处理各种事故，向车手发出存在潜在危险的警告信号等。

直升飞机：准备对受伤车手进行紧急救护。

医疗站：位于修理站旁边的防护地点，设有手术室及急救室。

修理站：每队配备一个，属永久性设施。

赞助商接待看台：位于修理站后方的高台上，可俯瞰修理站。

围场：为运输车及宿营车停车处。

比赛控制塔：位于整个控制塔的第二层，可以俯瞰修理站入口，指挥人员在此通过无线电装置与安全人员取得联系，控制比赛的进行。

F1 赛场大多位于欧洲。在 1950～1995 年间，F1 大赛共进行了 580 场，其中在五大洲举办的次数分别为：欧洲 407 次，美洲 125 次，非洲 24 次，亚洲 13 次，大洋洲 11 次。在欧洲，举办 F1 比赛最多的赛场是：意大利的蒙扎 45 次，摩纳哥 42 次，荷兰的赞德沃特 30 次，比利时的斯帕 30 次，英国的银石 29 次，德国的纽伦堡 24 次。

目前 F1 赛场设有巴林麦纳麦赛道、马来西亚雪邦赛道、澳大利亚阿尔伯特公园赛道、圣马利诺伊莫拉赛道、欧洲纽博格林赛道、西班牙加泰罗尼亚赛道、摩纳哥蒙特卡洛赛道、英国银石赛道、加拿大蒙特利尔赛道、美国印第安纳波利斯赛道、法国马格尼赛道、德国霍根海姆赛道、匈牙利布达佩斯赛道、土耳其赛道、意大利蒙扎赛道、比利时斯帕赛道、日本铃鹿赛道、中国上海国际赛道、巴西圣保罗英特拉格斯赛道等 19 个赛道。

（八）上海 F1 国际赛车场简介

从 1998 年开始，中国便积极争取举办 F1 汽车赛，尽管有着九年计划，珠海赛车场却无法达到举办 F1 汽车赛的标准。经过这次重大的挫折后,中国赛委会决定由马来西亚雪邦赛道的设计者——大名鼎鼎的德国赛道设计专家 Hermann Tilke 负责设计上海国际赛车场。上海也因此取得了 2010 年的中国 F1 主办权。

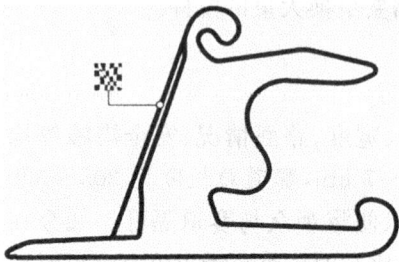

图 4-1-1　F1 赛车上海赛道

上海赛道全长 5.451 km,比赛圈数为 56 圈,比赛距离为 305.256 km,预计平均时速可达 205 km/h,整个造型像一个大大的艺术"上"字,如图 4-1-1 所示。整条赛道是由弯道、直线路段和一些上下坡道组成,其中包括 7 个左弯与 7 个右弯。Pit(维修站)前方的大直线预计可加速到 327 km/h,但车手必须马上减速到 87 km/h 才能通过接下来的发夹弯,设计手法近似雪邦赛道,能为现场观众带来 F1 赛车特有的紧张、刺激的感受。

著名车手舒马赫与巴顿都曾经于 2003 年参观过上海赛车场,舒马赫表示经由计算机仿真了解后,他认为这可能是 F1 最刺激的一站,其中包含高难度的高、低速弯组合,能真正考验车手的能力,巴顿也认为这是一条非常快的赛道,有许多地方可以进行超车,甚至可能会比德国霍根海姆赛道还要刺激。

二、汽车拉力赛

(一)拉力赛简介

拉力赛的"拉力"是英文 Rally 的中文音译,意思是一种汽车行驶的比赛集会,是一种在公路上举行的从某些出发点到另一终点之间的行驶比赛项目,一般有一个公共的会合点,而出发点可能有很多,甚至可以在各个不同的国家。

拉力赛与其说是一项速度比赛,不如说是一种可靠性试验。比赛过程中的平均行驶速度有一定的限制,途中能够达到的最高速度并不作为考核的指标。比赛在规定的日期内分若干阶段进行,每一阶段内设置由行驶路段连接的数个测试速度的赛段,交替进行,每个赛段的长度不超过 30 km。

比赛采用单个发车方法,每个车组由一名驾驶员和一名领航员组成,以每个车组完成全部特殊路段比赛的时间和在行驶路段所受处罚的时间累计计算最终成绩,时间短者名次列前。比赛对行驶路段的行驶时间有严格限制,车组必须按规定的时间依次到每个时间控制点报到,迟到或早到都会受到处罚。

拉力赛的持续时间随着比赛项目的规模不同而异,最短的仅 6 小时,最长的可达一个星期以上。一些主要的国际赛事还需根据 FIA 规则确定它的最短比赛距离。比赛时只给汽车打分,而不给驾驶员打分。

拉力赛的参赛车必须使用在国际汽联注册、年产量超过 5 000 辆的标准 4 座轿车和旅行车,发动机最大输出功率不准超过 220 kW,赛车可按比赛规则进行改装。例如,可以装上容量较大的燃油箱、特制的轮胎、专为比赛用的座椅、方向盘、雾灯、特制的照明灯、辅助前照灯以及可调的探照灯,再加上加固的悬架系统,强化的发动机,大容量的冷却系统和防翻滚杆等。

国际汽车拉力赛每年设有世界拉力锦标赛(14 站)、欧洲拉力锦标赛(11 站,难度系数分20/10/5/2)、亚洲拉力锦标赛(6 站)、非洲拉力锦标赛(5 站)、中东拉力锦标赛(6 站)等众多大型赛事。

(二)世界拉力锦标赛(WRC)简介

WRC 全年赛程规划有 14 个站,分别在 14 个不同的国家举行,赛季分为两部分,在上半年赛季结束之后,经过约一个月的休息之后再开始下半年赛季,让各车队对车辆和车手做一重新调整。世界拉力锦标赛可以说是所有赛车项目最严格,也最接近真实的一种比赛,因为所有参赛车辆都是以量产车为基础研发制作而成,并在泥泞路段、雪地、沙漠及丘陵山路地带等全球各地最具代表性的险恶路段进行。

1. 比赛组别分项

比赛依参赛车的不同分为改装组 A 及原厂组 N 两大组别。

A 组与 N 组又依排气量的不同各分为 4 个小组。

每一站的比赛每一组最少要有 5 部车参赛,否则必须强迫晋级。

2. 锦标赛分组

WRC 比赛中有两项 FIA 锦标赛,World Rally Car(WRCar)组及 F2 组,在每一站的比赛各组取前六名,分别得到 10、6、4、3、2、1 的积分,车手所得的积分可成为车手本身积分及车队年度积分。

F2 组则包含于 A7 组中。所谓 F2,是指搭载 2000 mL 以下自然吸气发动机的两轮驱动车辆。厂队在全年度必须参加 10 站以上,并且至少要参加两场欧洲以外的赛站。近几年在国际拉力赛场上由于 IMPREZA WRX 与 LACER EVO 取得容易、套件充足,因此造成 A8组与 N4 组的参赛车辆数远大于其他组别。

3. 比赛方法

WRC 每一站比赛分为三个阶段,通常每天为一个阶段,赛程规划大多在 1500 km,其中分为 SS(Special Stages)路段与 RS(Road Section)路段两种。SS 路段就是在封闭管制的路段上进行竞赛,每一个阶段通常规划 5~10 个 SS 路段,长度一般在 10~50 km 之间。

SS 路段的规划总长度以 400 km 为限。WRC 就是以每一位车手完成所有 SS 路段时间的总和来分胜负的,计时的单位是 0.1 s,而规划的平均速度以 110 km/h 为限,最高不可超过 132 km/h。不同的 SS 路段间则以 RS 路段相连接,通常 RS 路段就是一般的道路,因此速度必须遵守比赛当地的交通法规,也就是和一般道路用车一样不能超速违规。因此,为了让车手有足够的时间到达下一个 RS 路段起点,大会会提供一段时间给车手以当地法定速度完成 RS 路段,并配合警方或军队以维持交通顺畅。RS 路段的计时单位是 1 min,若车手未能在指定时间到达,每迟到 1 min 总成绩将加罚 10 s。

4. SSS 路段的设置

SSS(Super Special Stage)路段是为观众观看及方便电视转播而设置的,WRC 史上的Super Special Stage 起源于澳洲站 Langley Park SSS。SSS 路段长度规划通常只有 2 km,而且大多是在人工搭建的赛道上进行,是整个比赛中最短的阶段,但对观众的吸引力却是最高的,因为观众可以轻松地在观众席上欣赏传统拉力比赛中看不到的两车同场竞技的画面,而且不必受风沙之苦。

　　5. 比赛路面

　　比赛路面分为柏油路面及非柏油路面(砂石路面)两大类。法国站是最著名的柏油路面赛事,此外西班牙站和意大利站也是 WRC 中知名的柏油路面赛事。但若加上天气的因素,则会有雪地的路面,如每年的蒙地卡罗站与瑞典站参赛车都是在冰天雪地的恶劣环境中竞赛的。在雪地竞赛中使用的是胎宽狭窄的钉胎,来增加轮胎表面压力以取得较好的抓地力。肯尼亚 SAFARI 站则是在高温的沙漠中比赛,这些苛刻的路况对于车辆与车手都是一大考验。

三、汽车耐力赛

(一)勒芒 24h 汽车耐力赛

　　1923 年 6 月,在法国巴黎西南的一个小城勒芒(Le Mans)举行了一场此后闻名于世的汽车马拉松比赛——勒芒 24h 汽车耐力赛,英文全称是 LeMans 24Hours endures。该赛事无论是对汽车的动力性、可靠性、耐久性还是驾驶员的体力都是一次严酷的考验。

　　勒芒大赛是最负盛名的耐力赛,胜过美国印第 500 或其他任何汽车耐力赛。因为一般耐力赛只有 500~1 000 km,而勒芒大赛有 5 000 km,所以也有人说它是大规模组织起来的赌博,以牺牲许多人的生命为代价,来提高几个汽车制造厂家的名气。不管勒芒的赛道多么艰险,也不管历史上发生过多少悲剧,每届勒芒大赛都在 6 月份如期举行。一些汽车厂家不惜耗资数百万美元想在这项大赛中取胜,谁也不肯轻易放过利用这项大赛来提高公司声誉的机会。

　　在 20 世纪 50~60 年代,勒芒大赛一直是法拉利的天下,直到 1966 年著名赛车手布鲁斯·麦克拉伦驾驶福特 GT40 赛车才把连坐 10 届冠军宝座的法拉利拉下马,此后福特 GT40 在勒芒大赛中连年夺标,创出了四连冠的优异成绩。布鲁斯·麦克拉伦从此也在赛车界名声大噪,并随后组建了自己的车队,这就是目前在 F1 车坛和 GT 耐力赛上极负盛名的麦克拉伦车队。

　　到 20 世纪 80~90 年代,德国的保时捷在勒芒大赛中一枝独秀,至 1997 年保时捷已 10 次折桂,并经常囊括前三名。1996 年的勒芒大赛上,保时捷一举夺得三个组别的所有级别的全部冠军。勒芒 24h 汽车大赛是 C 组大赛的一站,也是全球 GT 耐力赛的一站,而且还是最重要的一站。许多车厂可以不参加其他分站赛,但都争先恐后参加这项赛事,因为一旦在勒芒大赛中夺冠,该车厂也就在世界汽车制造业中确立了自己的崇高地位。

　　勒芒 24h 耐力赛在世界公众中的影响力仅次于 F1,从纯粹的技术角度来看,勒芒 24h 耐力赛甚至比 F1 更加刺激。由于不像 F1 大奖赛对涡轮增压等技术进行限制,勒芒耐力赛在 2/3 的路段上赛车平均时速约为 370 km,在直道上赛车时速则可高达 390 km,而且超车镜头屡见不鲜。

　　在勒芒实现过三连冠的奥迪 R8 赛车曾经创造了 24h 行驶 5 400 多 km 的惊人纪录。要知道一站 F1 大奖赛的平均时速也不过 200 多 km,而且还仅仅只有 300 多 km 的赛程,勒芒耐力赛在 5 000 多 km 的比赛中保持这样的速度,其赛车性能绝对令人咋舌。

勒芒汽车大赛通过 114 家电视台向 80 多个国家和地区直播,现场观众达 20 多万人。观众最多的一次是 1971 年的比赛,人数达到了 30 万。

(二) GT 耐力赛

GT 耐力赛所用的赛车都是 GT 赛车。所谓 GT 赛车,一般是指加以改装的日常跑车(sport car),这些跑车必须是厂家生产的用作商业销售的跑车,一般都是双门双座或双门"2+2"座形式的车辆。如保时捷 911、法拉利 F40、法拉利 355、通用的克尔维特、克莱斯勒的蝰蛇、美洲虎 XJ220、丰田苏伯拉、本田 NSX、布加迪 EB110、莲花精灵和麦克拉伦 F1 等。这些生产型跑车在外形轮廓基本不变的情况下,对内部进行赛车化的改装,就是 GT 赛车。

20 世纪 80 年代初,由于 GT 赛事出了几场重大事故,比赛趋于衰微。1994 年,保时捷赛车部的执行总裁及前赛车手巴尔特和两位法国人重新推动组织了这项赛事,使 GT 赛死而复生。1994 年保时捷在 GT 赛中大获全胜。1995 年新组建的麦克拉伦 GT 车队派出了装有宝马 12 缸、6.1 L、550 kW 发动机的新式战车 F1GTR,从而一举击败了保时捷,力拔头筹。1996 年保时捷将其全新研制的 911 GT1 投入战斗并横扫千军再次夺冠,其 911 GT1 和 911 GT2 在各自的组别中战无不胜,从而奠定了保时捷在赛车界的崇高地位。

(三) 印第 500 汽车大赛

印第 500 汽车大赛是美国地区性的汽车比赛,但在业界具有很大的影响。印第 500 大赛是美国方程式锦标赛中的一站,而同时它又是一场独立赛事,就像欧洲的世界耐力锦标赛中的勒芒 24h 大赛一样。

在美国印第安那波里斯市有一条著名的环形汽车赛道,其周长为 4 km,一年一度的印第 500 汽车大赛就在此举行,参赛车需要跑 200 圈,总共 800 km(即 500mi,这也是印第 500 汽车大赛的得名原因)。此赛事始于 1911 年,至今不衰,可谓历史悠久。

印第 500 汽车大赛的赛车在赛道上平均时速达 240~260 km,最高时速超过 320 km,跑一圈大约需要 1 min,跑完全程大约需要 3 h。这条长度为普通田径运动场 10 倍的赛道,四周筑有看台,每年吸引的观众不下 50 万人。夺标者的奖金极其丰厚,超过 100 万美元。

由于印第 500 汽车大赛的传统历史,在美国其他赛道上举办的汽车赛也统称印第汽车赛,所有的赛车也都称为印第赛车。印第赛车能在各种形状的赛道上行驶,其前后翼板、车身形状和底盘结构在不同的比赛中不大相同,也就是说,印第赛车的形状并非都是一样的,但在同一场比赛中所用的赛车形状却都是一样的。

印第赛车与一级方程式赛车相比较,从外观看很相似,但它们的内部却大相径庭,F1 赛车一般采用排量为 3.5 L、12 个气缸以下,不加增压器的自然吸气式发动机,使用无铅汽油作燃料,每场比赛用油不得超过 220 L,赛车最小质量为 505 kg。印第赛车则采用轻便的、排量为 2.65 L、8 气缸以下的涡轮增压发动机,使用不易挥发的甲醇作燃料,而且印第赛车比 F1 赛车的最低极限质量要重 40%,可达 700 kg,所以大多数赛车在比赛时,为满足最小质量要求,不得不装上大量配重物。F1 赛车可使用主动式悬架、离合器操纵系统、防爆制动装置,还可采用半自动的换档装置,而在印第赛车上这些装置都禁止使用。

印第赛车上不允许使用各种先进的电子装置,它使用普通离合器、普通变速换档装置。

最有意思的是,印第 500 大赛的赛车由于要适应频繁的左转弯,其左右结构不对称,即右边的车轮要比左边的车轮略大些,右边的悬架也要比左边的悬架硬。

印第赛车比 F1 赛车既大又重,但这并不意味着就比 F1 赛车慢。由于其功率很大,所以车速与 F1 赛车不相上下,同时由于其结构更加原始、简单,所以更能显示车手的操纵技术、胆识、勇气和经验。

四、卡丁车赛

卡丁车赛是汽车场地比赛项目的一种,使用轻钢管结构,操纵简单,无车体外壳,装配 100 mL、125 mL 或 250 mL 汽油发动机的 4 轮单座位微型赛车,它重心低,在曲折的环型路线上行驶,比赛速度感强。

卡丁车是世界方程式赛车的最初级形式,由于许多著名的一级方程式赛车手都是从卡丁车起步的,因此卡丁车被视为"F1"的摇篮。

(一)卡丁车的历史

卡丁车运动起源于 20 世纪 50 年代,是现代汽车运动的摇篮,也是各国培养世界著名车手和赛车组织人员的必要途径。卡丁车结构简单,操作接近 F1 赛车,具有强烈的挑战性,因此在世界范围内,卡丁车运动迅猛发展,成为一个普及的汽车运动项目,对世界汽车运动成为与足球运动比肩的项目功不可没。

世界方程式赛车大腕多出自于卡丁车运动。迄今,卡丁车运动已培养出 45 位世界著名的方程式大赛车手,他们中有曾经久占魁首的法国名将普罗斯特、独领风骚的德国车手舒马赫、英国麦克拉伦车队的芬兰车手哈基宁、法国雷诺车队的阿莱西等,他们无一不是前卡丁车欧洲锦标赛、世界锦标赛的冠亚军。

卡丁车现在已经成为大众最喜欢的运动、娱乐项目之一。究其原因主要有如下 3 点:

(1)车身低(底盘离地间隙只有 4 cm),速度快(车手的视觉速度是实际速度的两三倍)。

(2)驾驶灵活轻便,特别是驾驶时"有惊无险",车手可以充分体会追风逐电、潇洒飘逸的刺激感和享受感。这种人车合一的运动,既有利于促进人的大脑和四肢的协调配合,又能释放因生活或工作紧张所造成的心理压力,被心理医生大力推崇。

(3)卡丁车还以急缓有机结合、变幻多端的赛道使车手在驾驶时随时面临着竞争和克服困难的种种挑战,并在每一次超越对手和战胜自我中使心理更加满足和成熟。在欧洲,各国都将卡丁车运动作为培养青少年素质的有效方法之一,培养他们从小敢于拼搏、敢于取胜的精神。

(4)作为 F1 方程式赛车手的摇篮,卡丁车运动具有较高的关注度。每年风靡世界的各项汽车赛都极大地吸引和培养了一大批车迷,而卡丁车作为最简易的汽车自然受到更多人的喜爱。

(二)卡丁车的种类

按照国际卡丁车运动规则的规定,卡丁车按其所使用的发动机划分为两个组别、五个等级、11 种类型。

1) 第一组(第一等级)。

第一等级为方程式卡丁车,包括:

(1) 超 A 级方程式:无变速箱,二冲程发动机 100 mL,汽化器喉管直径 32 mm,重量 140 kg(注:重量指赛车重+着装后的车手重量)。

(2) A 级方程式:无变速箱,二冲程发动机 100 mL,汽化器喉管直径 32 mm,重量 140 kg。

(3) C 级方程式:3～6 档变速,二冲程发动机 125 mL,短赛道重 165 kg、长赛道重量 170 kg。

(4) E 级方程式:3 档变速,二冲程发动机 250 mL,重量 180 kg。

2) 第二组(第二至五级)。

第二等级为国际 A 级卡丁车,包括:

(1) 国际 A 级:无变速箱,二冲程发动机 100 mL,汽化器喉管直径 24 mm,活塞行程最小 48.5 mm,最大 54.5 mm,重量 140 kg。

(2) 国际 A 级(少年级):无变速箱、二冲程发动机 100 mL,活塞行程最小 46 mm,最大 54.4 mm,重量 125～130 kg。

第三等级为国际 B 级卡丁车,包括:

国际 B 级:无变速箱,二冲程发动机 135 mL,重量 145 kg。

第四等级为国际 C 级卡丁车,包括:

(1) 国际 C 级:3～6 档变速,二冲程发动机 125 mL,短赛道重量 165 kg,长赛道重量 170 kg。

(2) 国际 C 级"苏丹":无变速箱,二冲程发动机 125 mL,重量 140 kg。

(3) 国际 C 级(少年级):无变速箱,二冲程发动机 125 mL,重量 135 kg。

第五等级为国际 E 级卡丁车,包括:

国际 E 级卡丁车:3 档变速,二冲程发动机 250 mL,重量 160 kg。

卡丁车场地跑道一般不超过 1500 m,宽 8～10 m,直线部分不超过 170 m,弯道不能太多太急。

通常每站进行 A、B 两场比赛,每场取前 10 名成绩,分数分别是 15、12、10、8、6、5、4、3、2、1 分,个人成绩由两场比赛成绩之和决定,车队亦然。

五、其他汽车赛

(一)国际房车锦标赛

所谓房车,一般是指四门五座或双门五座的普通轿车。

国际房车锦标赛是国际汽车联合会(FIA)于 1996 年新设的一项有代表性的国际汽车大赛。

近些年来,汽车比赛越来越专业化,赛车也与日常用车相去甚远,所以人们越来越希望能在比赛中见到自己熟悉或自己开过的日常车型,这也是房车锦标赛能得以生存和发展的重要原因,同时各国的汽车厂商对此也很感兴趣,因为一旦比赛获胜便可以促销本公司的

笔记　汽车。

房车锦标赛所用的赛车必须是来自于制造商年产 2.5 万辆的某种生产车型,为了参赛,车辆可以进行适度的改装,但必须符合 FIA 制定的规则:发动机必须是 2.5 L 的原厂批量生产机型,但可进行提升功率的改装;车身必须保留生产型车身的基本线条,且必须采用原车所有的材料(以防止过度减轻车重);车身重心可降低,使汽车更接近地面,以适应高速行驶;车身的裙部可以改装,以改善空气动力性,车尾也可以加装改善空气动力性的尾翼;车轮可以加宽;可以拆除车内一些设备,以减轻重量,但仪表板必须保持原车形状;整车重量(除驾驶员外)最少要达 1040 kg,车长要超过 4.3 m。

(二)汽车冲刺赛

汽车冲刺赛起源于美国,由于其具有很高的刺激性和娱乐性,因而逐渐在欧洲和日本得到较大发展。到目前为止,汽车冲刺赛还是一种不够规范的汽车比赛,比赛采取两辆车"捉对厮杀"的办法进行逐步淘汰,坚持到最后者为胜。这种比赛的场面非常热闹壮观,比赛时两辆功率奇大无比且奇形怪状的汽车在一条长为 1500 m、宽 30 m 的平直跑道上静止发车,加速行进,以最快的速度通过一段由电子仪器测量的距离(一般为 1/4mi,即 402 m),先到达终点者为优胜者。

(三)老爷汽车赛

每年在世界各地都会举行各式各样的老爷汽车赛,人们驾驶各种稀奇古怪的老汽车参赛。与其他汽车赛不同的是,人们参加老爷汽车赛并不是志在夺魁,而重要的是参与和展示。

老爷车是指出厂日期在 20 年以上的汽车。如 1994 年参加比赛的车必须是 1974 年以前出厂的,资格老的"老爷车"是指 1907 年以前出厂的汽车。一般认为,出厂年份越早,制造数量越少,车子越珍贵。在老爷车比赛中意大利举行的 Mille Miglia 车赛是最有名的。此项比赛首次在 1927 年举行,到 1957 年因发生重大车祸而停办,到 1977 年又恢复。Mille Miglia 车赛的目的是让博物馆中和个人车库中所收藏的名车开出来参加比赛,其路线是从意大利北部的布里西亚出发到达罗马,再回到布里西亚,全程 1600 km 左右。

(四)太阳能汽车赛

太阳能汽车在环境保护和自然能源利用方面存在着巨大优势,日益受到人们的重视,太阳能汽车赛成了这一项新技术的演示会。以往在澳洲和瑞士进行的比赛较有名气,近两年在日本也频频举行国际太阳能汽车大赛,参加比赛的车队范围很广,有来自汽车制造厂、电力公司、电器制造商、大学和俱乐部等。

太阳能车赛一般分为两个组别:当代组和未来组。当代组比未来组限制条件多。如 1992 年日本铃鹿太阳能车大赛要求:当代组汽车太阳能板的总发电量不得大于 800 W,蓄电池只能用铅酸电池;而对未来组的汽车太阳能板的发电量不作限制,只规定该板的尺寸,并且可以使用除铅酸电池以外的各种蓄电池。

笔记

（五）省油车赛

节油是当代及未来汽车的重要课题,省油车大赛就是节油技术的演示会。日本此类竞赛较多,例如,1993 年在铃鹿举行的第 12 届马拉松省油大赛,共有 475 辆赛车在环形跑道上角逐,竞赛的主题是"一升汽油的行驶里程"。其中第一名获得者用 1 L 汽油行驶了 771.3 km(平均车速 34.3 km/h)。台湾也曾举行过超级省油车大赛,所有参赛车辆都是由各大专院校学生自己装配的。

（六）大脚车赛（Monster Truck）

大脚车被称为最疯狂的运动车。在观众的一片狂呼尖叫声中,一辆大脚车像头狂暴的巨兽,扑向一辆显得有些可怜巴巴的小轿车,伴随着"喀嚓!咯吱!"的声音,碎玻璃闪着耀眼的亮光四处飞溅,瞬间小轿车就被碾扁了。接着它又扑向另一辆轿车,场地上又爆发出一阵山呼海啸般的狂叫……。这就是在美国十分叫座的大脚车表演场面。

随着观众观看这种比赛的情绪越来越疯狂,为了迎合人们的口味,大脚车的表演也从单纯地碾碎汽车演变出许多花样来,例如:泥地比赛、沙地拖曳、爬山以及运动场里一对一的较量等。

碾碎汽车是怪物大脚车的特长,过去这项表演都是在较慢的速度下进行的。要碾碎一辆辆排成一排的轿车,不像想象得那么简单,压碎的车高低不平,大脚车从上面驶过常常要冒倾覆的危险。为了防止出现这种情况,驾驶员采取的对策是尽可能以高速跃过前几辆车,将后面的车压碎,然后平安冲上跑道,这样更具有刺激性,使观众一饱眼福,各得其乐。

总而言之,许多新技术、新成果被那些喜欢自己动手改装大脚车的爱好者采用。驾驶着改装的大脚车驰骋在一般越野车难以通过的路面上,特别是将一辆辆旧车碾碎及在泥浆中或山地上角逐,所向披靡,乐趣无穷。

（七）创速度纪录赛

创速度纪录赛是指在某个场地或路段以单车出发创造最高行驶速度纪录的汽车活动。按汽车发动机的工作容积分 A~J 共 10 个级别。历史上著名的创速度纪录汽车主要有下述几辆。

1. 1899 年的"永不满足"号汽车

人类汽车速度首次突破 100 km/h 的大关是发生在 100 多年前的 1899 年,这部创速度纪录的汽车名为"La Jamais Contente"("永不满足")。"永不满足"号是一辆电动汽车,它由两个电动机驱动,最大功率是 29.4 kW,车重 1 452.8 kg,其中用作动力的蓄电池近 300 kg。"永不满足"号有一个子弹状的流线型外形,4 个车轮露在外面,转向机构为舵柄式结构,由于没有驾驶室,驾车者是暴露在风中完成这历史性的 100 km 时速的。

2. 1927 年的"阳光 1000HP"号汽车

1927 年 3 月,该车成为首辆速度超过 300 km/h 的汽车,达到 327.96 km/h。"阳光 1000HP"号装有两台 V12 型 22.4 L 发动机,每台 367.65 kW,这两台发动机前后串联安装。此车在美国佛罗里达州的海滩创造此速度时,由于制动器烧坏,在行驶结束时汽车无法停下来，急中生智的驾驶员把它驶进大海中才避免了事故的发生。

3. 1935 年的"青鸟"号汽车

"青鸟"号的动力是劳斯莱斯 R 型 V12 增压飞机发动机，该机排量为 36.5 L，功率 1690.5 kW。"青鸟"赛车全长 8.5 m，宽为 2.1 m，共有 6 个车轮，带有空气制动装置，尽管结构复杂，但其驾驶室依旧为敞开式的。1935 年 3 月，坎贝尔驾驶这辆"青鸟"在硬沙上第一次跑出了 445.4 km/h 的速度纪录。两个星期后，他在美国犹他州的一个干涸的盐滩上，在 19.3 km 的光滑路面上又创造了 484.5 km/h 的速度纪录。

4. 1947 年的"雷尔顿"号汽车

雷尔顿是一个杰出的创速度纪录的汽车设计者，1935 年创造了 484.5 km/h 车速的"青鸟"号就是他设计的。在二战结束以后，雷尔顿重新设计了一辆以他的名字命名的创速度汽车，它装有两台增压型发动机，发出的功率为 1837.5 kW。该车很好地利用了空气动力学原理，车身形如一滴拉长的泪滴，很符合人们心目中的创纪录汽车形象。1947 年它又创下了 634.26 km/h 的纪录，这一纪录一直保持到 20 世纪 60 年代。

5. 1970 年的"蓝焰"号汽车

由于普通汽车的驱动力是借助于车轮与地面的相互摩擦而产生的，驱动力受到汽车附着力的制约，速度不能无限地提高，634.26 km/h 的纪录已接近这种汽车的速度极限。为了创造新纪录，必须采用像飞机、火箭那样的喷气式发动机。

"蓝焰"号是为一群瞄准火箭发动机的赛车手设计的，它的发动机为火箭发动机，以氢、氧和液化天然气为燃料，这款发动机仅重 340.5 kg，能产生 9 988 kg 的推力，相当于在 965 km/h 速度时能产生 258 720 kW 的功率。

6. 1983 年的"推进 2 号"汽车

创造 1 000 km/h 的速度后，汽车速度越来越难提高了，人们对创造陆上速度纪录的兴趣也有所减退。直到 1983 年，英国人理查德·诺布尔驾驶着一款具有 7 718 kg 推力的"推进 2 号"在一个沙漠内才创下 1 019.25 km/h 的速度。在整整经历了 13 年的时间后，人类才把"蓝焰"号创下的 1 000.79 km/h 的成绩微微提高了 18.46 km/h，这是因为速度超过 1 000 km/h 以后，速度的进一步提升将需要有超过声速的汽车，这不仅要更大的投资，还需要更加精密的技术，难度非常大。

7. 1997 年的"推进"号汽车

1997 年 10 月 15 日，在美国内华达州黑石沙漠，英国人理查德·诺布尔设计的"推进"号 (Thrust SSC) 高速汽车，在英国皇家空军歼击机驾驶员安德鲁·格林的驾驶下创造了 1 227.99 km/h 的超声速新纪录，这是目前世界上最高的汽车陆地行驶速度。这辆推进号汽车装备了一台由劳斯莱斯公司生产的装在美军 F4 鬼怪战斗机上的斯佩 202 型喷气式发动机，总功率达 79 046 kW，相当于 1000 辆中型汽车的功率之和，或者 145 部一级方程式赛车的功率总和，在 16 s 内可加速到 1 000 km/h。

任务 4.2　品味汽车时尚

知识目标
- 能够收集各种汽车俱乐部相关信息。
- 能够收集各种汽车展览会相关信息。
- 能够对公认的世界十大汽车城相关知识有所了解。

能力目标
- 能够运用所学知识，理解汽车时尚的内涵，并能向客户介绍各种汽车俱乐部、汽车展览会的历史渊源和发展历程。

情境描述

1995 年中国成立第一家汽车俱乐部——大陆汽车俱乐部，简称 CAA 大陆救援。大陆汽车俱乐部以全国汽车道路救援为起点，建立全国综合性的汽车服务管理平台。2003 年 CAA 大陆汽车俱乐部成为澳大利亚保险集团 IAG 的全资子公司。2006 年 CAA 全国道路救援网络覆盖全国 31 个省，4 个直辖市，561 个城市。现在已经发展全国网络合作伙伴 1880 家，全国道路服务网络覆盖全国 1～5 级城市的 95％以上车辆。CAA 大陆汽车俱乐部除了开展救援服务这一核心业务之外，更加深入地发展汽车后市场，为会员及合作伙伴提供更多的便利和多元化的服务。现在大陆汽车俱乐部已有的服务包括救援服务、保险服务、车检代缴费用服务、技术咨询及俱乐部自驾，趣味讲座等活动，丰富了 CAA 大陆救援会员的服务范围。

任务剖析

汽车爱好者聚合在一起，切磋驾驶技术、交流爱车心得、结伴驾车出行、讨论修理技术、寻觅配品备件、互相救助救援。这种实践的凝聚力催生了汽车俱乐部，这样的结果，也决定了汽车俱乐部的本质：在特定的人群中，互助合作办事情，会员制是其必然的结果。

经由"世界汽车工业国际协会"所认定及国际社会普遍所公认的法兰克福、东京、底特律、日内瓦、巴黎等汽车展览会场，皆具有历史性与自我特色。故历届汽车展览会场所展示的概念车型，不仅显示出未来汽车的发展趋势与导向，更将汽车制造工业最先进的技术与最前卫的设计发挥得淋漓尽致。

任务载体

对于理解汽车时尚的含义对很多初学者来说是比较困难的。那我们通过几个例子来体会一下：

例 1：ACI 意大利汽车俱乐部集团，成立于 1905 年，公开声明自己是法定的非营利组织,但却是一个上市公司。拥有 106 家汽车俱乐部,11 个全资公司,7 个参股公司,经营范围涉及:旅游、保险、通信、出版物、传媒、救援、汽车运动、二手车评估等各个领域。13 个分支机构遍布意大利全国。

受国家委托,从 1927 年开始,机动车登记及国家车辆信息数据库管理由 ACI 负责,并监控车辆征税状态。数据库资源无偿为国家服务。

ACI 的会员每年交纳 70 欧元的会费,可以得到免费救援、安全驾驶培训等服务,倘若会员通过该集团所属的保险公司购买保险,不仅可以达到 20% 的优惠,还可以得到每年 2～4 次的免费救援服务。

例 2:法兰克福车展是世界规模最大的车展,有"汽车奥运会"之称。每两年举办一次的法兰克福国际车展一般安排在 9 月中旬开展,为期两周左右。参展的商家主要来自欧洲、美国和日本,尤其以欧洲汽车商居多。由于法兰克福地处德国,唱主角的自然是德国企业,这似乎与底特律车展、东京车展的地域性如出一辙。德国是现代汽车的发源地,是奔驰、大众、宝马等大牌公司的老家,法兰克福车展正是他们一展身手的好机会。

相关知识

一、汽车俱乐部

1886 年 1 月 29 日,德国工程师卡尔·本茨发明了世界上第一辆三轮内燃机汽车,获得了德意志专利局颁发的注册号码为 NO.37435 的汽车专利证书,这一天被公认为汽车诞生日,至今已有 126 年。

随着汽车的诞生,1897 年英国成立了世界上最早的汽车协会——皇家汽车俱乐部,即现在的 R.A.C 前身,随后 1902 年美国 AAA 汽车俱乐部、1904 年 FIA 国际汽车联合会、1905 年 ACI 即意大利汽车俱乐部等相继诞生,世界上最早的汽车俱乐部至今度过了百年诞辰。

百年来世界经济日益繁荣,而汽车产业作为各国经济发展的火车头已经是无可置疑的事实。俗称美国是轮子上的国家,汽车成为美国人生活的一部分、文化的一部分。在欧洲,德国的汽车"梅赛德斯-奔驰"、"BMW"等驰名品牌汽车是全世界高档汽车的标准与标杆。

人们对汽车的需求与企盼不仅推动了汽车生产,同时推动汽车后服务市场的发展,为了满足车主不断提升的服务需求,汽车俱乐部扮演了汽车后服务市场提供服务的主角,但这样的角色是演变而来的。

汽车作为一个新事物的出现,免不了出现一批忠实的、热心的"粉丝"——汽车迷,他们聚合在一起,切磋驾驶技术、交流爱车心得、结伴驾车出行、讨论修理技术、寻觅配品备件、互相救助救援。这种实践的凝聚力催生了汽车俱乐部,这样的结果,决定了汽车俱乐部的本质:在特定的人群中,互助合作办事情,会员制是其必然的结果。

历史是最好的老师,回顾历史,察看历史留下的脚印,来验证汽车俱乐部的过去、现在与未来。

美国汽车协会(全称 American Automobile Association,简称 AAA)。1902 年 3 月,9

个汽车俱乐部在芝加哥召开会议,宣布成立美国汽车协会,并接纳了1 000个会员。目前,全美69个地区俱乐部为其成员,现有会员4 800万,初级会员年费为70美元。100多年来,AAA服务范围和种类不断扩大,目前有以下几项主要服务:出行服务、会员服务、预订服务、金融服务、保险服务,汽车救援服务作为汽车主要服务嵌入到上述各项特色服务之中。

1995年中国成立第一家汽车俱乐部——大陆汽车俱乐部,简称CAA大陆救援。大陆汽车俱乐部以全国汽车道路救援为起点,建立全国综合性的汽车服务管理平台。2003年CAA大陆汽车俱乐部成为澳大利亚保险集团IAG的全资子公司。2006年CAA全国道路救援网络覆盖全国31个省,4个直辖市,561个城市。现在已经发展全国网络合作伙伴1 880家,全国道路服务网络覆盖全国1~5级城市的95%以上车辆。CAA大陆汽车俱乐部除了开展救援服务这一核心业务之外,更加深入地发展汽车后市场,为会员及合作伙伴提供更多的便利和多元化的服务。现在大陆汽车俱乐部已有的服务包括救援服务、保险服务、车检代缴费用服务、技术咨询及俱乐部自驾、趣味讲座等活动,丰富了CAA大陆救援会员的服务范围。

俱乐部现状及各国俱乐部:

ADAC全德国汽车俱乐部,现有1 500万会员,成立于1903年,是一家企业化运作、非营利性、混合性的组织。拥有保险、空中救援、旅游、通讯、汽车金融、汽车运动等领域的经营性公司18个,然而最基本的汽车救援等服务是以会员制的方式,收取少量的年费,服务时不收费或少收费向客户提供的。

ADAC也是AIT(国际汽车旅游联盟)与FIA(国际汽车协会)的双重会员。ADAC在德国各地共设有18个地区性汽车俱乐部,会员数量超过1 500万,仅次于拥有4 800万会员的美国汽车俱乐部。

ADAC拥有救援直升机39架、27个直升机站,自成立以来,执行过130万次的救援任务。

ADAC在海外,包括:美国、加拿大、欧洲各国等国,拥有16个海外会员救援呼叫中心,配备德语为母语工作人员,为会员提供各种(包括医疗在内)救助。

ADAC追求高质量的救援网络建设,除不断完善自有的网络拓扑外,发展了4 100个合作伙伴,与他们签订特约服务合同,建立通讯联系、疏通指挥渠道,巩固、发展合作伙伴关系,实现更加有效、及时地向公众提供服务的目的。

ACI意大利汽车俱乐部集团,成立于1905年,公开声明自己是法定的非营利组织,但却是一个上市公司。拥有106家汽车俱乐部,11个全资公司,7个参股公司,经营范围涉及:旅游、保险、通信、出版物、传媒、救援、汽车运动、二手车评估等各个领域。13个分支机构遍布意大利全国。

受国家委托,从1927年开始,机动车登记及国家车辆信息数据库管理由ACI负责,并监控车辆征税状态。数据库资源无偿为国家服务。

ACI的会员每年交纳70欧元的会费,可以得到免费救援、安全驾驶培训等服务,倘若会员通过该集团所属的保险公司购买保险,不仅可以达到20%的优惠,还可以得到每年2~4次的免费救援服务。

日本汽车联合会(Japan Automobile Federation,简称JAF),成立于1962年,现有会员

1720万,基本会费每年2000日元。

日本汽车联合会也公开称自己为公众组织,他们的宗旨:为增强驾车人的安全与提高安全意识服务,努力改善驾驶安全与公共交通环境与秩序。这样的宗旨还体现在他们提出的三原则之中,即:面向服务的原则;面向挑战的原则;开放的原则。

也即是说,为会员服务是该机构的第一宗旨;不断改进服务,面向新的挑战,是提高为会员服务质量的根本;保持与会员的联系,利用各种手段与机会创造一个透明的运行环境,使会员充分地了解自己,向会员开放,是该机构不断发展,保持生命力的根本。

考虑到在21世纪,现在十六七岁的青少年,将是摩托化社会的骨干。日本汽车联合会别具特色开发了面向个体会员、家庭会员、十六七岁青少年,满足不同人群、不同需求、不同内容的服务,兑现了他们的服务宗旨。

2004年数据表明,年救援量为302万次。

澳大利亚汽车协会(The Australian Automobile Association ,简称AAA)成立于1924年,由8个州和地区的俱乐部组成,现有会员620万人。

协会的宗旨是:让所有的成员保持汽车服务领域的世界一流水平。使命是:提高驾车人对公共政策的影响力,推动会员有效地利用俱乐部。

"新车碰撞试验程序与检测标准"项目是否能代表驾车人的利益,是俱乐部是否站在驾车人立场上的一个重要标志。ANCAP(Australian New Car Assessment Program)是AAA代表公众利益设立的一项试验项目。不同年份、不同车型的新车碰撞检测的结果被公开在网站上,任何人均可以查阅。

AusRAP(The Australian Road Assessment Program)作为ANCAP的姐妹项目,它的作用是要绘制一张道路风险图,告知驾车人、提示驾车人,某种道路、某条高速公路的事故风险率,以保障安全出行。该系统每年将实际发生事故的数据:死亡人数、伤害人数,事故类型等进行统计分析,作出报告,并公示给社会大众。

澳大利亚汽车协会从2000年至2005年六年间,共向会员、政府或相关部门提出咨询建议或提案28件,2003年提案9件,是2005年有6件。涉及地方铁路与道路网络的出入口衔接问题、生物燃料问题、俱乐部年度预算等诸多内容。充分体现了该组织的宗旨,代表会员行使了对公共政策的影响力,实实在在站在了消费者一边。

各种具体的服务与活动是通过NRMA、RACV、RACQ、RAA、RAC、RACT、AANT、RACA等八个州或地区俱乐部落实的。提供的各类服务与美国AAA向车主提供的各种服务类似。

成立于1920年的NRMA是最大的实体,有240万会员,拥有500辆救援车,现代化呼叫中心每年的救援呼叫量达280万次。路面救援到达时间45分钟以内,恢复行驶率高达94%。1999年12月澳大利亚NRMA与CAA合资,开启中国CAA国际进程,2000年8月NRMA在ASX成功上市,并命名为IAG。

二、世界五大汽车展览会

经由"世界汽车工业国际协会"所认定及国际社会普遍所公认的法兰克福、东京、底特律、日内瓦、巴黎等汽车展览会场,皆具有历史性与自我特色。故历届汽车展览会场所展示的概念车型,不仅显示出未来汽车的发展趋势与导向,更将汽车制造工业最先进的技术与最前卫的设计发挥得淋漓尽致。

(一)德国法兰克福车展

德国法兰克福车展是世界最早举办的国际车展。法兰克福车展(Internationale Automobil Ausstellung)前身为柏林车展,创办于1897年,1951年移到法兰克福举办,每年一届,轿车和商用车轮换展出。

法兰克福车展是世界规模最大的车展,有"汽车奥运会"之称。每两年举办一次的法兰克福国际车展一般安排在9月中旬开展,为期两周左右。参展的商家主要来自欧洲、美国和日本,尤其以欧洲汽车商居多。由于法兰克福地处德国,唱主角的自然是德国企业,这似乎与底特律车展、东京车展的地域性如出一辙。德国是现代汽车的发源地,是奔驰、大众、宝马等大牌公司的老家,法兰克福车展正是他们一展身手的好机会。

这个车展的地域色彩很强,可能因为是名车发源的老家,靠近各大车商总部,看法兰克福车展的欧洲老百姓不但拖家带口、人山人海,而且消费心理非常成熟,汽车知识了解得很全面。车展上,各种品牌新车很多,参观者挑选车型重视的是科技的发展、汽配零部件质量,甚至是维修问题、售后市场产品,理性实用的成分居多。不仅如此,法兰克福车展还富有"专业精神",像入选2009年车展两大"最高创新奖"的产品都是汽车零部件。

与国内展览相比,展商们更易节省设备市场费用、运输时间和费用,所以运用的高科技手段也比较多,但成本也更高,因为要使用大型互动媒体演示、模拟驾驶、亲身体验等。不像现在国内有些展览,只展出一些大众喜闻乐见的车型,展台还要用绳子围起来,观者不能入内。

1897年于德国柏林的Bristol旅馆举办了一个小规模车展,尽管当时只有八辆汽车参展,但其依然被喻为法兰克福车展的前身。在1911年之前,类似的展会每年都会举办一次。就这样,Internationale Automobil Ausstellung开始打出名号,并渐渐演变成德国汽车界的一大盛事,同时也开始为世界汽车厂商所关注。然而在第一次世界大战开打之后,IAA不得不停止举办,直到1921年才再度于柏林举办,与会共有67家车商,展出一百多辆汽车,以当时的规模来说,已是空前绝后。

1939年IAA在二次世界大战开战前最后一次举办车展,第二十九届展览吸引了82.5万参观人次,同时,大众汽车也在这一次展览中首度亮相,那一辆车就是在世界车坛占有重要地位的甲壳虫。1951年德国法兰克福首度举办车展,1951年4月,位于法兰克福的展览会场总共吸引了57万人前来观赏。

(二)美国底特律车展

底特律国际汽车展SAE World Congress是由美国汽车工程师协会组织的当今世界上最具权威的汽车业盛会,是目前世界上最大的汽车专家年会,也是世界各国顶级汽车制造商及配件商的年度交流盛会。在底特律市的科博会议展览中心举办,每年举办一届,至今已有50多年的历史。

2012年美国汽车工程师学会世界大会及汽车零件展览会已成为世界汽车生产商领袖

高峰会,也为汽车配件商寻求合作提供难得的机会。该展会是全球最大的 OEM 盛会,对于 OEM 企业来说绝对是不容错过的盛会。

美国汽车工程学会(Society of Automotive Engineering,简称 SAE)成立于 1905 年,是国际上最大的汽车工程学术组织。研究对象是轿车、载重车及工程车、飞机、发动机、材料及制造等。SAE 所制订的标准具有权威性,广泛地为汽车行业及其他行业所采用,并有相当部分被采用为美国国家标准。目前 SAE 已拥有 97 个国家的超过 90 000 名成员,每年新增或修订 600 余个汽车方面及航天航空工程方面的标准类文件。

SAE 组织多年来通过举办论坛以促进产业关系发展,并将一直持续下去。在这里,大量杰出的专业人士和机构都秉有一个共同的信念——不断创新和可持续发展。每年,这个备受关注的群体都聚集在 SAE 世界大会,为寻求双赢关系和未来成功创造更加完善的环境。

(三)瑞士日内瓦车展

日内瓦汽车展览是每年三月在瑞士日内瓦举行的汽车展览,也是全球重要的车展之一。该车展的展览地点是位于日内瓦国际机场旁的日内瓦 Palexpo 展览会议中心,主办单位是世界汽车工业国际协会。

该车展首次于 1905 年举行,当时展出所有汽车工业历史上主要的内燃机,以及以蒸气带动的汽车。由于该车展在全球占有举足轻重的地位,众家汽车制造商常选择在该车展公开发表自家的最新研发科技、超级跑车、概念车等,以争取镁光灯的焦点。

日内瓦车展是欧洲唯一每年度举办的大型车展。是各大汽车商首次推出新产品的最主要的展出平台,素有“国际汽车潮流风向标”之称。日内瓦车展在展览面积 7 万多平方米的室内展馆举行,面积虽然不大,却是生产豪华轿车的世界著名汽车生产厂家的必争之地!车展期间,日内瓦大小饭店均告客满,由于人数众多,许多人不得不住到洛桑、苏黎世、伯尔尼等城市,甚至住到邻近的法国。因此,给这些地方带来不菲的旅游收入。日内瓦车展上的展品不仅是各汽车厂家最新、最前沿的产品,而且参展的车型也极为奢华。由于各大公司纷纷选择日内瓦车展作为自己最新最靓的车型首次推出的场所,这就为日内瓦车展博得了“国际汽车潮流风向标”的美誉。

一般的国际车展虽然名为“国际”,但在展馆的面积、配套设施的水准上都会向东道国倾斜,东道国的汽车厂商往往会占去 1~2 个展馆。但在日内瓦车展上,人们看不到这种特别的“眷顾”。无论是汽车巨头还是小制造商,都可以在日内瓦车展上找到一席之地,就连各类车展的资料,也被“一视同仁”地印成了英语、法语、德语等几种版本。

汽车与生态、环保的关系,是日内瓦车展上“常青”的话题。在日内瓦车展上,全球汽车厂商不仅将他们的最新产品公之于众,也越发注重生态环保理念。2009 年起,主办方专门为电动车、使用生物燃料或清洁燃料的新能源车辆辟出展区,名为“绿厅”。2012 年,20 余款低能耗、使用混合动力或全电动的“绿色”汽车出现在“绿厅”。除传统车辆和新能源车辆外,特殊车身设计、改装车辆、汽车保养维修、各项与汽车工业相关的零件与服务也是日内瓦车展的重要内容。

（四）东京车展

东京车展是世界五大车展中历史最年轻的,创办于 1954 年,逢单数年秋季举办乘用车展览,双数年为商用车展览,是亚洲最大的国际车展,历来是日本本土生产的各种千姿百态的小型汽车唱主角的舞台。日本东京车展身为具有国际性质的汽车展览,自然成为世界各大汽车公司选择新型车辆首次公开的场所之一。近年,该车展被媒体注目的焦点开始转往"零件馆"(部品馆)部分,遂成为"东京车展"的特色之一。

但是,除了有输入车辆到日本的韩国及台湾部分企业之外,其他亚洲地区各国在参展方面是相当消极的。

近年来,东京车展主题从以前的"休闲娱乐"转为重视"环境保护"和"安全科技"的方面。这些建议的倾向与需求的解决方案,也一年比一年强烈。而且,观念正从"展示的汽车展览"转变成"参加的汽车展览",参观者加入体验车辆试乘会和专题研讨会,促使成为积极回应、多样需求的汽车展览。

东京车展早期(第 1 届~第 4 届),展览都在室外会场日比谷公园举行,场地面积 4 389m²。隔年(第 5 届),因为日比谷公园的地下铁与地下停车场工程,使得展览转移到与后乐园棒球场紧邻的后乐园自行车竞赛场举行。之后(第 6 届~第 27 届),改换在晴海的东京国际见本市会场举办。比起之前日比谷公园的场所,会场扩大 3 倍,展示间隔的面积也扩大 2 倍。现在(第 27 届至今),改在千叶县千叶市的幕张展览馆举行。目前,所使用的展场面积为 40 839m²,跟最早期相比较之下,整整扩大约 10 倍之多。是目前世界最新、条件最好的展示中心。

1999 年的东京车展创下了参观人数达 140 万的世界纪录,足见它的热闹程度。与其他西方大型车展相比,日本车展更具有亚洲的东方风韵。日本厂商的多款造型小巧精美、内饰高档的车总能成为车展的主角。

（五）巴黎车展

作为浪漫之都的巴黎,它的车展如同时装,总能给人争奇斗艳的感觉。该车展起源于 1898 年的国际汽车沙龙会,直至 1976 年每年一届,此后每两年一届。在当年的 9 月底至 10 月初举行。1998 年 10 月,巴黎车展恰逢百周年,欧洲车迷期待很久的巴黎"百年世纪车展"以"世纪名车大游行"方式,让展车行驶在大街上供人观赏。法国的汽车设计一向以新颖独特著称于世,富于浪漫和充满想像力的法国人,总是在追求最别具一格的车型、风一般的速度和最舒适的车内享受,这些法国人的嗜好,都在巴黎车展中显露无遗,使得巴黎车展始终围绕着"新"字作文章。与此同时,巴黎车展也是概念车云集的海洋,各款新奇古怪的概念车常常使观众眼前一亮。第一届巴黎车展共有 14 万人参加。2000 年,参展人数增长了 10 倍,达到了 140 万人,其中包括来自 81 个国家的 8 500 名记者。2002 年法国巴黎国际车展持续 16 天,迎来世界的 5 000 多名记者和 125 万观众。据统计,巴黎车展直接收入约 85 亿法郎,实现交易额 1 500 亿法郎。

法国是汽车的发源地之一,世界上第一次车展也是在法国举行的。因此,作为国际五大汽车展览之一,巴黎车展一直在汽车业界具有很大的影响力,对推动汽车业界的发展起到十

笔记

分积极的作用。

1898年，一个国际性的展览在杜乐丽花园举行，那是当年巴黎最大的一件盛事，有超过14万人参观了首次车展。自1923年开始，车展改在10月的第一个星期三，这一惯例一直延续到今天的巴黎车展。自1976年始，巴黎车展定为两年举行一次，以适应大部分汽车制造商的要求。与法兰克福车展相对应，巴黎车展在偶数年中举行，并且有私人用车和工程车辆参展，而自行车和摩托车展则改在奇数年举行。

巴黎车展对法国汽车发展的贡献，无法用数字统计。据不完全统计，每年法国巴黎直接收入达85亿法郎，旅馆、交通、旅游等方面的间接消费更接近250亿法郎。各国展商实现的交易额高达1500亿法郎。

巴黎车展展示了从汽车设计到维修的全部技术和设备，囊括了整个汽车工业，为工商贸参展商和参观者提供了极好的商业活动场所，使与会者感兴趣的有关技术、工艺、商业及行业远景方面的各种问题均能在此找到满意的答案，是名副其实的汽车工业技术及服务的国际性盛会。

巴黎车展是开放的车展，只要是欧洲接受的车型，无论制造厂商规模大小如何，在巴黎车展上都受欢迎。巴黎车展对所有参展商一视同仁，提供相同的服务。例如，其他的几大车展都会偏向本国的参展企业，而巴黎车展给国外参展商提供充分的空间。

另外，巴黎车展的内容囊括了整个汽车产业链，不像其他车展主要是以私家车展为主。巴黎车展设有包括商用车及专用车展厅（展出面积约占总面积10％）、汽车电子产品及其他配件专区、运动和竞技汽车区、新能源和服务商（汽车金融、保险、租赁等）专区、二手车展区、汽车发展史专区及免费活动专区。每个专区的内容都很精彩，像二手车展示是巴黎车展的传统项目，车展上的私家车是不能够直接购买的，但是在二手车专区，观众可以随意挑选自己喜欢的汽车，并且当场开回家。观巴黎车展，五大洲四大洋的厂商都可以到巴黎车展"秀"一把——巴黎车展就像是世界汽车的舞台。

三、世界十大汽车城

1. 美国底特律

底特律位于密歇根州东南部的底特律河畔，与加拿大安大略省的温莎隔河相望，是世界最大的汽车工业中心，号称"世界汽车之都"。底特律河穿过闹市区，河畔耸立着一座72层的建筑物，即"复兴中心"。它是汽车城底特律的象征。美国通用汽车公司、福特汽车公司和克莱斯勒汽车公司的总部都在此地。全美1/4的汽车产于这里，全城442万人口中约有91％的人靠汽车工业为生。汽车制造业为城市工业的核心部门，与汽车制造业有关的钢铁、仪表、塑料、玻璃以及轮胎、发动机等零部件生产也相当发达，专业化、集约化程度很高；汽车年产量约占全国的1/4；从业人口近20万，约占全市职工总数40％以上；市内有福特、通用、克莱斯勒和阿美利加4家美国最大的汽车制造公司的总部及其所属企业。

2. 日本丰田市

此城原名爱知县，因丰田公司建于此而闻名于世，有"东洋底特律"之称。全城从业人员均服务于丰田公司，年满20岁的职工即可分到1辆丰田汽车。丰田市的出口港是名古屋，建有世界第一的最高容量为5万辆的丰田汽车专用码头。丰田市总人口695.5万，其中丰田汽车公司及其子公司的人员、家属占62%。丰田公司有10座汽车厂,生产几十个系列的轻重型汽车。此外,它还有1240家协作厂。全公司每个职工平均年产值13万美元,居世界之首。

3. 德国斯图加特

斯图加特是德国西南重镇,它位于内卡河中游河谷地带,是巴符州首府,面积207km²,全城人口60万。斯图加特每年要接待14万来自世界各地的汽车用户和汽车商以及参观旅游的人,誉满全球的"奔驰"和"保时捷"汽车就是在这里生产的。

著名的奔驰和保时捷公司的总部都设在这里。奔驰汽车制造业是斯图加特的主体工业,在斯图加特几乎家家都有奔驰车。参观奔驰、保时捷博物馆和奔驰汽车制造厂是游客游览斯图加特的重要内容。

4. 意大利都灵

意大利最大的汽车集团菲亚特公司总部所在地,全城有120万人口,其中30多万人从事汽车工业,每年生产的汽车占意大利总产量的75%。1899年,菲亚特公司在都灵创立,成为意大利第一个汽车公司,现发展为世界第七、欧洲第二大汽车厂商,年产量达到200多万辆。菲亚特汽车的特点是技术先进,造型美观,装备齐全。

5. 德国沃尔夫斯堡

大众汽车公司所在地沃尔夫斯堡市也称狼堡,位于德国下沙克森州,总面积310km²,人口约13万。欧洲最大的制造厂商——大众集团总部就坐落于此。自从大众集团1934年成立以来,带动了城市的发展,1938年,该市作为德国当时现代化的汽车城而兴建起来,开始逐步成为德国北部的工业重镇和欧洲最大的汽车制造中心。现在狼堡市民中的40%都在大众汽车厂上班,大众集团在狼堡的员工达5万人。

6. 日本东京

东京是日本的首都,也是世界最大的城市之一。著名的汽车公司日产、本田、三菱、五十铃公司总部均设在此地。日产公司在东京的雇员总数近13万人,公司可年产汽车320万辆。本田公司雇员总数达11万人左右,年汽车产量已高达约300万辆。

7. 法国巴黎

巴黎,除了它举世瞩目的浪漫、时尚奢侈品外,也以总部设在此的法国最大汽车集团公司——标致-雪铁龙公司而闻名。标致汽车公司创立于1890年,创始人是阿尔芒·标致。1976年标致公司吞并了法国历史悠久的雪铁龙公司,从而成为世界上一家以生产汽车为主,兼营机械加工、运输、金融和服务业的跨国工业集团。标致汽车公司的总部在法国巴黎,汽车厂多在弗南修·昆蒂省,雇员总数为11万人左右,年产汽车220万辆。

8. 英国伯明翰

利兰汽车(Leyland)公司所在地,是仅次于伦敦的英国第二大城市。该市市区面积256平方公里,人口26.5万。如今的伯明翰是英国的汽车城,世界各大汽车生产厂商在这里都设立了公司,使它的工业产值占全国工业产值的1/5,并享有"世界车间"之美称。

9. 德国吕塞尔海姆

吕塞尔海姆是美国通用汽车公司最大的海外子公司——亚当·欧宝汽车公司总部所在地,欧宝是通用在欧洲最大的子公司。欧宝汽车公司有雇员人数5.9万,年产量100多万辆。2000 年,欧宝投资 15 亿欧元在欧宝原厂旁边兴建新工厂。经过仅仅两年的建设,吕塞尔斯海姆新工厂于 2002 年 1 月 7 日投产。欧宝吕塞尔斯海姆工厂目前拥有 18 300 名工人,其中生产工人 4 500 人,开发设计人员 7 000 多人,其余为管理人员,最高日产量可达 1 100 台。一辆汽车从冲压开始到组装完毕只需 15 小时。现代起亚的欧洲研发中心也设在了吕塞尔海姆市。

10. 法国比扬古

雷诺汽车公司所在地。比扬古地处塞纳河河畔的布洛涅森林之南,人口约 10.3 万人。第二次世界大战期间,雷诺为德国法西斯生产武器和军火,1944 年 9 月被法国政府接管,路易·雷诺被惩处,1945 年收归国有。从 1970 年起,公司允许雇员购买公司股票,但最高不能超过 25%,此后,公司迅速恢复和发展,逐步实现了经营多样化。

任务4.3 鉴赏汽车色彩

知识目标

● 能收集汽车整车车身颜色种类的相关信息。

● 能判别汽车整车车身颜色的流行趋势。

● 能知道汽车整车车身颜色的特殊取名方式。

能力目标

● 能够运用所学汽车色彩相关知识,理解汽车色彩在汽车上的特别作用,并能向客户介绍汽车各种悦耳动听的车身颜色、车身颜色的流行趋势。

情境描述

随着汽车工业的发展和汽车数量的不断增加,汽车色彩对城市道路的美化、对人们的精神感染力已成为不容忽视的问题。此外,研究驾驶员的色觉从而为他们提供舒适安全的操作环境也十分重要。现在,汽车车身颜色已告别单一,走向多元。

任务剖析

美国消费者如果不能找到自己喜欢的颜色,40%的人会转而选择其他品牌。通用汽车当然不愿意因为自己的凯迪拉克或者雪佛兰汽车仅仅是因为没有合适的颜色,就失去客户。因此努力开发高科技含量的末道漆工艺,这种工艺能让汽车更加好看,在未来也会成为最流行的汽车涂装工艺。通用汽车公司的做法是在车身涂料中加入微小的金属片,这样,车身在不同角度光线下会呈现不同的颜色。这一技术首先应用在凯迪拉克新款DTS轿车上,该款车的钛灰色在不同角度会呈现出绿色或者紫罗兰色。尽管这种涂装工艺导致车辆成本增加大约1000美元,但是钛灰色的DTS轿车在该款车的总销量中占了9%,而普通灰色的汽车只占到6%。

任务载体

对于汽车整车车身颜色的种类、作用及其流行趋势,我们可以通过几个例子来体会一下:

例1:流行色彩是指在一定的时期内被人们广泛采用的颜色。汽车的"流行色"与服装的"流行色"一样,具有时间性、区域性和层次性。汽车流行色彩有其自身的发展规律,追求新鲜感是流行色彩的原动力。大量的资料表明,汽车的流行色彩呈现周期性的变化,其新鲜感周期大约为一年半左右,交替周期大约是三年半左右。

例2:汽车颜色和安全行车有很大的关系。因为颜色本身具有收缩性和膨胀性,不同颜色相同体积的物体,会产生体积大小不同的感觉,如红色、黄色具有膨胀性,称膨胀色;蓝色、

笔记

绿色具有收缩性，称收缩色。如果有红色、黄色、蓝色、绿色共 4 辆汽车与观察者保持相同的距离，在视觉上观察，看上去红色车和黄色车离观察者近一些，而蓝色和绿色的轿车离观察者较远一些。

例 3：汽车色彩的名称取得都很悦耳，通常以著名地名或形似色进行命名，如宝石蓝、富贵黄、皓白、蔷薇红、更射银、元黑等，因此，汽车颜色的命名显得很有文化的底蕴，而且各种品牌车型都有自己的车身颜色谱系。

相关知识

色彩一直是人们所探索的亘古不变的主题，随着汽车工业的发展和汽车数量的不断增加，汽车色彩对城市道路的美化、对人们的精神感染力已成为不容忽视的问题。此外，研究驾驶员的色觉从而为他们提供舒适安全的操作环境也十分重要。现在，汽车车身颜色已告别单一，走向多元。汽车外观在一片姹紫嫣红中已逐渐失去了它的钢铁本色。

一、汽车车身颜色的种类及其特性

汽车车身颜色的种类

（1）银灰色。这种颜色的汽车是最能反映汽车本质的颜色。银灰色具有金属的质感，给人以整体感很强的感觉，银灰色也很具有科技感。更深一些的银灰色，则显得很炫酷。银灰色比较耐脏，在多尘的环境中适应性很强。但银灰色和路面的颜色比较接近，银灰色汽车不醒目，尤其是在视线不太良好的天气，增加了驾驶的危险性。银灰色汽车最具人气，主要代表车型有宝马三系、大众高尔夫。

（2）白色。白色给人以明快、活泼、纯净的感觉，白色是中性色。白色汽车在炎热的夏季能反射光线，在北方多尘的天气里也比较耐脏，其缺点是在使用几年之后，白色漆会逐渐氧化而变得发黄。近年来流行的珍珠白色、珠光白色具有很强的质感，也不易褪色。另外，白色是膨胀色，使体积较小的汽车显得较大。在日本，20 世纪 80 年代，有白色汽车代表高级汽车的说法，白色车的销量曾经占到总销量的 70%。主要汽车代表车型有：大众尚酷、本田思域。

（3）黑色。黑色代表保守和自尊，代表新潮和性感，给人以庄重、尊贵、严肃的感觉。黑色也是中性色，容易与外界环境相吻合，但黑色汽车车身不耐脏，有一点灰尘就能看出来。黑色一直是公务车最受青睐的颜色，高档黑色汽车显得气派十足。

（4）红色。红色包括大红、枣红，这种颜色给人以跳跃、兴奋、欢乐的感觉。红色是放大色，同样可以使小车显得体积很大。跑车或运动型车非常适合采用红色车漆，众所周知的法拉利红，是意大利人热情奔放的象征。红色还具有很强的警告作用，因此被用作消防车的标准涂装。稍暗的红色则更适合于普通街车，并且很讨年轻女性用户喜欢。红色汽车的代表车型主要有法拉利、标致 307 等。

（5）蓝色。蓝色是天空和大海的颜色，代表了一种从容、淡定，浅蓝色更给人以宁静的感觉，因此，浅蓝色也是环保的象征，深蓝色则具有稳重的特质。不过蓝色色系的汽车在国内并不多见，除了几个走时尚路线的亮蓝色小型车，中大型车多以藏蓝色为主。蓝色汽车的代表车型主要有丰田 FJ 酷路泽、马自达 6 等。

（6）黄色。黄色给人以欢快、温暖、活泼的感觉。黄色是扩大色，在环境视野中很显眼，跑车选用黄色非常适合，小型车采用黄色也非常适合。出租车和工程抢险车都使用黄色漆，一是便于管理，二是便于人们容易发现。但私家车选用黄色的不多。主要代表车型有兰博基尼、福特新嘉年华等。香槟色是黄色派生出来的金属漆颜色，现在非常流行。阳光下会散发着黄金一般的迷人光彩。浅香槟色具有雍容华贵的感觉，常见于一些高档座驾，而较深的香槟色则以沃尔沃的古铜色为代表。代表车型主要有大众汽车的 CC、沃尔沃 XC60 等。

（7）绿色。浅淡且颜色鲜艳的绿色有较好的可视性，这是大自然中森林的色彩。驾驶具有绿色金属漆的牧马人 SUV 汽车，则更显得具有回归自然的意境。现在，在微型车领域，绿色车漆也一改以前邮政车般僵硬的色调，以偏暖的荧光绿等形式出现，使得汽车极具个性。代表车型主要有 JEEP 牧马人、雪佛兰乐驰等。

二、汽车车身颜色与安全

汽车颜色和安全行车有很大的关系。因为颜色本身具有收缩性和膨胀性，不同颜色相同体积的物体，会产生体积大小不同的感觉，如红色、黄色具有膨胀性，称膨胀色；蓝色、绿色具有收缩性，称收缩色。如果有红色、黄色、蓝色、绿色共 4 辆汽车与观察者保持相同的距离，在视觉上观察，红色车和黄色车离观察者近一些，而蓝色和绿色的轿车离观察者较远一些。

有统计表明，在发生事故的轿车中，蓝色和绿色占最多，黄色的最少。银灰色汽车车身不但看上去有品位，而且银灰色是浅颜色中最能避免车祸的，特别是在晚上，这种颜色可以反射灯光光线，更容易令其他周围驾驶人注意到。

汽车内饰的颜色选择也同样影响着行车安全，因为，不同的内饰颜色选取对驾驶员的情绪具有很大的影响。采用明快的内饰配色，能给人以宽敞、舒适的感觉；红色内饰容易引起视觉疲劳；浅绿色内饰可放松视觉神经。

三、汽车车身色彩流行趋势

流行色彩是指在一定的时期内被人们广泛采用的颜色。汽车的"流行色"与服装的"流行色"一样，具有时间性、区域性和层次性。汽车流行色彩有其自身的发展规律，追求新鲜感是流行色彩的原动力。大量的资料表明，汽车的流行色彩呈现周期性的变化，其新鲜感周期大约为一年半左右，交替周期大约是三年半左右。

通用汽车公司的设计部门有一个高度专业化的小组，他们的工作就是预测颜色的流行趋势。通过对通俗文化、经济趋势以及其他行业消费模式的研究，这个小组必须对哪种颜色会流行作出判断，然后，他们必须根据这种判断，设计出全新的汽车车身颜色。

各大汽车公司一起都在努力开发高科技含量的末道漆工艺，这种工艺能让汽车更加好看，在未来也会成为最流行的汽车涂装工艺。通用汽车公司的做法是在车身涂料中加入微小的金属片，这样，车身在不同角度光线下会呈现不同的颜色。这一技术首先应用在凯迪拉克新款 DTS 轿车上，该款车的钛灰色在不同角度会呈现出绿色或者紫罗兰色。

笔记

四、汽车车身颜色的命名

汽车色彩的名称取得都很悦耳,通常以著名地名或形似色进行命名,如宝石蓝、富贵黄、皓白、蔷薇红、更射银、元黑等,因此,汽车颜色的命名显得很有文化的底蕴,而且各种品牌车型都有自己的车身颜色谱系。常见汽车车身颜色命名见表 4-3-1 所示,各种品牌车型也都有自己的车身颜色谱系,如图 4-3-1～图 4-3-3 所示。

表 4-3-1　常见汽车车身颜色命名

颜色	名　称
红色	波尔多红、法拉利红、庞贝红、火焰红、圣地安红、瑞丽红、卡罗拉多红
绿色	威尼斯绿、云杉绿、碧玺绿、典雅绿
白色	极地白、钻石白、塔夫绸白、糖果白
黄色	香槟金、依莫娜黄、丰收金、未来黄
银色	水晶银、金属银、丝缎银
灰色	宇宙灰、金属灰
蓝色	勒芒蓝、领袖蓝、太空蓝、永恒蓝、温莎蓝、峡湾蓝
黑色	魔力黑、元黑

新 巴赫蓝　　金属灰　　水晶银　　珠光黑　　月光灰　　新波尔多红　　象牙白

图 4-3-1　别克系列车身颜色谱系

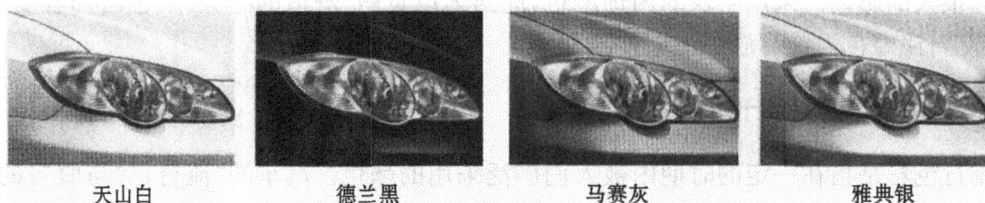

天山白　　　　德兰黑　　　　马赛灰　　　　雅典银

图 4-3-2　东风雪铁龙汽车车身颜色谱系

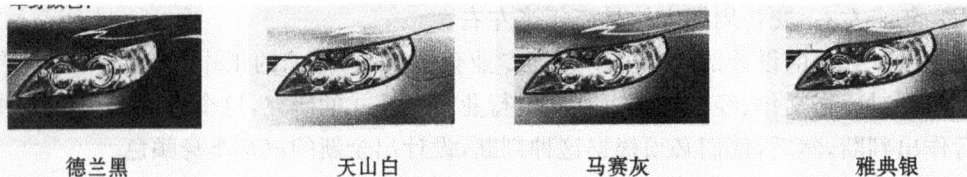

德兰黑　　　　天山白　　　　马赛灰　　　　雅典银

图 4-3-3　比亚迪 F6 财富版车身颜色谱系

五、乘用汽车的车标

1886 年，德国工程师卡尔·本茨和戴姆勒发明的汽车并没有车标，三年后法国人路易斯开创了使用汽车商标的先河，汽车商标能提高汽车品牌的知名度，促进汽车的销售。

汽车标志包含两部分内容：文字标志和图案标志。汽车标志构成了汽车的文化与精神内涵，使汽车成为融合自然科学、社会科学与艺术文化的完美器物。

图 4-3-4　上海荣威汽车车标

图 4-3-4 为上汽荣威（Roewe）品牌的商标图案的设计，该车标充分体现了经典、尊贵、内蕴的气质，并突出体现了中国传统元素与现代构图形式相融合的创意思路，是汽车车标的经典之作。上汽荣威车标的整体结构是一个稳固而坚定的盾形，暗寓其产品具有可信赖的尊崇品质及上汽车自主创新、国际化发展的坚强决心与意志。车标色彩感观以红、黑、金三个主要色调构成，这是中国最经典、最具内蕴的三个色系，红色代表中国传统的热烈与喜庆，金色代表中国的富贵，黑色则象征威仪和庄重。车标核心形象则以两只站立的东方雄狮构成，代表着吉祥、威严与庄重。车标图案的中间是双狮护卫着的华表。华表是中华文化中的经典图腾符号，不仅蕴涵了民族的威仪，同时具有高瞻远瞩、祈福社稷繁荣、和谐发展的寓意。图案下方用现代手法绘成的符号是字母"RW"的融合，是品牌名称的缩写，同时"RW"在古埃及语中亦代表狮子。此外，图案的底部为对称分割的四个红黑色块，暗含着阴阳变化的玄机，代表了求新求变、不断创新与超越的企业意志。

任务回顾

（1）高水平的汽车比赛能够吸引数以亿计的观众，这是汽车制造商、比赛赞助商的最佳宣传时机。因此，除了汽车厂商每年热衷于投入大量的资金参与汽车运动之外，各种与汽车无关的企业也愿意投资赞助汽车运动，通过汽车比赛来提高自己企业的知名度。

（2）汽车俱乐部扮演了汽车后服务市场提供服务的主角，他们把热爱汽车的人们聚集在一起，切磋驾驶技术、交流爱车心得、结伴驾车出行、讨论修理技术、寻觅配品备件、互相救助救援。

（3）汽车展览会即集合各国家汽车制造公司的新型汽车，所举办的展览会。

（4）汽车车身颜色已告别单一，走向多元。汽车外观色彩在一片姹紫嫣红中已逐渐失去了它的钢铁本色。

实操训练任务实施步骤

1. 制定实操训练

实操项目 1：上网搜索近年 F1 大赛相关视频和信息

班级		成绩	
姓名		指导教师签名	
日期			

1. 实训目标

（1）了解历届 F1 汽车大赛相关信息。

（2）熟悉历届 F1 汽车大赛相关车队、相关车手、相关举办城市。

（3）了解历届 F1 汽车大赛上所采用的汽车新技术。

2. 仪器和设备

计算机、投影仪、相关 F1 汽车大赛影像资料。

3. 操作并填写

（1）F1 汽车大赛有哪些著名的赛车手？

_____

_____

_____

（2）几年举办一次 F1 汽车大赛？

_____

_____

_____

（3）为什么说 F1 汽车大赛与奥运会、世界杯足球赛并称为"世界三大体育"项目？

_____

_____

_____

_____

（4）描述你所观察到的 F1 汽车大赛的特点及盛况。

_____

_____

_____

_____

_____

实操项目 2:上网搜索国内汽车俱乐部相关信息

班级		成绩	
姓名		指导教师签名	
日期			

1. 实训目标

　　(1) 了解国外汽车俱乐部相关服务范围和服务项目。

　　(2) 熟悉国内汽车俱乐部相关服务范围和服务项目。

　　(3) 分析国内外汽车俱乐部相关服务范围和服务项目以及收费等差别。

2. 仪器和设备

　　计算机、投影仪、相关汽车俱乐部影像资料。

3. 操作并填写

　　(1) 日本有哪些著名的汽车俱乐部?

_____

_____

_____

　　(2) 我国有哪些著名的汽车俱乐部?

_____

_____

_____

　　(3) 制作一个策划,详细说明如何在你所生活的城市开设一个汽车俱乐部。

_____

_____

_____

_____

_____

_____

_____

_____

_____

_____

_____

实操项目 3：识别汽车车身色彩名称

班级		成绩	
姓名		指导教师签名	
日期			

1. 实训目标

（1）掌握汽车车身色彩名称与人眼视觉相互对应关系。

（2）熟悉各种汽车车身色彩名称。

（3）了解汽车车身色彩对汽车行驶安全的作用。

2. 仪器和设备

汽车整车、汽车车身颜色谱系。

3. 操作并填写

（1）汽车车身主要有哪些颜色类型？

_____

_____

_____

（2）红色汽车车身有哪些悦耳动听的命名？

_____

_____

_____

（3）请谈谈消费者、汽车车身色彩和购车三者之间的关系。

_____

_____

_____

_____

_____

_____

_____

_____

_____

_____

2. 考核与评估

1) 检查实操训练任务：真实、完整、有效；

2) 按各学习活动进行自评或互评。

评价指标	考核说明	考核记录
基本知识点考核	各种赛车种类及作用 汽车俱乐部服务范围 世界五大车展 汽车色彩种类及其命名	

评价内容	检验指标	权重	自评	互评	总评
检查任务完成情况	1. 完成任务过程情况				
	2. 任务完成质量				
	3. 在小组完成任务过程中所起的作用				
专业知识	1. 能描述各种汽车赛车的名称、作用				
	2. 能描述汽车俱乐部的服务范围				
	3. 知道世界五大车展及其各自特点				
	4. 会辨识汽车色彩				
	5. 知道世界十大汽车城				
职业素养	1. 学习态度：积极主动参与学习				
	2. 团队合作：与小组成员一起分工合作，不影响学习进度				
	3. 现场管理：服从工位安排、执行实训室"5S"管理规定				
综合评议与建议					

思考与训练

1) 从哪些方面可以说明 F1 赛车体现了高科技的发展，为什么？

2) 汽车色彩有很多内涵，你喜欢什么样的汽车色彩？为什么？

3) 汽车时尚还可以有哪些内容？

拓展提高

其实，汽车文化的内容包括范围非常广泛，像汽车名人、汽车趣事、汽车经济、汽车车模、汽车模特等。你还能够说出更多的汽车文化内容吗？

参 考 文 献

[1]　屠卫星.汽车文化 [M].北京:人民交通出版社,2007.

[2]　宁建华.汽车知识小百科 [M].北京:机械工业出版社,2012.

[3]　邓书涛.汽车概论 [M].西安:西安电子科技大学出版社,2006.